큰 그림과 큰 글씨로 눈이 편하게!

쓱싹 시리즈 26

★ 저자 안은진 ★

B-1001, Gab-eul Great Valley, 32, Digital-ro 9-gil, Geumcheon-gu, Seoul, Republic of Korea
All rights reserved. First published by Youngjin.com. in 2024. Printed in Korea
저작권법에 의해 한국 내에서 보호를 받는 저작물이므로 무단 전재와 복제를 금합니다.

ISBN 978-89-314-8291-1

독자님의 의견을 받습니다

이 책을 구입한 독자님은 영진닷컴의 가장 중요한 비평가이자 조언가입니다. 저희 책의 장점과 문제점이 무엇인지, 어떤 책이 출판되기를 바라는지, 책을 더욱 알차게 꾸밀 수 있는 아이디어가 있으면 이메일, 또는 우편으로 연락주시기 바랍니다. 의견을 주실 때에는 책 제목 및 독자님의 성함과 연락처(전화번호나 이메일)를 꼭 남겨 주시기 바랍니다. 독자님의 의견에 대해 바로 답변을 드리고, 또 독자님의 의견을 다음 책에 충분히 반영하도록 늘 노력하겠습니다.

이메일 : support@youngjin.com
주 소 : 서울특별시 금천구 디지털로9길 32 갑을그레이트밸리 B동 10F
등 록 : 2007. 4. 27. 제16-4189호

STAFF
저자 안은진 | **기획** 기획 1팀 | **총괄** 김태경 | **진행** 김연희 | **디자인 · 편집** 김소연
영업 박준용, 임용수, 김도현, 이윤철 | **마케팅** 이승희, 김근주, 조민영, 김민지, 김진희, 이현아
제작 황장협 | **인쇄** 예림

이 책은요!

전문적인 디자인 기술이 없어도 누구나 쉽고 빠르게 디자인을 할 수 있는 툴, 캔바!
캔바의 기본 기능과 다양한 템플릿을 사용하여 나만의 멋진 디자인을 완성해 보세요!

❶ POINT

챕터에서 배우게 될 내용을 간략하게 소개해요.

❷ 완성 화면 미리 보기

챕터에서 배우게 되는 예제의 완성된 모습을 미리
만나요.

❸ 여기서 배워요!

어떤 내용을 배울지 간략하게 살펴봐요. 배울 내용을
미리 알아 두면 훨씬 쉽고 재미있게 배울 수 있어요.

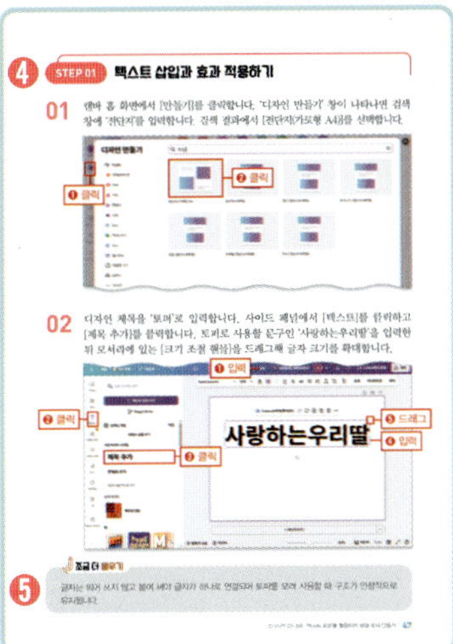

❹ STEP

예제를 하나하나 따라 하면서 본격적으로 기능을
익혀 봐요.

❺ 조금 더 배우기

본문에서 설명하지 않은 내용 중 중요하거나
알아 두면 좋을 내용들을 알 수 있어요.

❻ 혼자서도 만들 수 있어요!

챕터에서 배운 내용을 연습하면서 한 번 더 기능을
숙지해 봐요.

❼ HINT

문제를 풀 때 참고할 내용을 담았어요.

이 책의 목차

캔바 가입하고
홈 화면 살펴보기

캔바는 디자인 경험이 없어도 포스터, 카드뉴스, 리플렛, 프레젠테이션 등 다양한 디자인을 누구나 손쉽게 만들 수 있는 그래픽 디자인 플랫폼입니다. 미리 준비된 템플릿과 직관적인 화면 구성 덕분에 처음 사용하는 사람도 부남 없이 디자인 작업을 시작할 수 있습니다. 이 장에서는 캔바 가입 방법과 캔바 홈 화면 구성에 대해 배워봅니다.

▌완성 화면 미리 보기

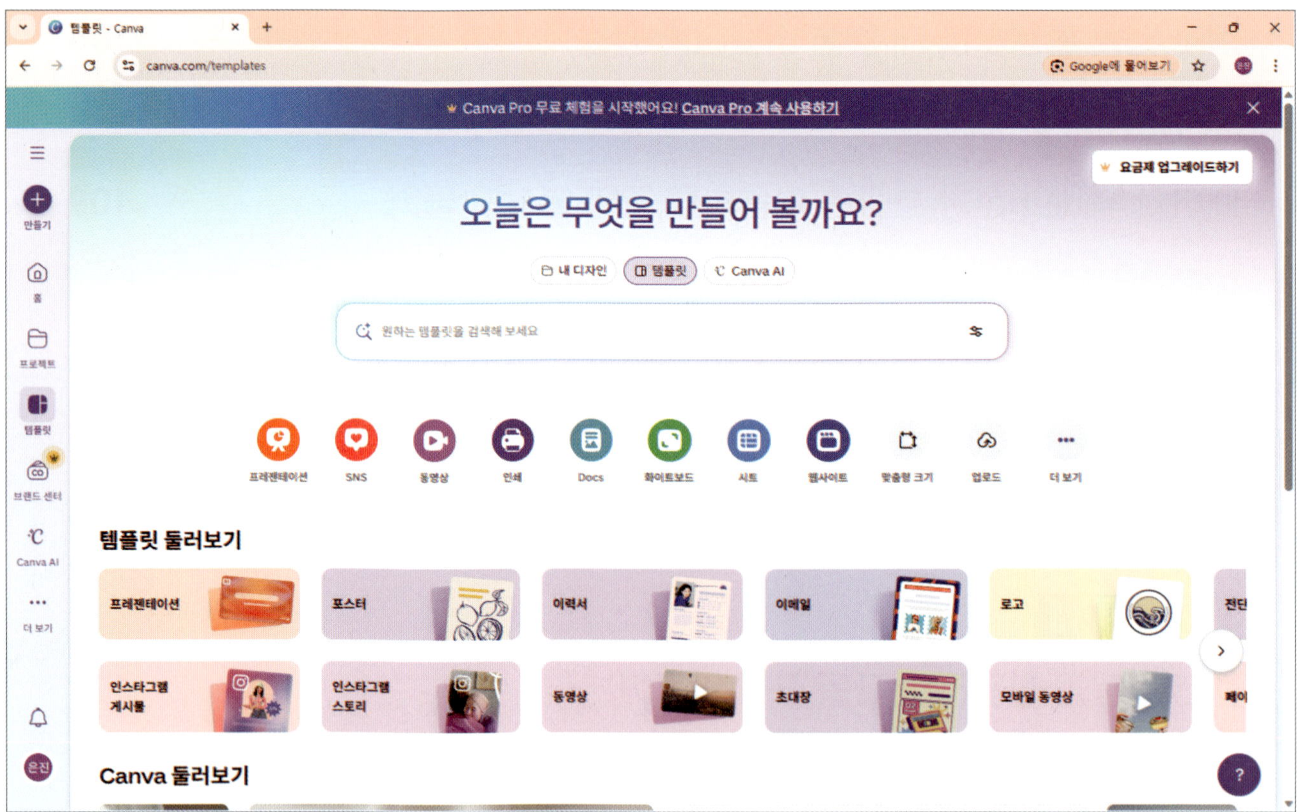

▌여기서 배워요!

캔바 가입, 캔바 홈 화면 구성

 캔바 가입하기

01 검색 사이트에 접속한 후 '캔바'를 입력하고 [Enter↵]를 누릅니다. [모두가 사용할 수 있는 Canva 비주얼 스위트]를 클릭합니다.

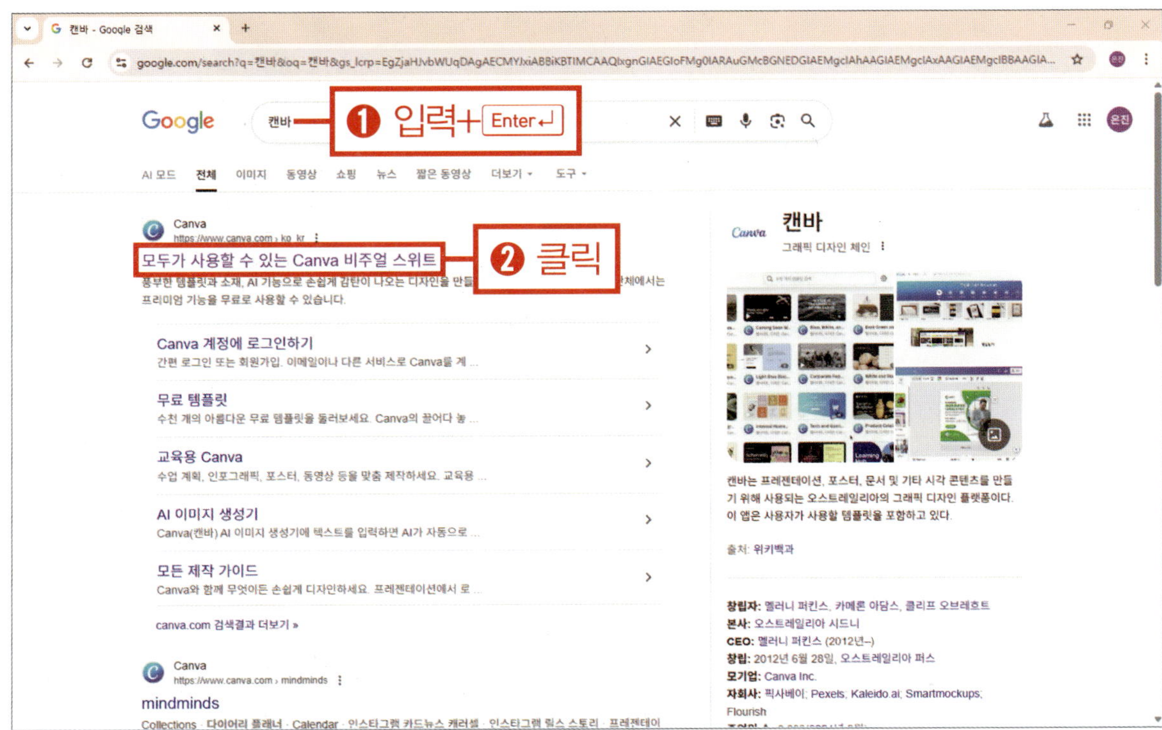

02 캔바 사이트가 열리면 오른쪽 상단의 [가입]을 클릭합니다.

03

[다음 모든 항목에 동의합니다.]를 클릭하여 체크한 후 [동의 및 계속하기]를 클릭합니다.

04

'간편 로그인 또는 회원가입' 화면에서 [Google로 계속하기]를 클릭합니다.

조금 더 배우기

[카카오로 계속하기], [이메일로 계속하기]로도 가입을 진행할 수 있지만, 구글로 가입하면 로그인 과정이 빠르고 간단하며 구글 드라이브 등 구글 서비스와의 연동도 쉽습니다.

05 '계정을 선택하세요.' 화면이 나타나면 캔바에 사용할 구글 계정을 선택한 뒤 [계속]을 클릭합니다.

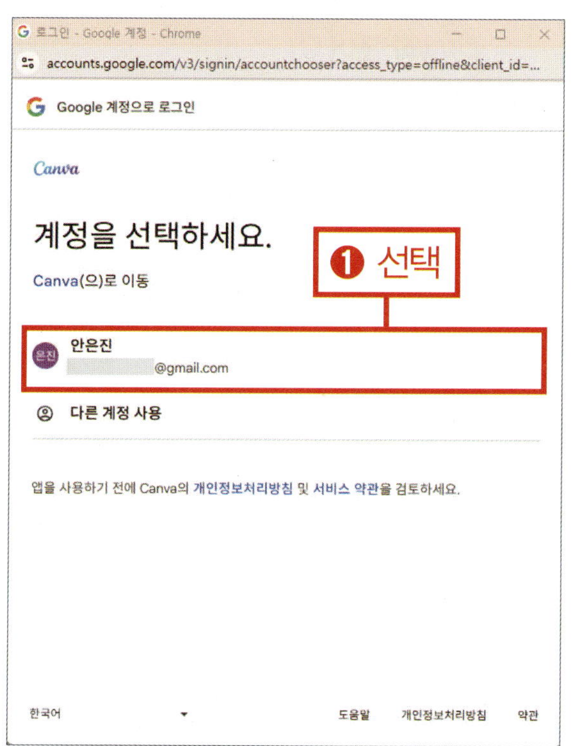

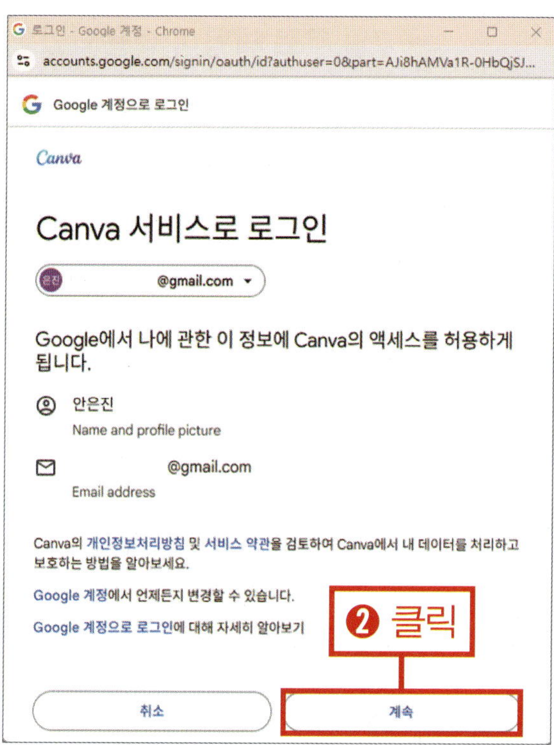

06 'Canva를 어디에 사용하실 건가요?' 화면이 나타나면 사용 목적을 선택합니다. 여기서는 [개인]을 선택하였습니다.

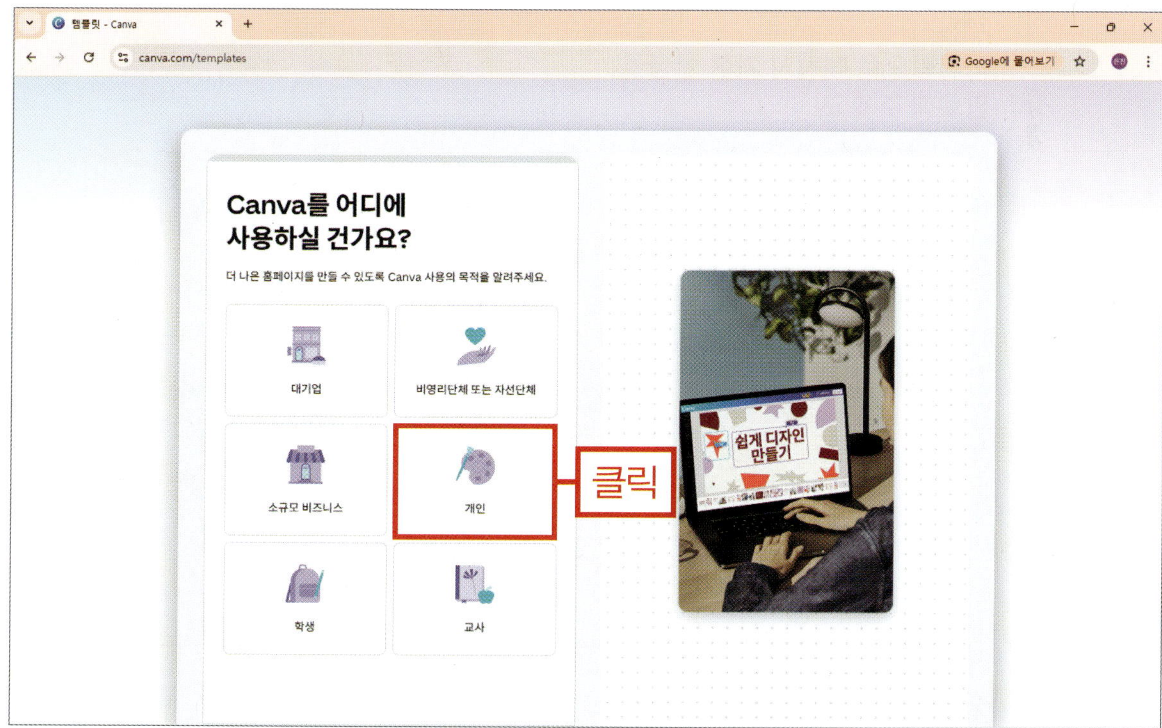

07 [지금 Canva Pro 시작하기]를 클릭한 뒤 [디자인 시작하기]를 선택합니다.

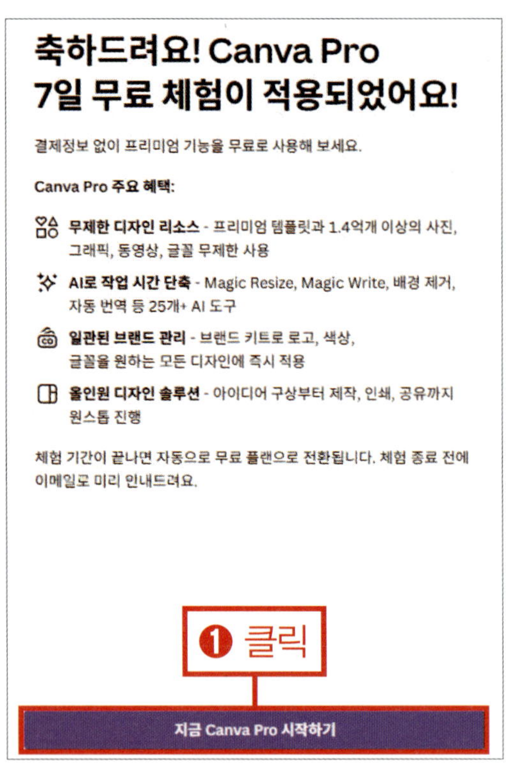

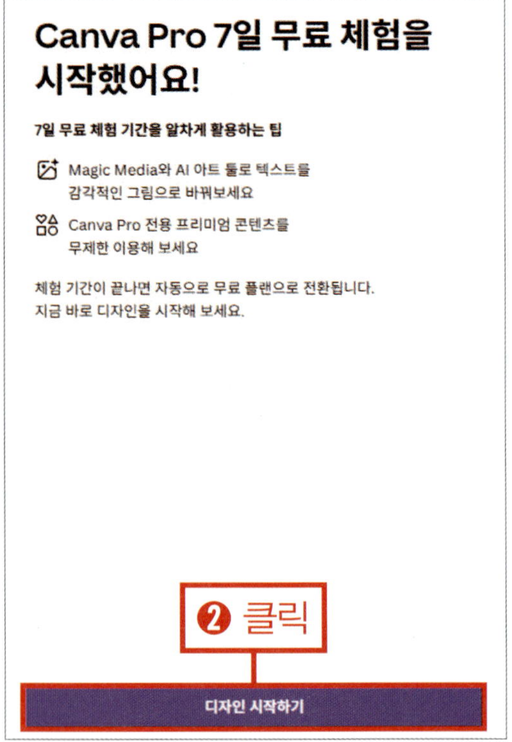

08 '마지막으로 메시지 기본 설정을 완료해주세요' 화면이 나타나면 [건너뛰기]를 클릭하여 가입을 완료합니다.

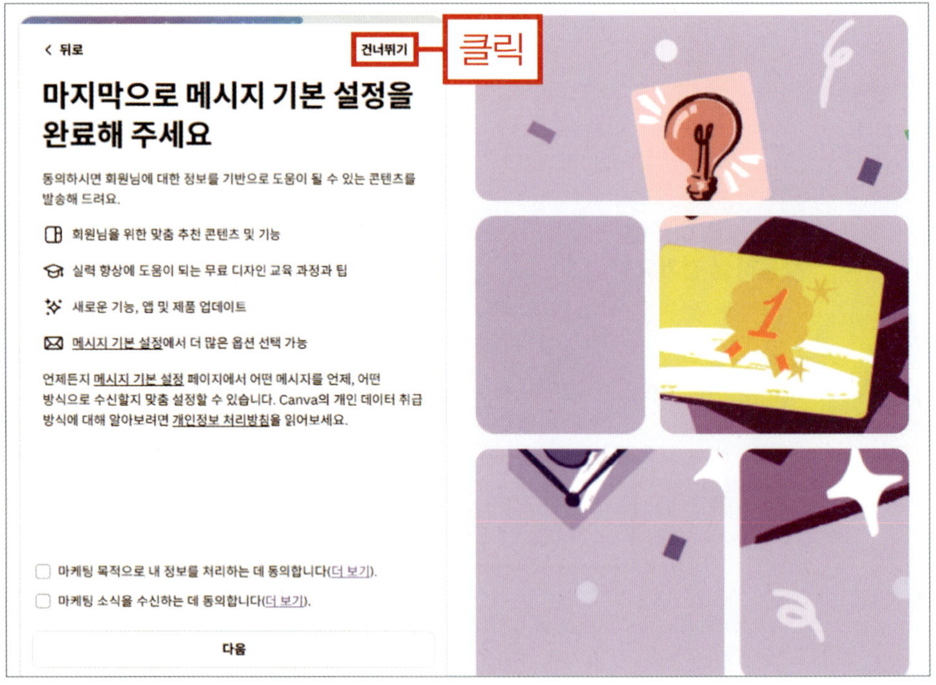

🔖 조금 더 배우기

가입 시기에 따라 무료 체험 기간과 선택 조건이 달라질 수 있습니다. 가입 과정에서 표시되는 안내 내용을 확인한 뒤 가입을 완료합니다.

 캔바 홈 화면 살펴보기

① **메뉴 열기/닫기** : 메뉴 열기를 누르면 사이드 메뉴가 나타나며, 디자인 관리에 필요한 메뉴를 한눈에 확인할 수 있습니다.

② **만들기** : 새로운 디자인 작업을 시작하는 '디자인 만들기' 창이 열리며, 여기에서 디자인 크기를 선택하거나 템플릿을 골라 작업을 시작합니다.

③ **홈** : 캔바 앱을 실행했을 때 처음 보이는 화면으로 이동합니다.

④ **프로젝트** : 캔바에서 작업한 디자인을 모아 관리하는 화면으로 이동합니다.

⑤ **템플릿** : 캔바에서 제공하는 다양한 템플릿을 검색하는 화면으로 이동합니다.

⑥ **브랜드 센터** : 로고, 색상, 글꼴을 설정해 브랜드 스타일을 관리하는 화면으로 이동합니다. 유료 요금제에서만 사용할 수 있습니다.

⑦ **Canva AI** : AI를 활용해 디자인, 이미지, 문서, 코드 등을 빠르게 생성할 수 있는 화면으로 이동합니다.

⑧ **프로필** : 계정 설정, 팀 전환, 요금제 변경, 로그인 정보를 확인하거나 변경할 수 있는 화면으로 이동합니다.

⑨ **휴지통** : 삭제한 디자인을 확인하고 복원할 수 있는 화면으로 이동합니다.

⑩ **검색 및 AI 바** : 캔바 홈 화면 맨 위에 있는 검색창으로 여기서 디자인, 파일, 템플릿을 찾거나 AI로 이미지 · 문서 · 디자인을 바로 만들 수 있습니다.

⑪ **홈 배너** : 자주 사용하는 디자인 유형을 바로 선택하거나 맞춤 크기 디자인을 만들고 파일을 업로드해 작업을 시작할 수 있습니다.

⑫ **최근 디자인** : 최근에 작업한 디자인을 확인할 수 있습니다.

템플릿을 활용하여 생일 파티 초대장 만들어 저장하기

템플릿은 Canva에서 미리 디자인된 레이아웃으로, 이를 활용하면 이미 완성된 디자인 구조와 스타일을 바로 적용할 수 있습니다. 무엇을 어떻게 구성할지 고민하지 않아도 디자인을 시작할 수 있으며, 글자와 이미지를 자유롭게 수정해 디자인 경험이 없어도 완성도 있는 결과물을 만들 수 있습니다. 이 장에서는 템플릿을 활용해 디자인을 만들고, 완성한 디자인을 저장하는 방법을 배워봅니다.

▌완성 화면 미리 보기

▌여기서 배워요!

템플릿 선택 / 텍스트 편집 / 파일 업로드 / 디자인 다운로드

생일 초대장 템플릿 선택 후 문구 수정하기

01 캔바 홈 화면에서 [만들기]를 클릭합니다. '디자인 만들기' 창이 나타나면 [인쇄]–[초대장(세로형)]을 차례대로 클릭합니다.

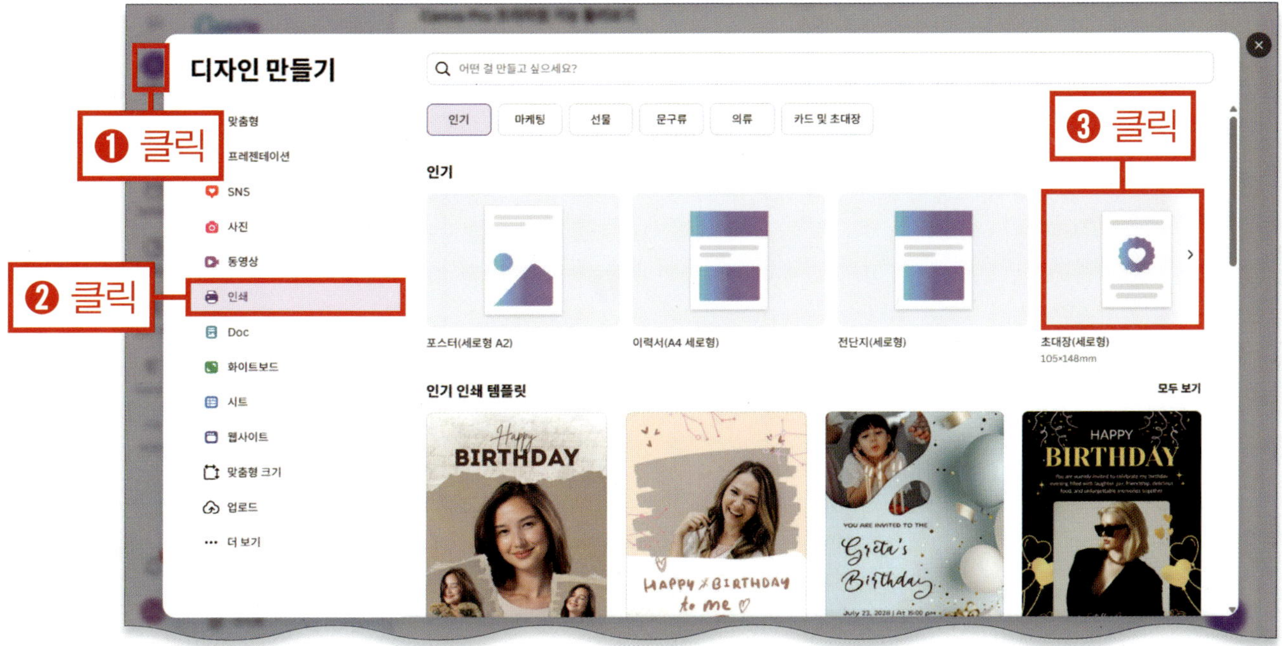

02 디자인 제목을 '생일 초대장'으로 입력합니다. 검색란에 '컬러풀 귀여운 생일 파티 초대장'을 입력하고 Enter↵를 누릅니다. 검색 결과가 나타나면 [템플릿] 카테고리에서 아이 사진이 포함된 템플릿을 선택합니다.

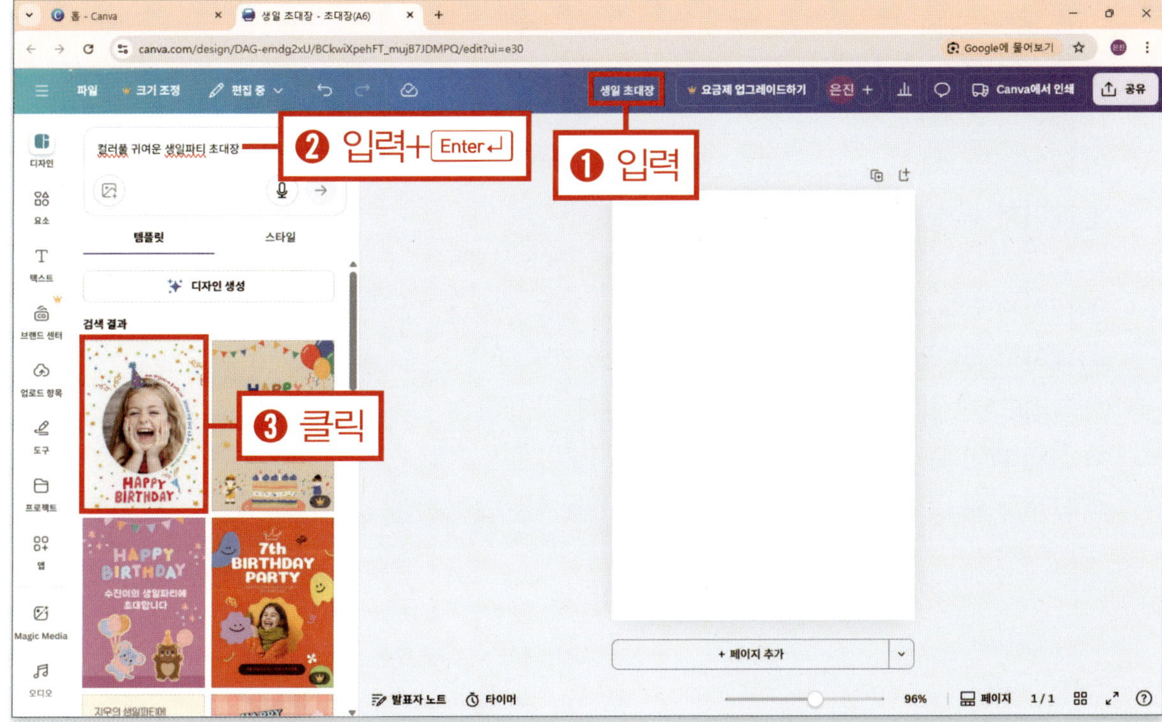

■ 디자인 편집 화면 살펴보기

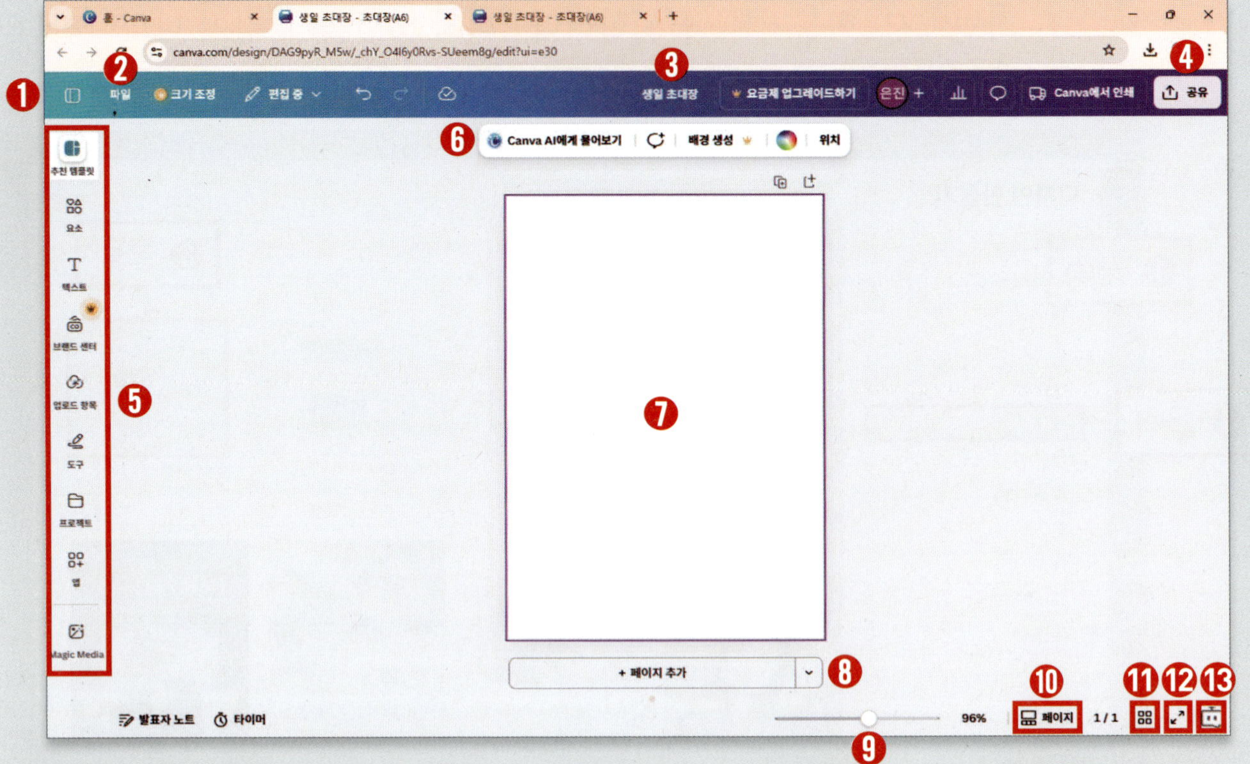

① **메뉴 열기** : 캔바 홈 화면 왼쪽에 있는 메뉴를 디자인 작업 중에도 확인할 수 있는 메뉴입니다.

② **파일** : 디자인을 복사하거나 이름을 변경하는 등 파일 관련 기능을 한곳에 모아 둔 메뉴입니다.

③ **디자인 제목** : 디자인의 이름을 확인하고 변경할 수 있는 메뉴입니다.

④ **공유** : 디자인을 다른 사람과 공유하거나 원하는 형식으로 저장할 때 사용하는 메뉴입니다.

⑤ **사이드 패널** : 편집 화면 왼쪽에 있는 메뉴로, 디자인에 필요한 도구를 한눈에 볼 수 있도록 모아 둔 영역입니다.

⑥ **에디터 툴바** : 선택한 요소에 따라 글꼴, 색상, 효과 등의 편집 옵션이 위쪽에 자동으로 나타나는 메뉴입니다.

⑦ **페이지** : 실제로 디자인 작업이 이루어지는 영역입니다.

⑧ **페이지 추가** : 새로운 작업 페이지를 추가하는 메뉴로 [∨] 모양의 [페이지 유형 추가] 버튼을 누르면 다른 크기의 페이지를 삽입할 수 있습니다.

⑨ **페이지 확대/축소** : 편집 화면의 크기를 조절할 수 있는 메뉴입니다.

⑩ **페이지 섬네일 표시/숨기기** : 편집 화면 아래에 페이지 섬네일을 표시하거나 숨기는 메뉴입니다.

⑪ **그리드뷰** : 작업 중인 모든 디자인을 한눈에 확인할 수 있는 메뉴입니다.

⑫ **전체 화면 프레젠테이션** : 편집 중인 디자인을 화면 가득 크게 보여주는 메뉴입니다.

⑬ **고객 지원** : Canva 사용 중 궁금한 점을 질문할 수 있는 메뉴입니다.

03 디자인 영역에 입력되어 있는 텍스트 상자를 각각 더블 클릭해 문구를 수정합니다.

예 '○○이의 생일 파티에 초대합니다.', '202○년 ○월 ○일'

STEP 02 **파일 업로드해 삽입하기**

01 [업로드 항목]을 클릭한 뒤 [파일 업로드]를 선택합니다. [예제파일]−[2장] 폴더에서 [생일.jpg] 파일을 선택하고 [열기]를 클릭합니다.

02 업로드된 [생일.jpg] 파일을 페이지의 사진 영역으로 드래그해 삽입합니다.

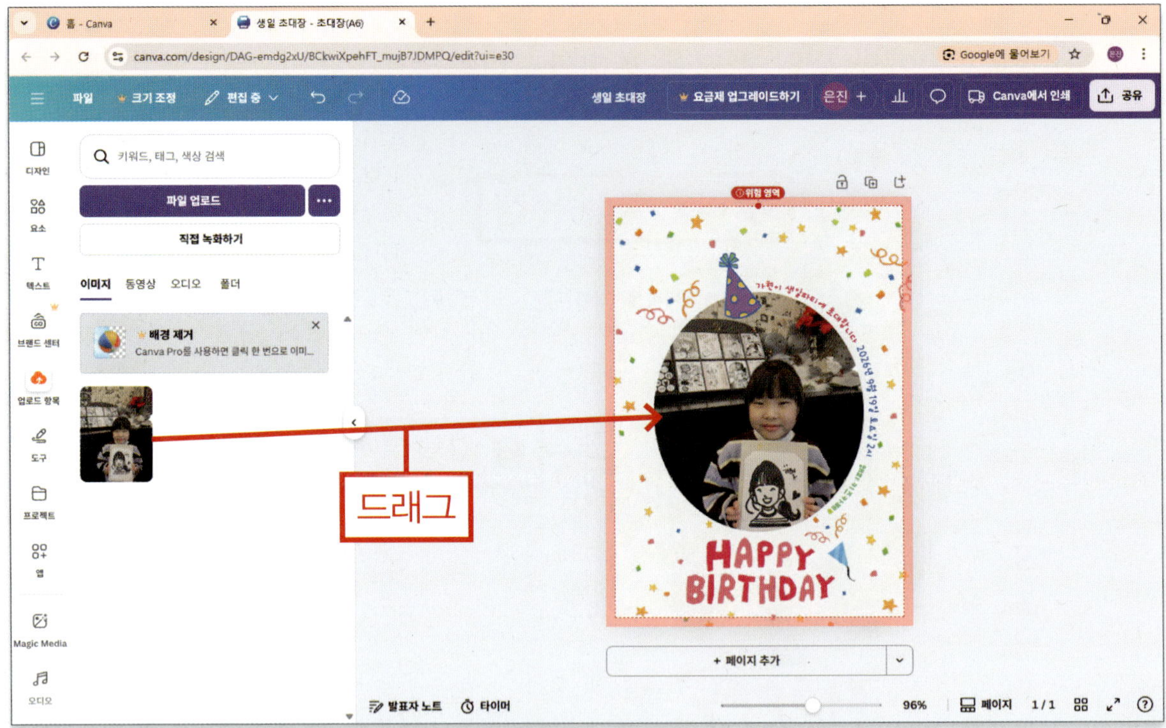

03 삽입한 이미지를 더블 클릭한 뒤 화면에 표시될 이미지의 크기와 위치를 드래그해 조절합니다.

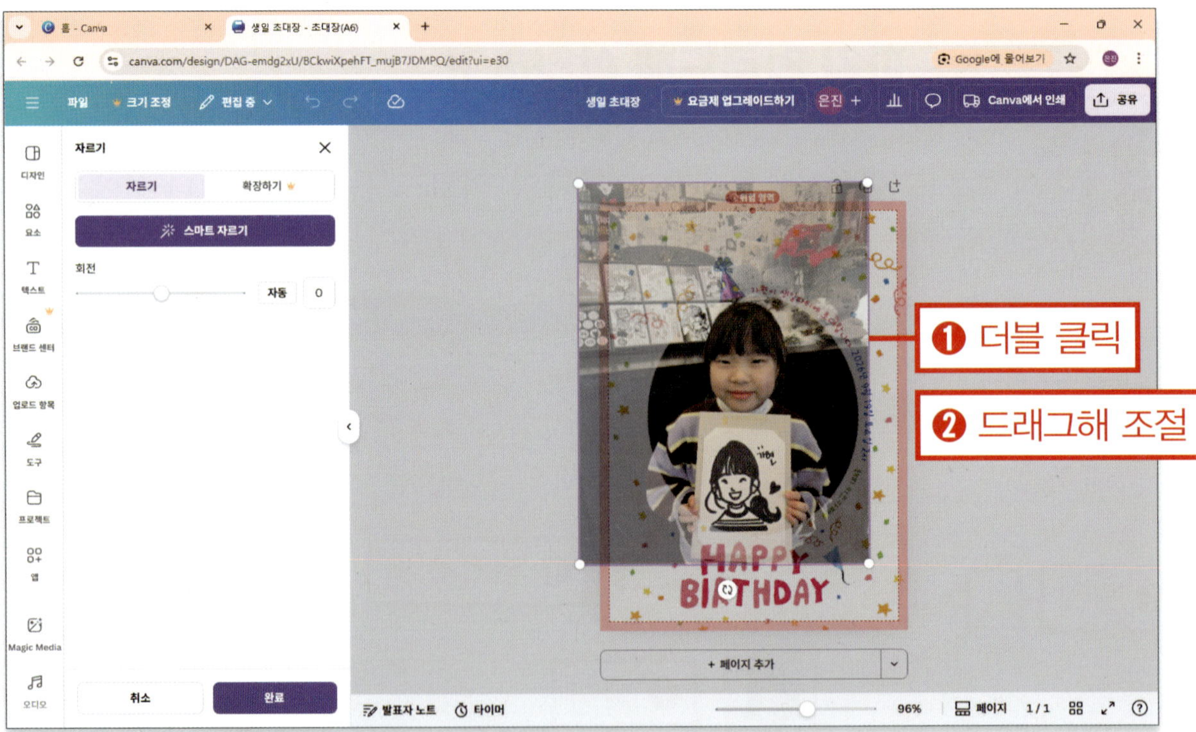

 디자인 저장하기

01 완성된 디자인을 저장하기 위해 오른쪽 상단의 [공유]를 클릭한 뒤 [다운로드]를 선택합니다.

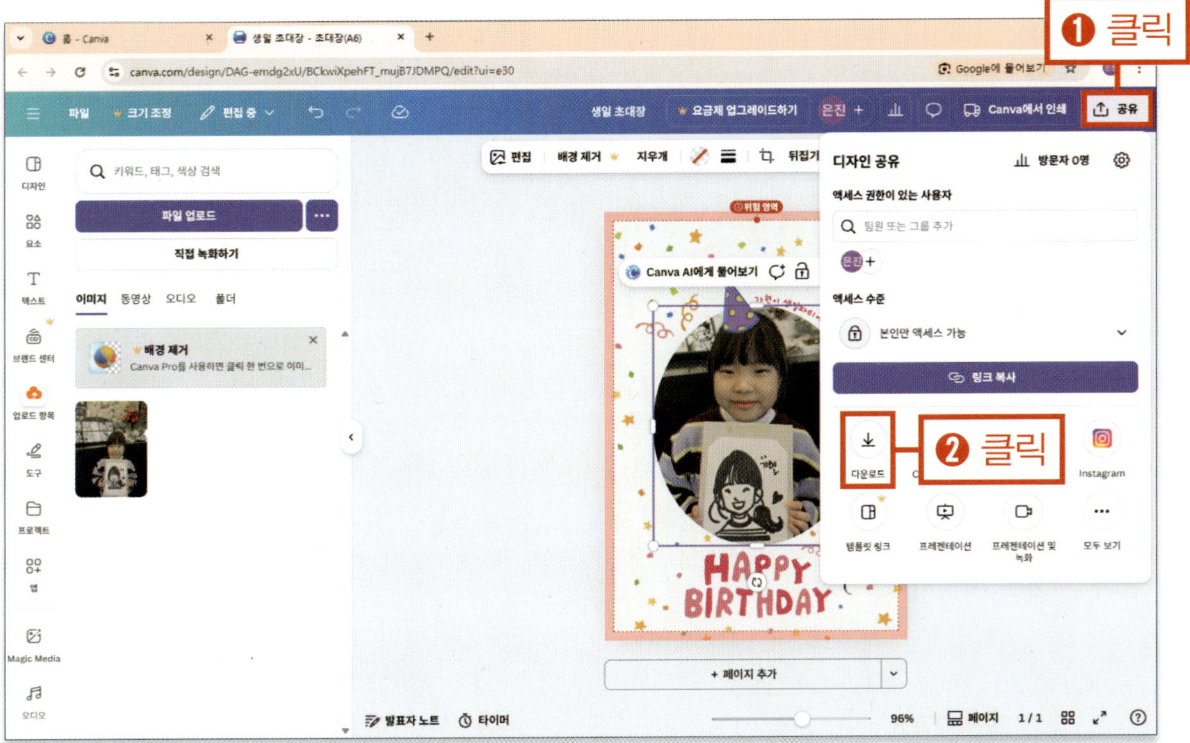

02 '파일 형식'에서 [PNG]를 선택한 뒤 [다운로드]를 클릭해 이미지를 저장합니다.

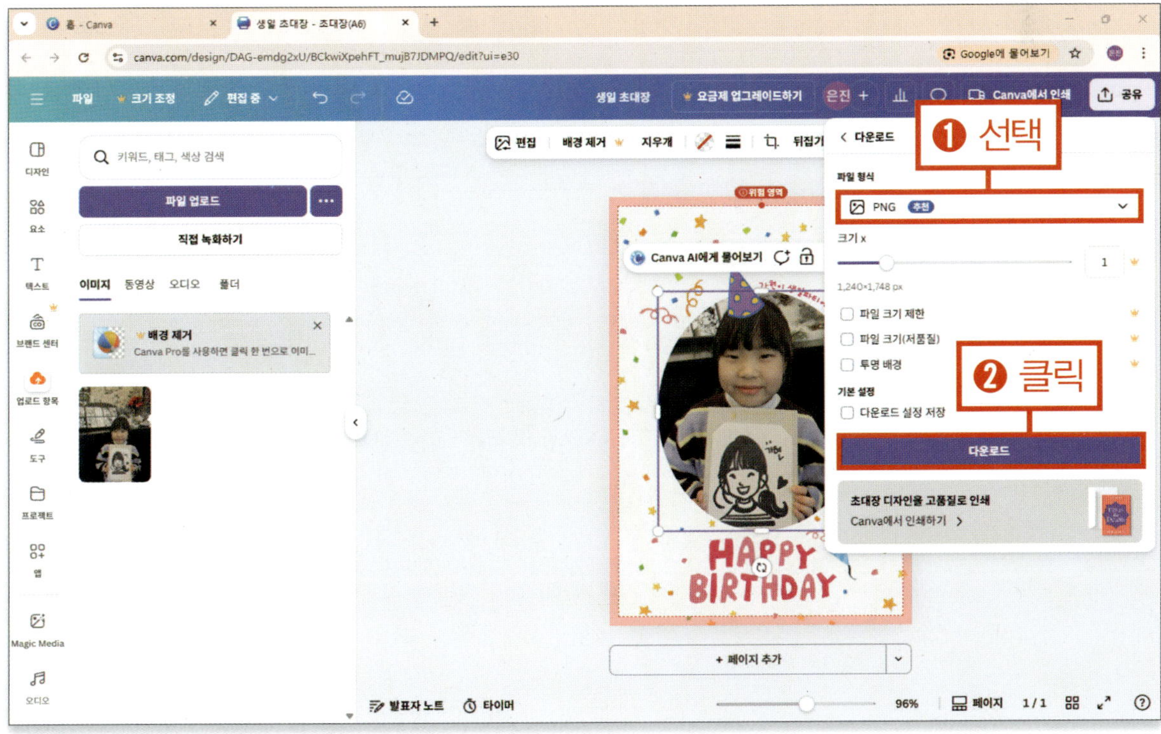

■ **캔바에서 저장할 수 있는 파일 형식**

- **PDF 표준** : 문서 공유나 온라인 열람에 사용하는 형식으로, 파일 크기가 작아 이메일이나 웹 업로드에 적합합니다.
- **PDF 인쇄** : 인쇄소 제출 등 고해상도 출력이 필요한 인쇄물 제작에 사용하는 형식입니다.
- **PPTX** : 캔바에서 만든 프레젠테이션을 파워포인트에서 열어 발표할 때 사용하는 형식입니다.
- **MP4 동영상** : 움직이는 디자인이나 애니메이션을 영상 파일로 저장할 때 사용하는 형식입니다.
- **JPG** : 사진처럼 색이 많은 이미지를 저장할 때 사용하는 형식으로, 파일 크기가 작고 대부분의 기기에서 호환이 잘 됩니다.
- **PNG** : 투명 배경이 필요하거나 선명한 그래픽·로고·아이콘을 저장할 때 사용하는 형식으로, 웹·프레젠테이션·인쇄물 등 다양한 곳에 활용할 수 있습니다.
- **SVG** : 크기를 확대하거나 축소해도 이미지가 깨지지 않는 형식으로, 로고나 아이콘처럼 크기 변경이 잦은 그래픽 작업에 적합합니다. 유료 요금제에서만 사용할 수 있습니다.
- **GIF** : 소리가 없는 짧은 움직임을 가진 이미지를 저장하는 형식으로, 버튼이나 간단한 애니메이션 표현에 사용합니다.

■ **캔바 저작권 핵심 요약**

1. 상업적 이용 (OK)

- 광고, SNS, 유튜브, 전자책, 인쇄물 제작 및 판매는 가능합니다.
- 무료 콘텐츠와 유료(Pro) 콘텐츠 모두 디자인에 포함된 상태라면 상업적으로 사용할 수 있습니다.

2. 절대 금지 (NO)

- **로고 등록** : 캔바 요소를 사용해 만든 로고는 상표권 등록이 불가능합니다.
  (글꼴 사용 자체는 가능하나, 글꼴 라이선스는 별도로 확인해야 합니다.)
- **원본 판매** : 디자인 없이 사진, 아이콘, 일러스트 파일 자체를 재판매하거나 배포할 수 없습니다.
- **독립적 사용** : 프로 콘텐츠를 디자인에서 분리해 다른 프로그램에서 단독으로 사용하는 것은 허용되지 않습니다.

3. 주의 사항

- **디즈니·브랜드 콘텐츠** : '브랜드 콘텐츠'로 표시된 요소는 개인 또는 교육용으로만 사용할 수 있으며, 상업적 이용은 제한됩니다.
- **프로 음악** : 유튜브 등 온라인 콘텐츠에는 사용할 수 있으나, TV·라디오 등 오프라인 광고에는 사용할 수 없습니다.
- **인물 이미지** : 모델 이미지를 공격적이거나 성인용, 질병·정치·비방 목적 등 부정적인 맥락으로 사용하는 것은 금지됩니다.

(※출처 : https://www.canva.com/ko_kr/policies/content-license-agreement)

요소를 활용해 감성 있는 감사 카드 만들기

캔바는 다양한 요소를 제공해 디자인 경험이 없어도 쉽게 작업을 시작할 수 있습니다. 도형, 아이콘, 일러스트 같은 요소를 배치하는 것만으로도 디자인의 기본 틀이 빠르게 만들어집니다. 이 장에서는 요소와 텍스트를 활용해 감사 카드를 완성하는 과정을 통해, 간단한 조작만으로도 감성 있는 디자인을 만드는 방법을 배워봅니다.

▎완성 화면 미리 보기

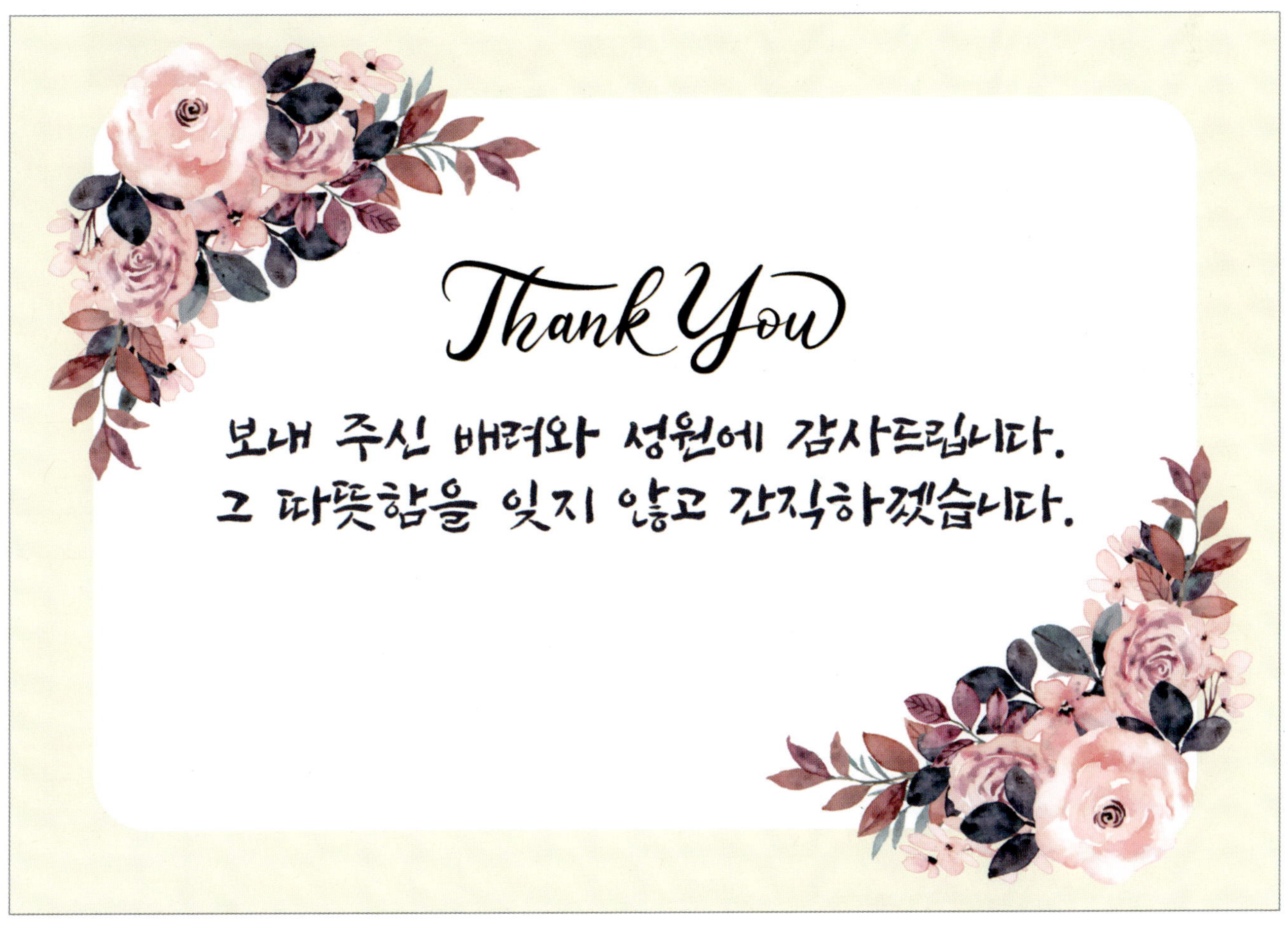

▎여기서 배워요!

디자인 만들기 / 배경 색 지정 / 요소 삽입 / 텍스트 삽입

 디자인 만들기 및 배경 설정하기

01 캔바 홈 화면에서 [만들기]를 클릭합니다. '디자인 만들기' 창이 나타나면 [인쇄] 항목에서 [카드(가로형)]을 선택합니다.

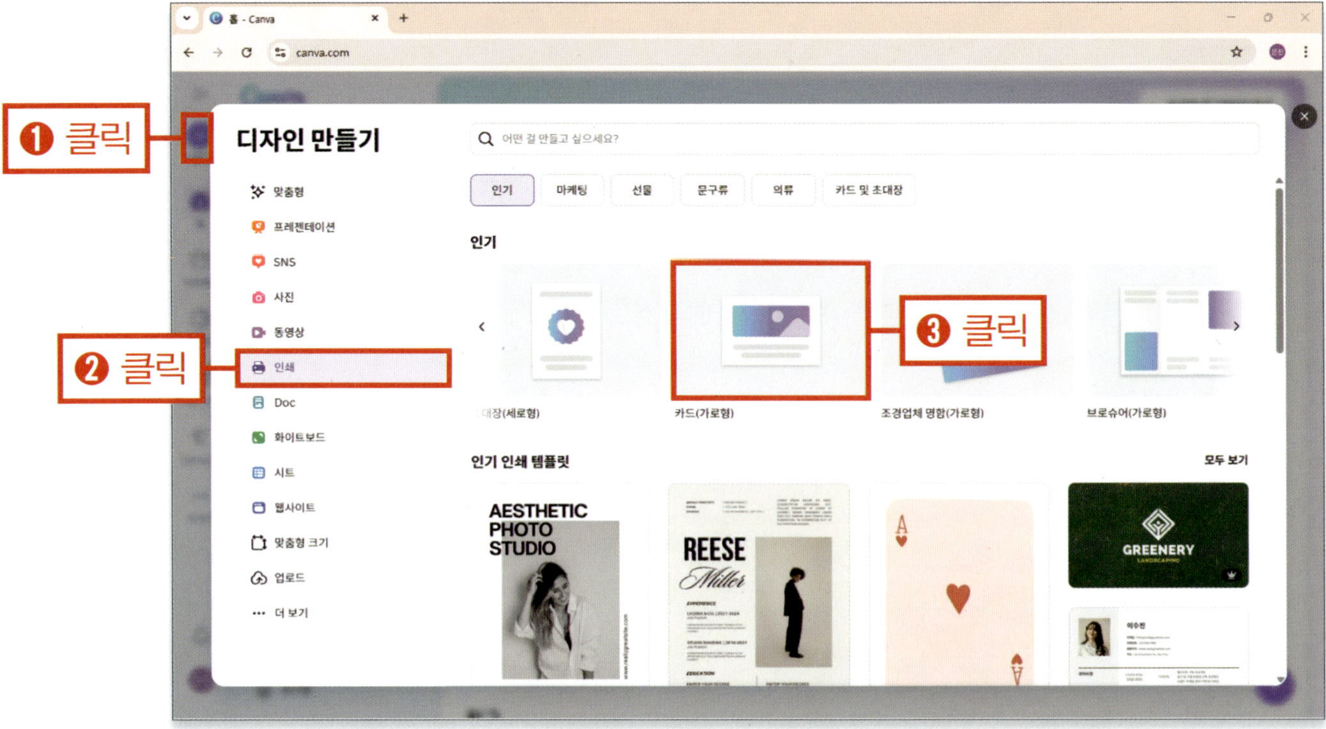

02 디자인 제목을 '감사 카드'로 입력합니다. 배경색을 지정하기 위해 페이지를 선택한 후 상단의 에디터 툴바에서 [배경 색상]을 클릭합니다. [새로운 색상 추가]를 클릭하여 원하는 색을 지정합니다.

 도형 삽입 및 편집하기

01 왼쪽 사이드 패널에서 [요소]를 클릭한 다음 [도형]을 클릭합니다.

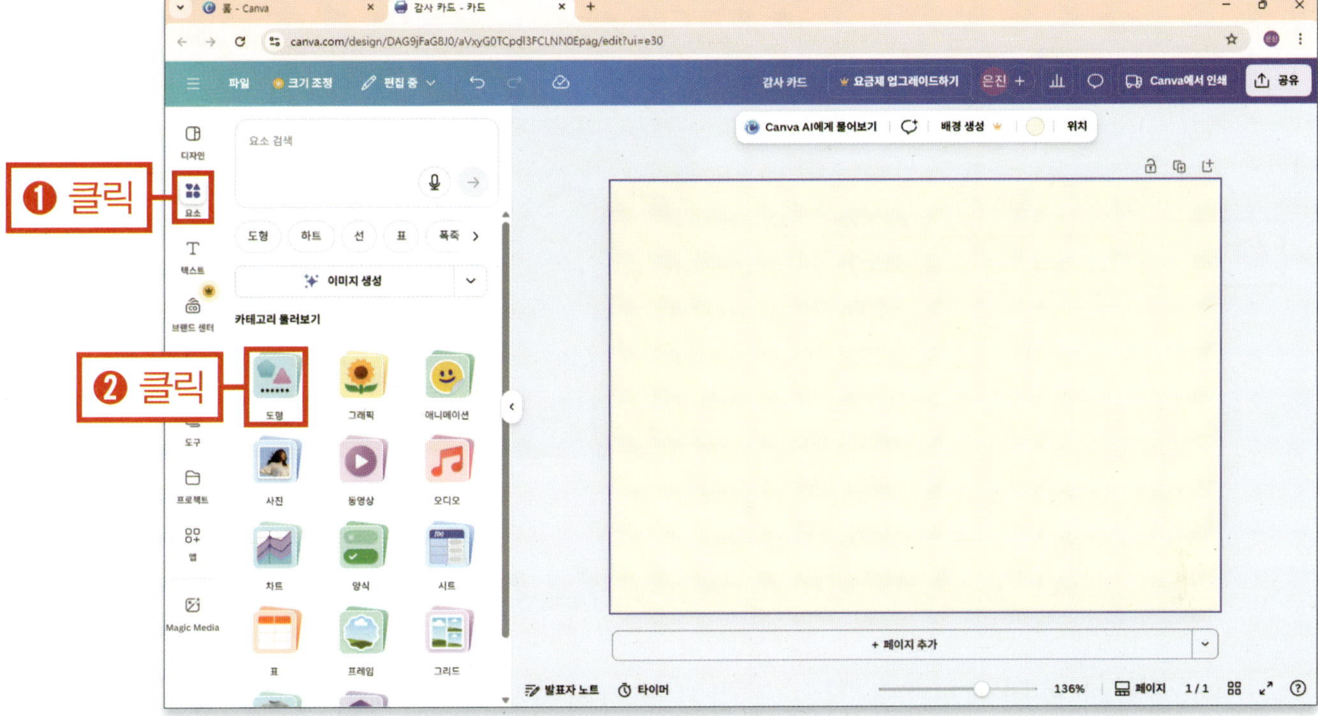

02 '기본 도형'에서 사각형을 클릭하여 페이지에 삽입한 뒤 모서리에 있는 동그라미 모양의 [크기 조절 핸들]을 드래그해 도형의 크기를 아래와 같이 확대합니다.

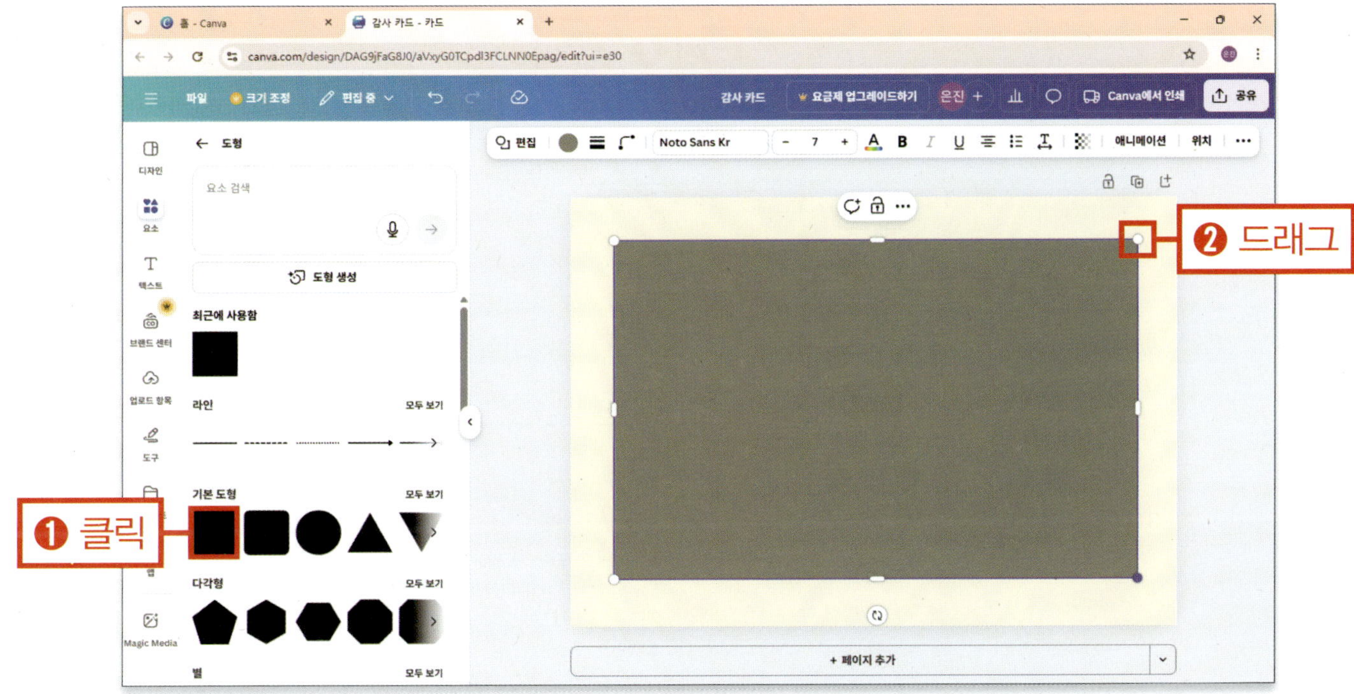

03 도형이 선택된 상태에서 에디터 툴바의 [위치]를 클릭한 뒤 [페이지에 맞춤]에서 [가운데]를 각각 클릭해 도형을 페이지 중앙에 배치합니다.

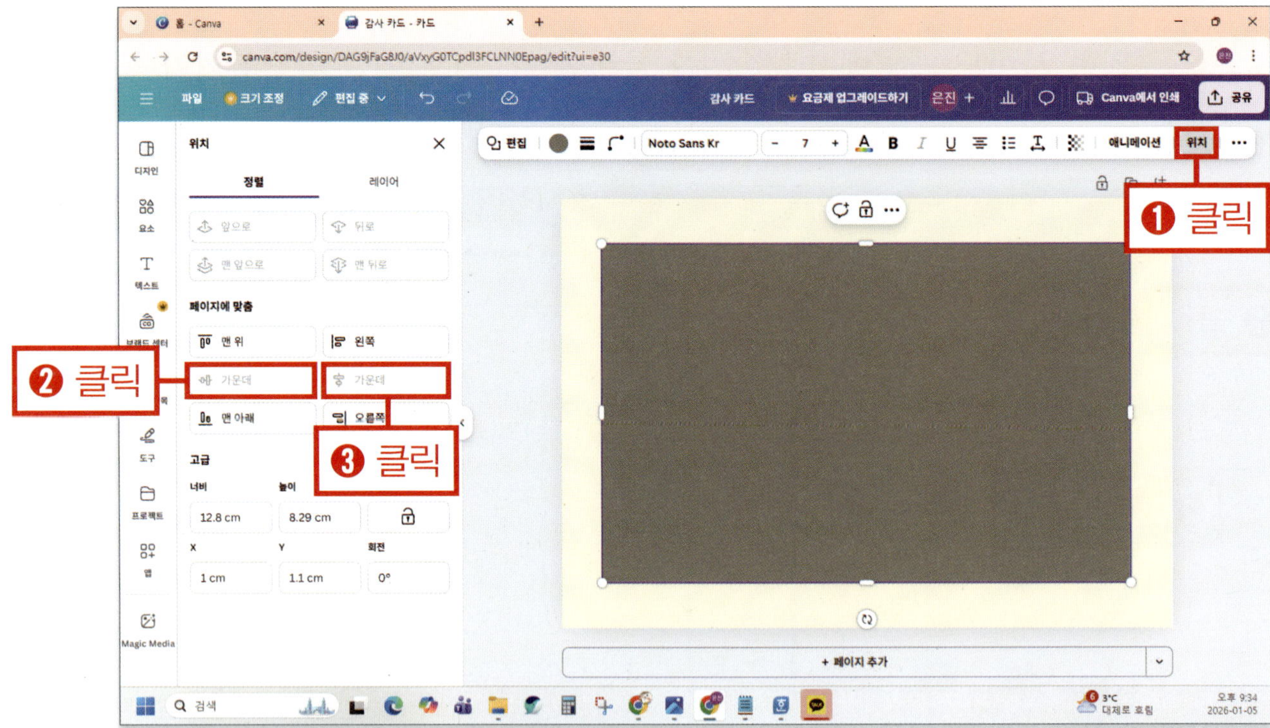

04 에디터 툴바에서 [색상]을 클릭한 후 [하얀색]을 선택합니다. [모서리]를 클릭한 뒤 '모서리 둥글게 만들기'에 '25'를 입력하여 모서리를 둥글게 합니다.

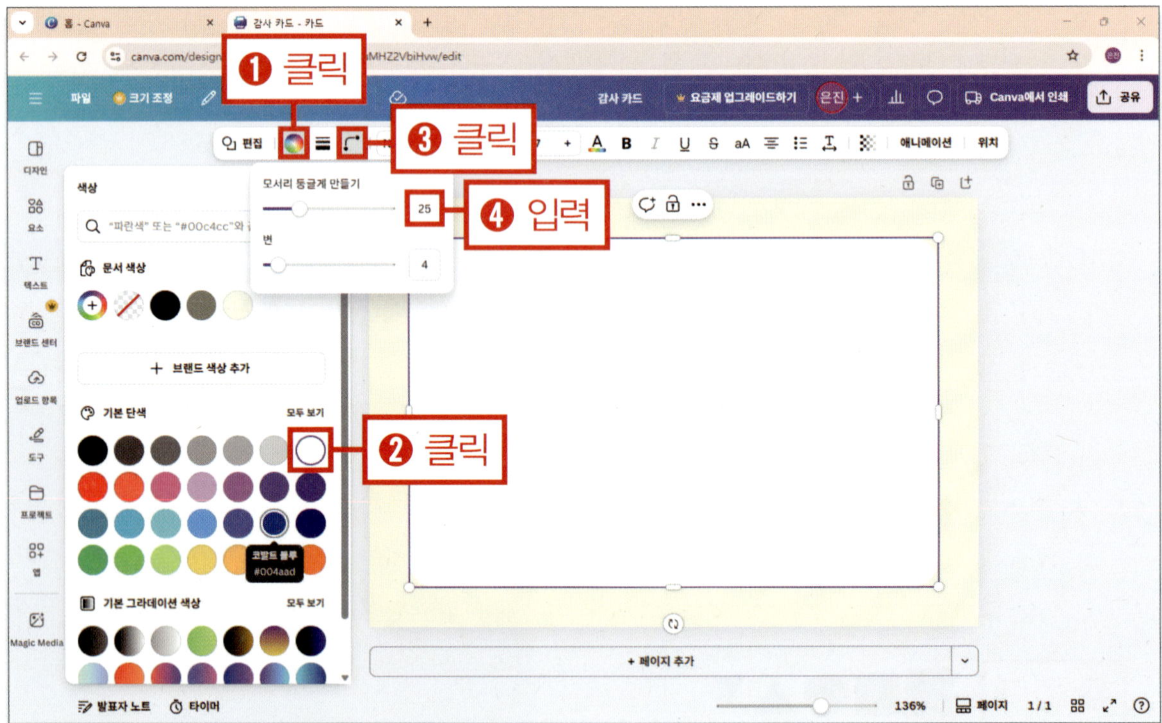

05 사이드 패널에서 [요소]를 클릭한 다음 상단의 [뒤로](←) 버튼을 클릭하여 도형 메뉴를 종료합니다.

STEP 03 **장식 요소 추가하기**

01 요소 검색창에 '수채화 꽃'을 검색한 뒤 [그래픽] 옆의 [모두 보기]를 클릭합니다.

02 원하는 요소를 클릭해 페이지에 삽입합니다. 모서리의 [크기 조절 핸들]을
드래그해 크기를 조절하고 오른쪽 아래로 드래그하여 배치합니다.

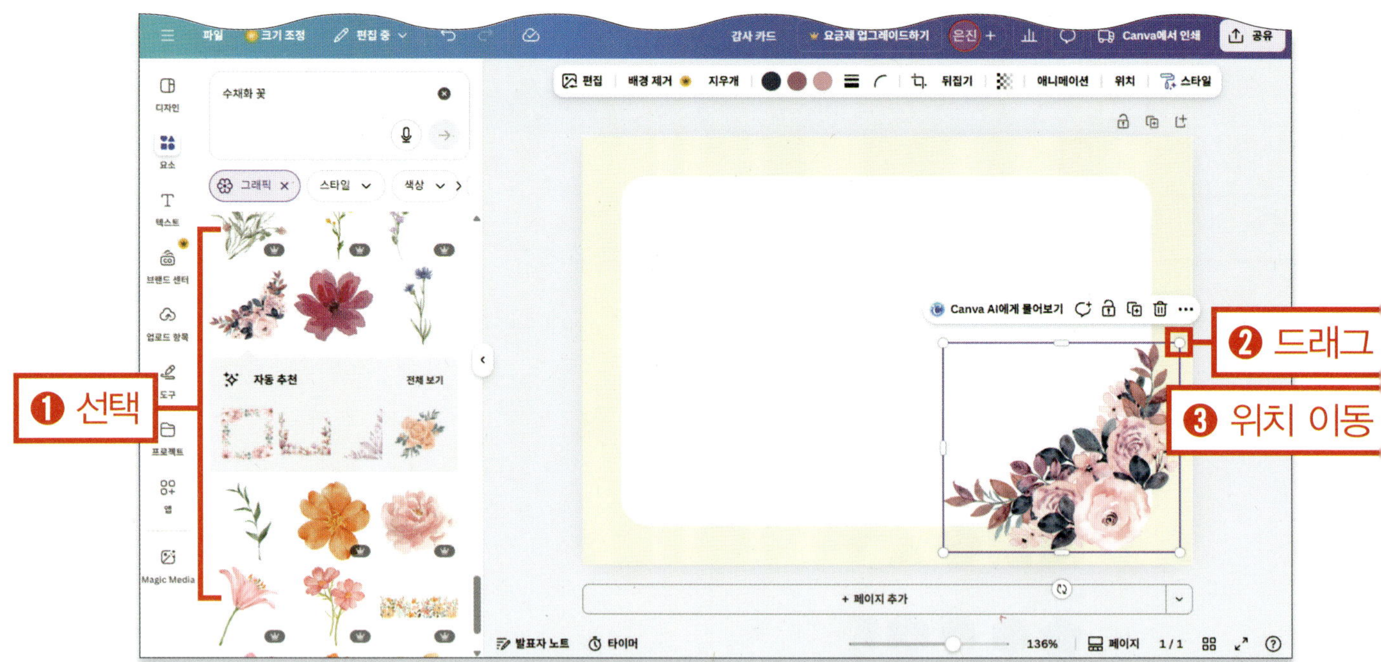

🦚 조금 더 배우기

요소에 왕관 표시가 있으면 유료 전용이므로, 무료 사용자는 왕관 표시가 없는 요소를 선택해 삽입
합니다.

03 삽입한 요소를 클릭하면 플로팅 툴바가 나타납니다. 여기에서 [복제]를 클릭
해 요소를 복사한 뒤 왼쪽 위로 드래그해 위치를 이동합니다.

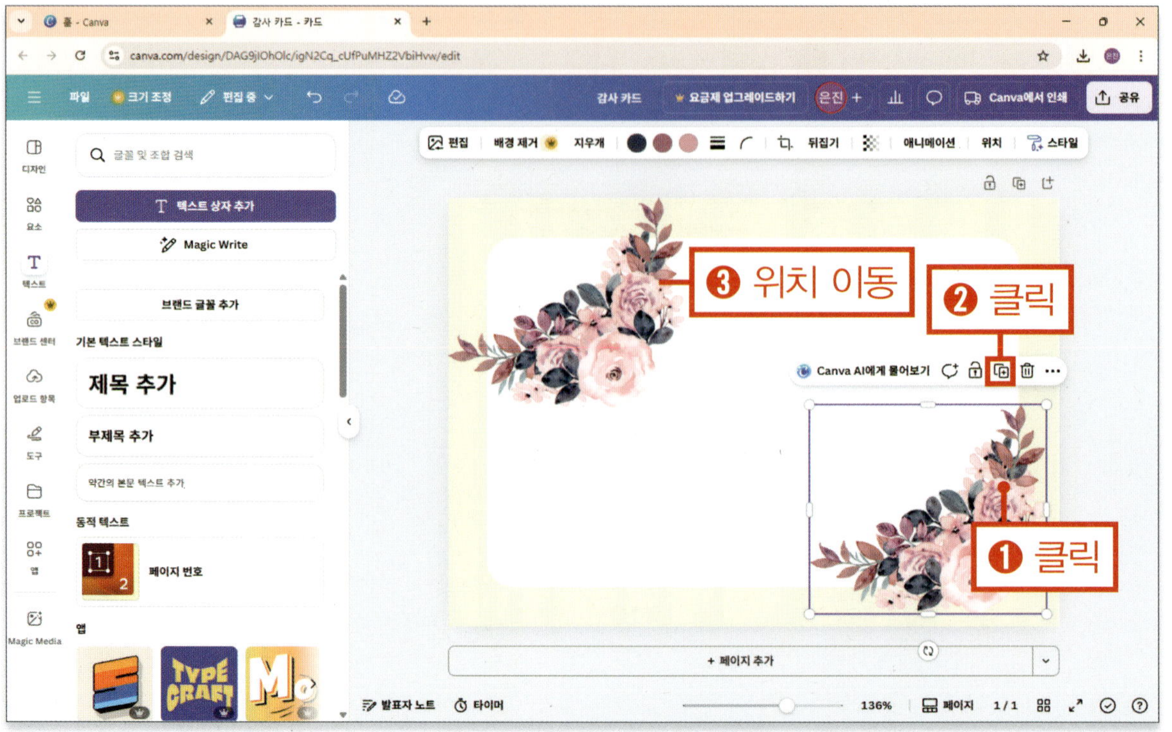

04 복사한 이미지가 선택된 상태에서 [뒤집기]를 클릭하여 [수직 뒤집기], [수평 뒤집기]를 차례로 선택해 요소의 방향을 변경합니다.

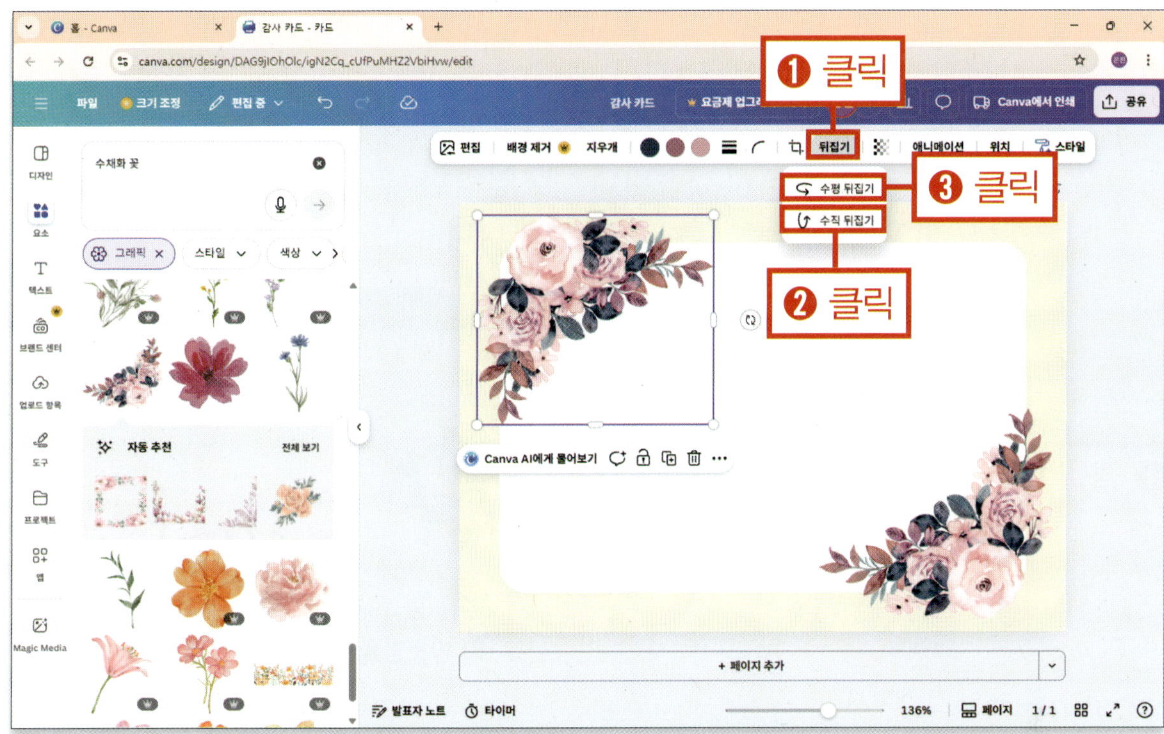

05 다시 요소 검색창에 'thank you'를 검색한 뒤 원하는 요소를 클릭해 페이지에 삽입하고 드래그해 위치와 크기를 조정합니다.

텍스트 입력 및 편집하기

01 사이드 패널에서 [텍스트]를 클릭한 뒤 [텍스트 상자 추가]를 클릭합니다. 감사 카드에 들어갈 문구인 '보내 주신 배려와 성원에 감사드립니다. 그 따뜻함을 잊지 않고 간직하겠습니다.'를 입력한 후 모서리에 있는 [크기 조절 핸들]을 드래그해 텍스트 크기를 조절합니다.

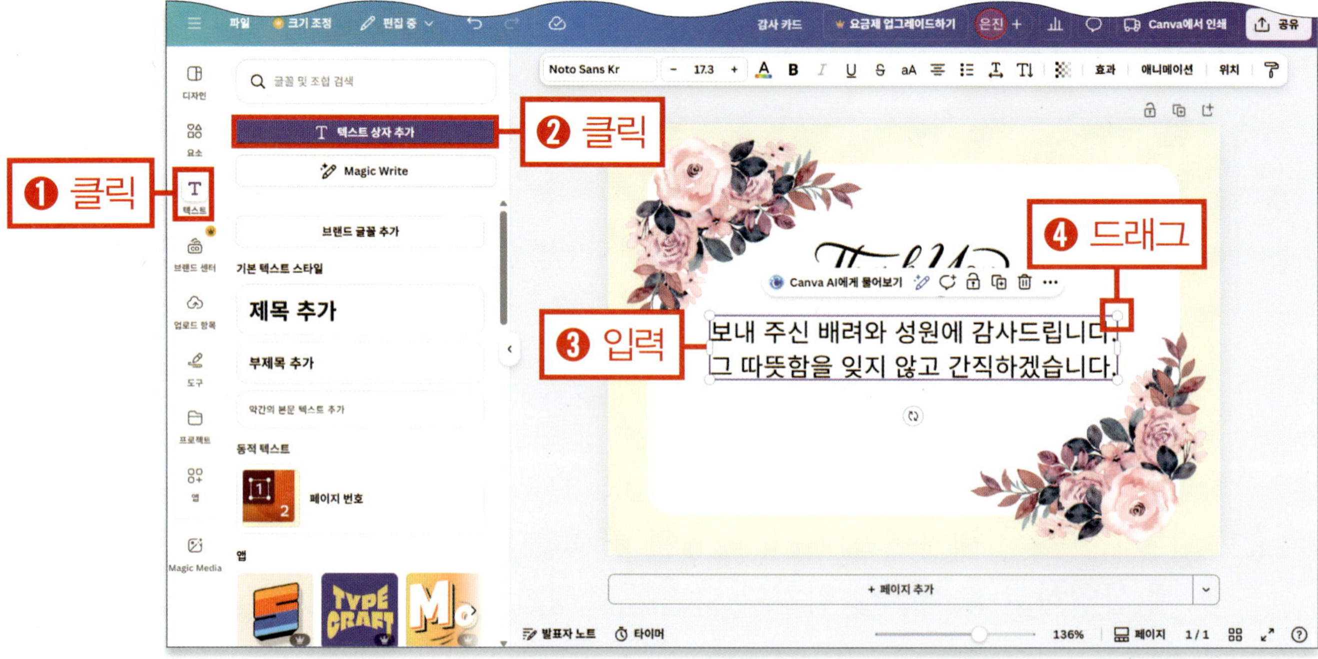

02 상단의 에디터 툴바에서 [글꼴]을 클릭하여 카테고리에서 [손글씨]를 클릭합니다.

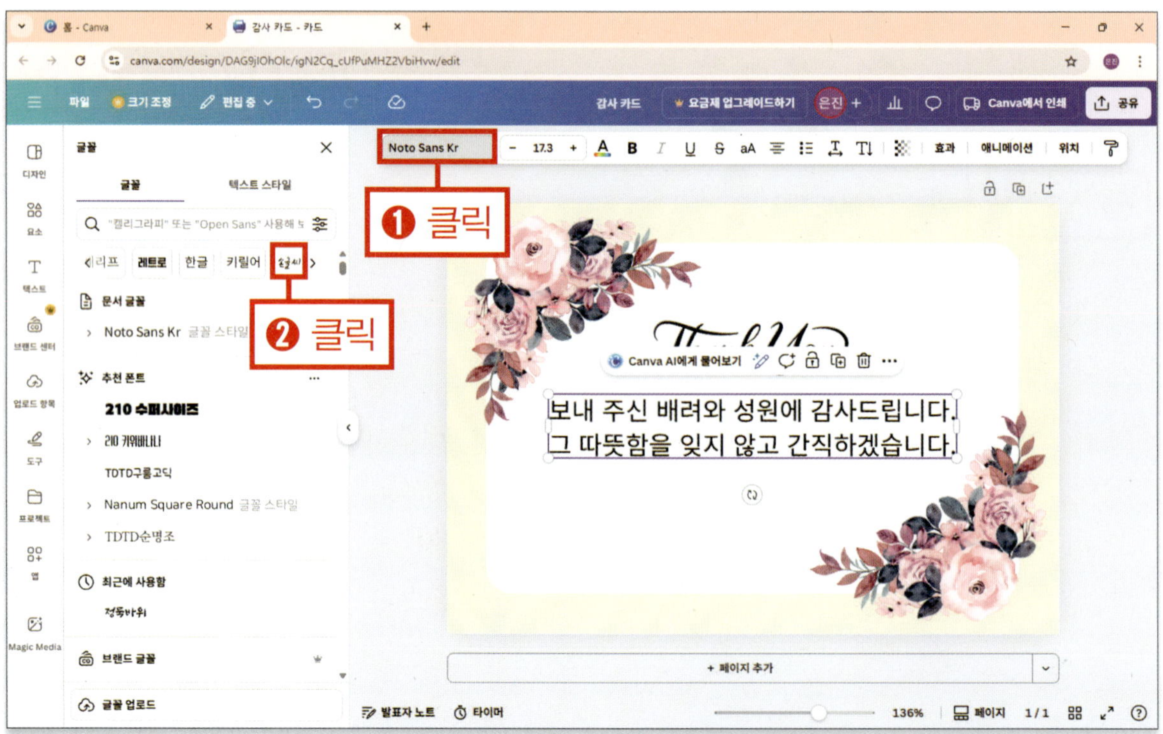

03 결과 목록에서 [정묵바위] 글꼴을 클릭해 적용합니다.

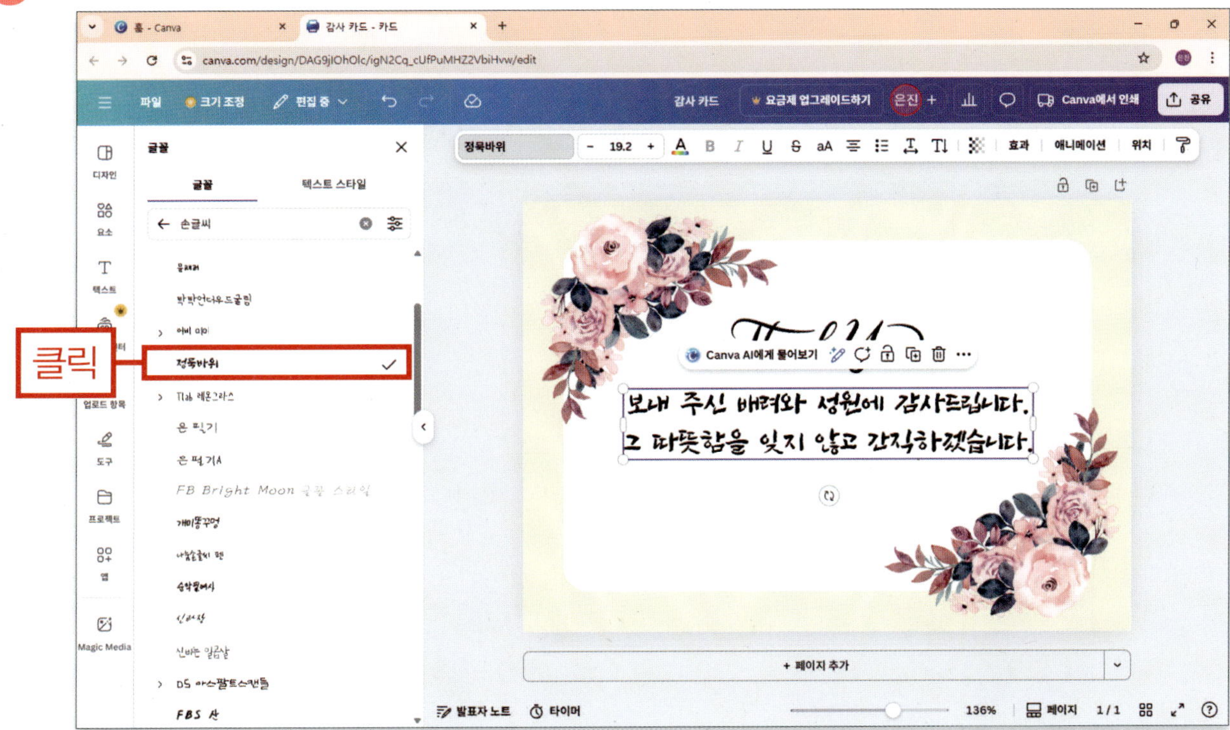

04 텍스트 색을 변경하기 위해 상단 에디터 툴바에서 [텍스트 색상]을 클릭한 뒤 '사진 색상'에서 추천 색상 중 하나를 선택합니다. [고급 설정]을 클릭하여 [줄 간격]을 조절한 후 디자인을 완성해 저장합니다.

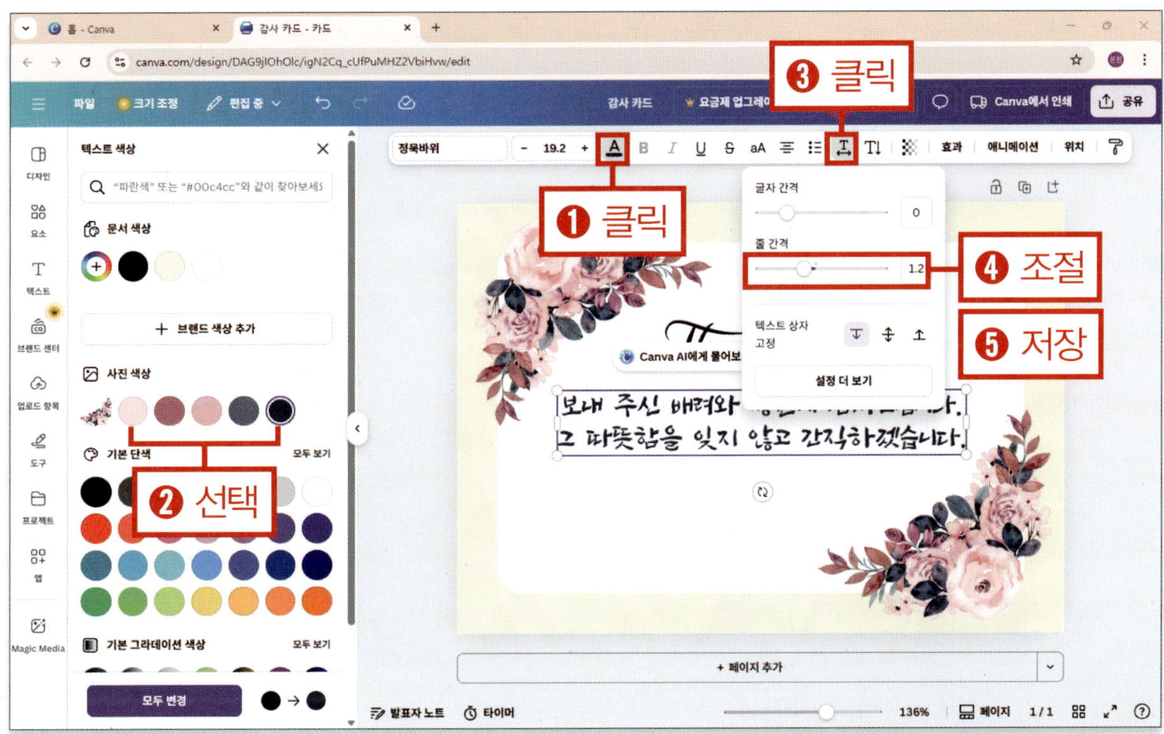

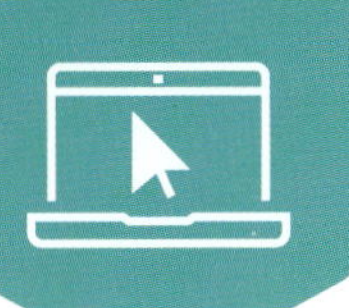

혼자서도 만들 수 있어요!

1 요소와 텍스트를 활용해 감사 카드를 만들어 보세요.

hint [만들기]–[인쇄]–[카드형(가로)] 클릭 → 페이지 선택 후 배경색 지정 → [요소]에서 '푸른 모서리 꽃무늬 테두리' 검색 후 삽입 → 크기 조절 후 모서리로 이동 → 삽입한 요소 선택 후 [복제] 버튼을 3번 클릭 → 복제한 요소를 모서리로 이동 → [뒤집기]를 사용해 방향 변경 → [요소]–[도형]에서 선 삽입 → [스트로크 스타일]에서 굵기 지정 → [텍스트]–[텍스트 상자 추가] 클릭 → 텍스트 입력 후 크기·글꼴·색 변경 → 한글 글꼴 '캘리그라퍼 Crayon', 영문 글꼴 'Carnival VP' 적용

2 사각형 도형과 텍스트를 활용해 감사 카드를 만들어 보세요.

hint [만들기]–[인쇄]–[카드형(가로)] 클릭 → 페이지 선택 후 배경색 지정 → [요소]에서 '수채화 꽃' 검색 후 삽입 → 크기 조절 및 위치 이동 → [요소]–[도형]에서 사각형 클릭하여 삽입 → 색 지정 → 다시 [요소]–[도형]에서 사각형 삽입 → 첫 번째 도형보다 작게 크기 조절 → [색상]–[색상 없음] 적용 → [스트로크 스타일]–[점선] 선택 → [텍스트]–[텍스트 상자 추가] 클릭 → 텍스트 입력 후 크기·글꼴·색 변경 → 글꼴 '210 오늘은' 적용

프레임 기능을 활용하여 카카오톡 배경화면 만들기

프레임은 사진이나 이미지를 정해진 틀 안에 자연스럽게 넣을 수 있는 기능입니다. 프레임을 활용하면 여러 이미지를 깔끔하게 배치해 화면 구성을 쉽게 정리할 수 있습니다. 이 장에서는 프레임 기능을 활용해 카카오톡 배경 화면을 만드는 방법을 배워봅니다.

▌완성 화면 미리 보기

▌여기서 배워요!

프레임 삽입 / 파일 업로드

 디자인 만들기 및 배경 삽입하기

01 캔바 홈 화면에서 [만들기]를 클릭합니다. '디자인 만들기' 창이 나타나면 검색창에 '카카오톡'을 입력한 후 검색 결과에서 [카카오톡 배경 화면(세로)]를 클릭합니다.

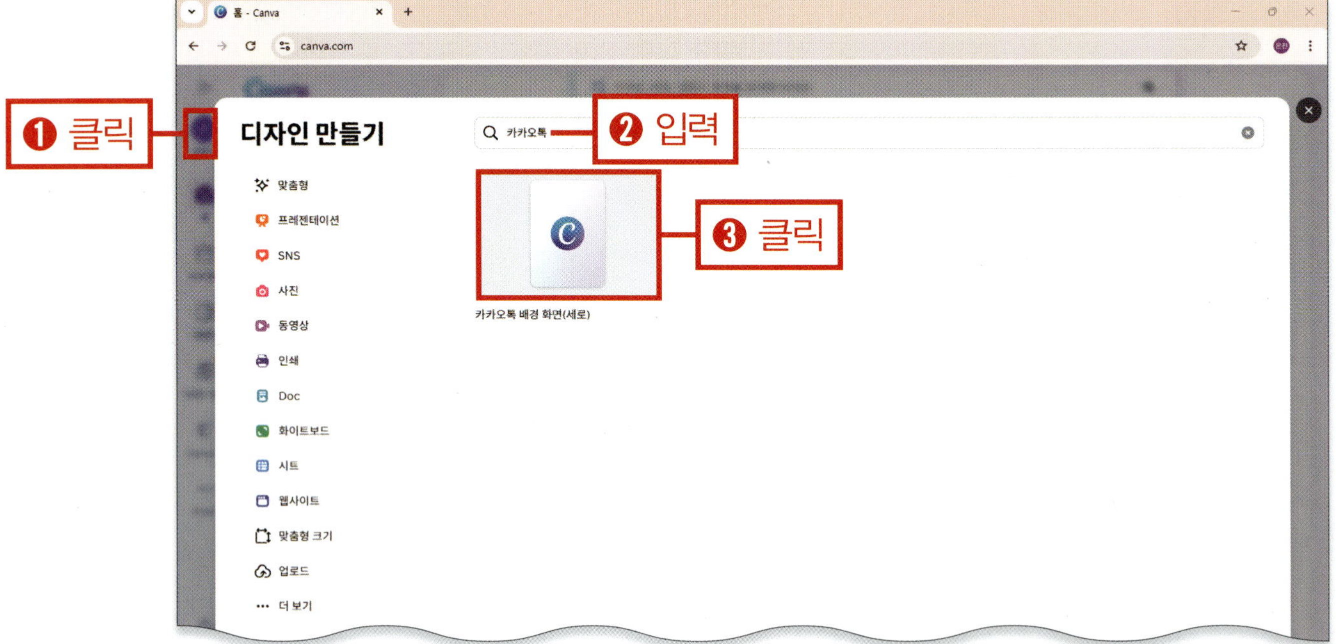

02 디자인 제목을 '배경화면'으로 입력합니다. 사이드 패널에서 [요소]를 클릭한 뒤 요소 검색창에 '그라데이션 배경'을 검색합니다. 검색 결과에서 '사진'의 [모두 보기]를 클릭합니다.

03 원하는 배경을 클릭해 삽입합니다. 배경 위에서 마우스 오른쪽 버튼을 눌러 [이미지를 배경으로 설정]을 선택합니다.

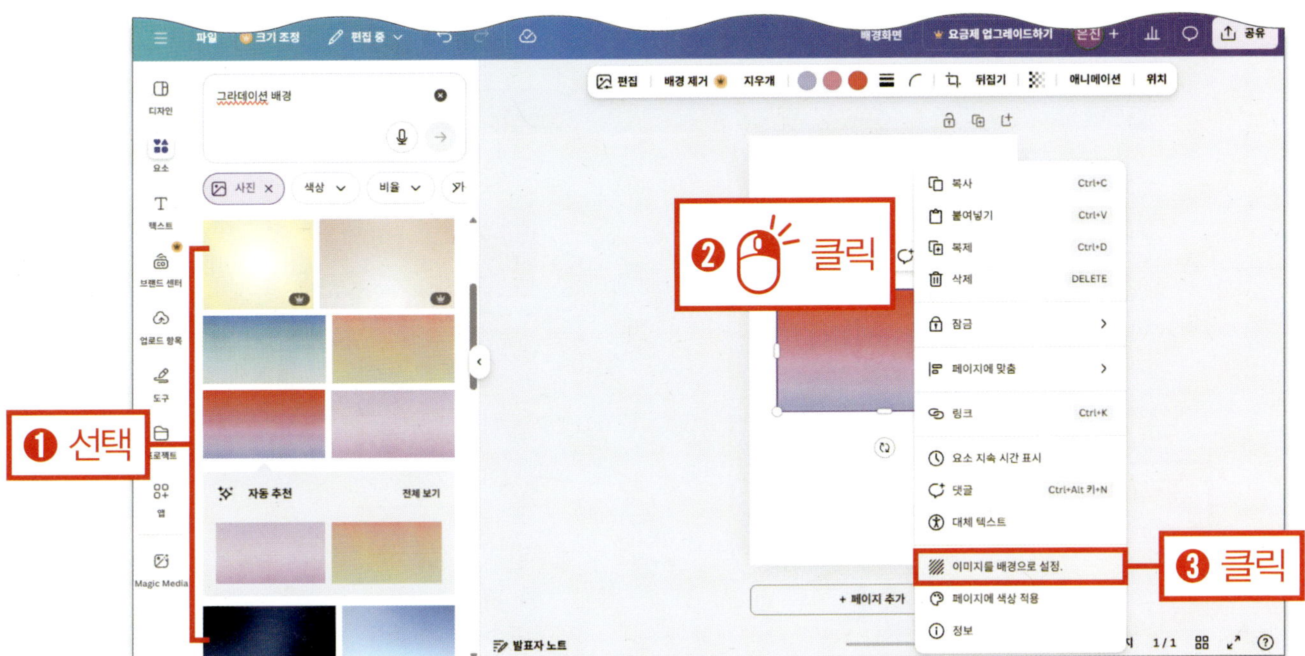

STEP 02　프레임 삽입하기

01 요소 검색창에 입력된 검색어를 [닫기](✖) 버튼을 클릭해 삭제합니다. [프레임]을 클릭합니다.

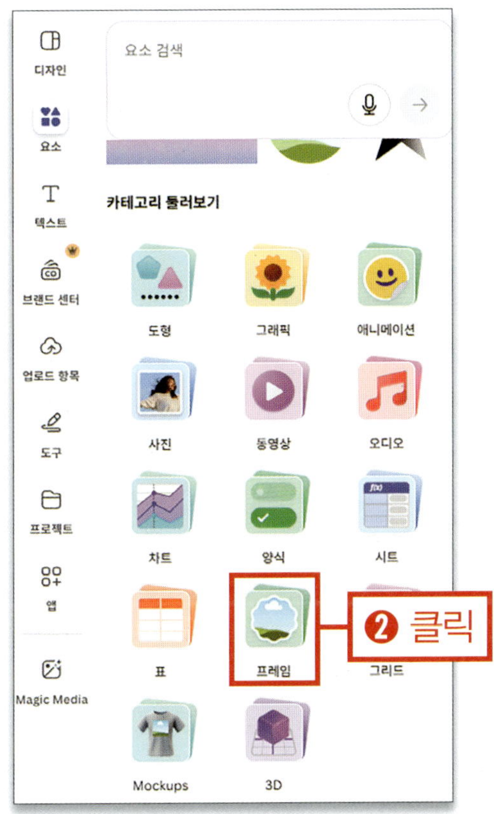

02 '영화 및 사진' 항목에서 [Polaroid Photo Frame]을 클릭해 페이지에 삽입합니다.

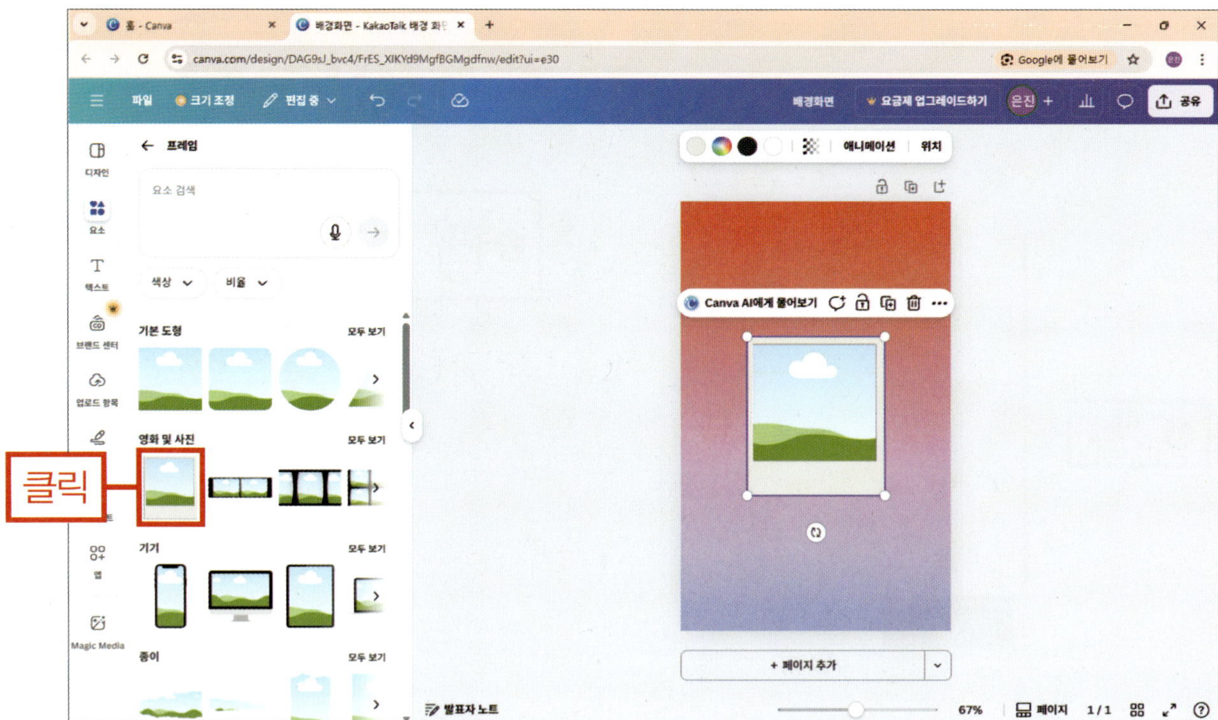

03 플로팅 툴바에서 [복제]를 4번 클릭해 프레임을 복사한 뒤 각각 드래그해 위치를 아래와 같이 이동합니다.

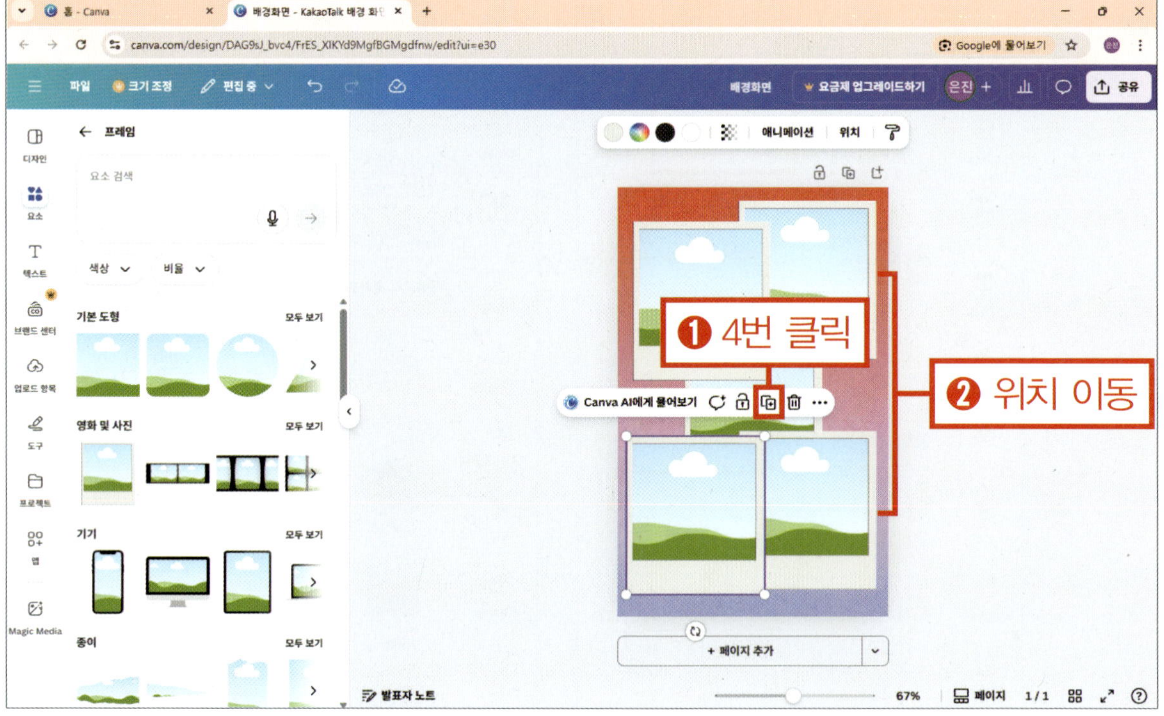

04 각각의 프레임의 [회전 핸들]을 드래그해 방향을 바꿉니다. [크기 조절 핸들]을 드래그해 크기를 다양하게 조절한 뒤 페이지에 배치합니다.

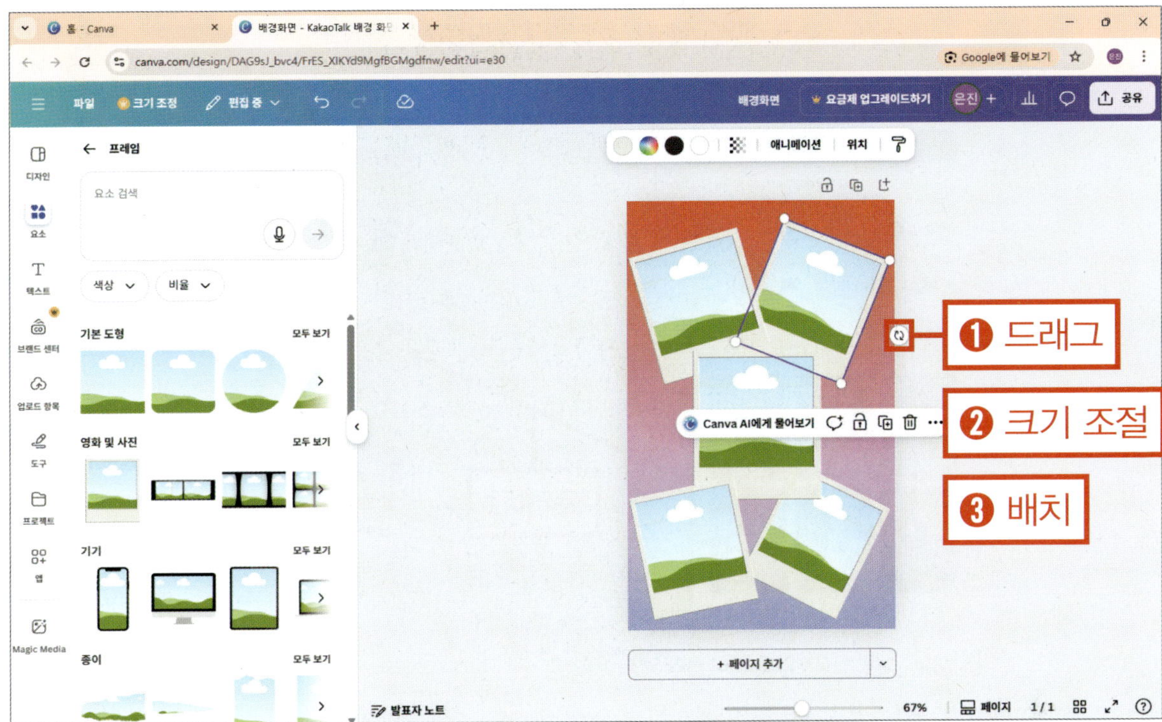

파일 업로드해 삽입하기

01 [업로드 항목]을 클릭한 뒤 [파일 업로드]를 선택합니다. [예제파일]−[4장] 폴더에서 [만들기체험1.jpg]를 클릭한 후 Shift 를 누른 상태로 [만들기체험 5.jpg] 파일을 클릭합니다. [열기]를 클릭합니다.

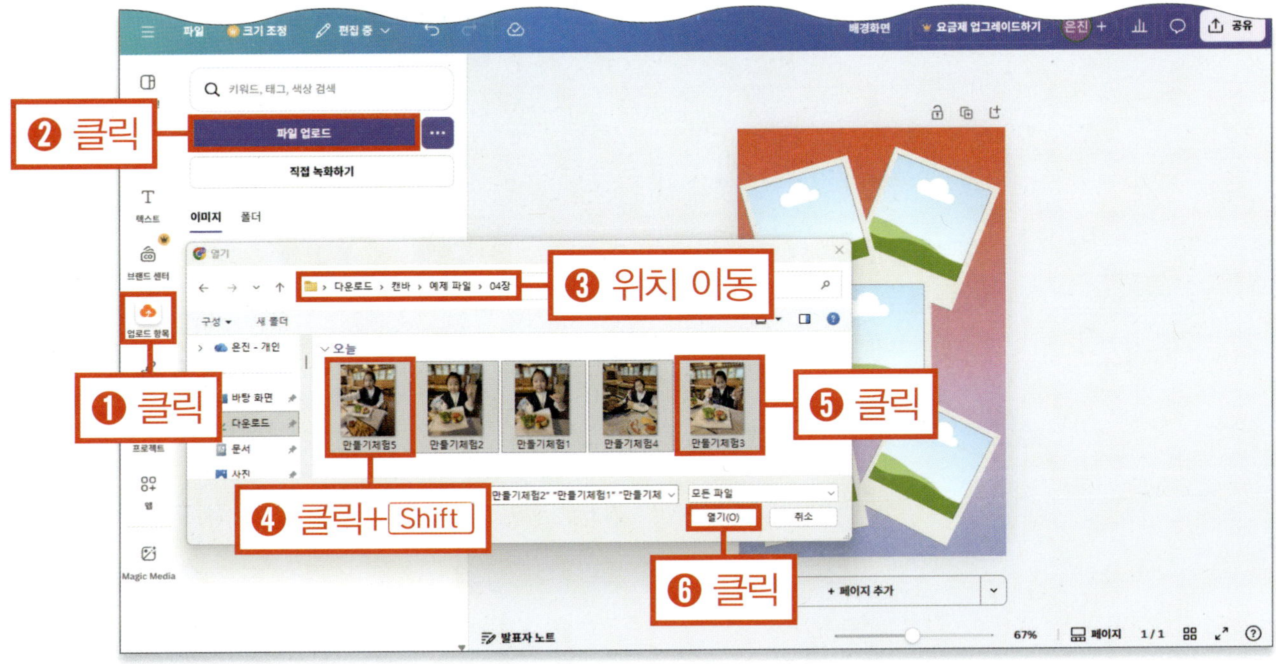

02 업로드된 이미지를 각각 프레임 영역 안으로 드래그해 삽입합니다.

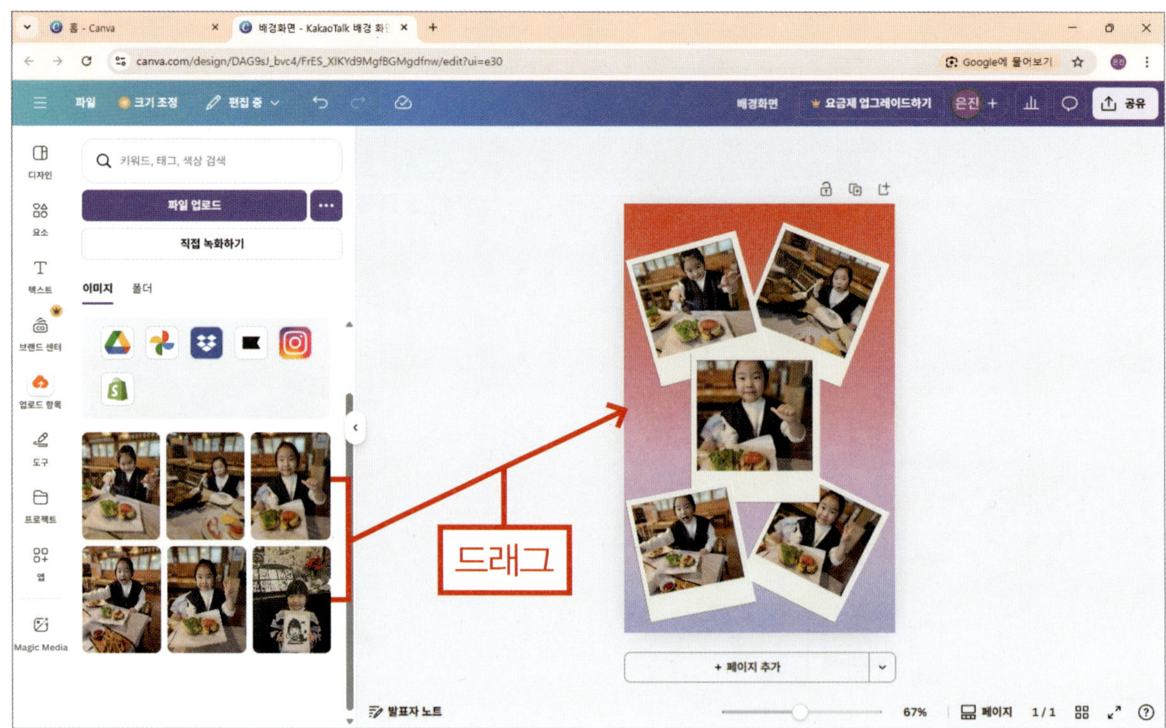

03 삽입한 이미지를 각각 더블 클릭하여 화면에 표시될 이미지의 크기와 위치를 드래그해 조절합니다.

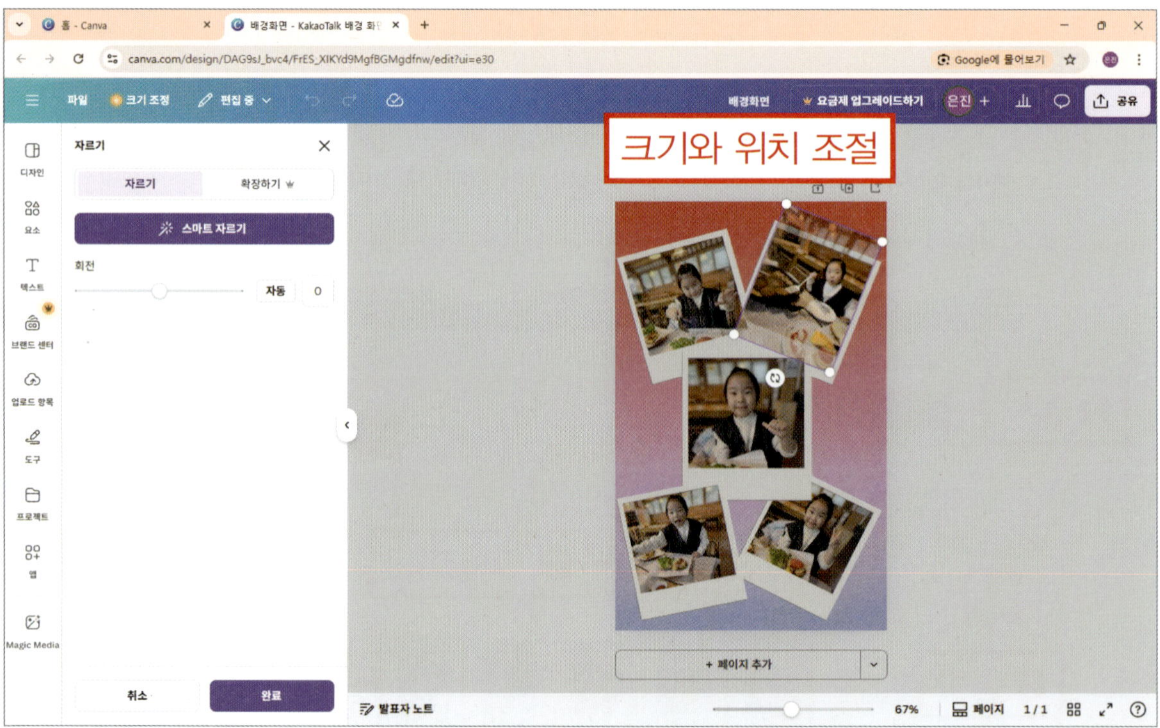

그래픽 요소 추가하기

01 사이드 패널에서 [요소]를 클릭한 뒤 상단의 [뒤로](←) 버튼을 눌러 프레임 메뉴를 종료합니다. 이어서 요소 검색창에 '귀여운 장식'을 검색하고 '그래픽'의 [모두 보기]를 클릭합니다.

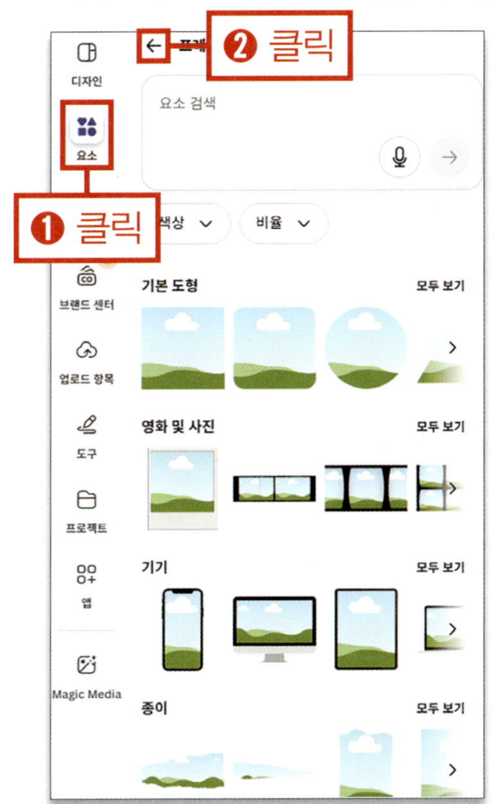

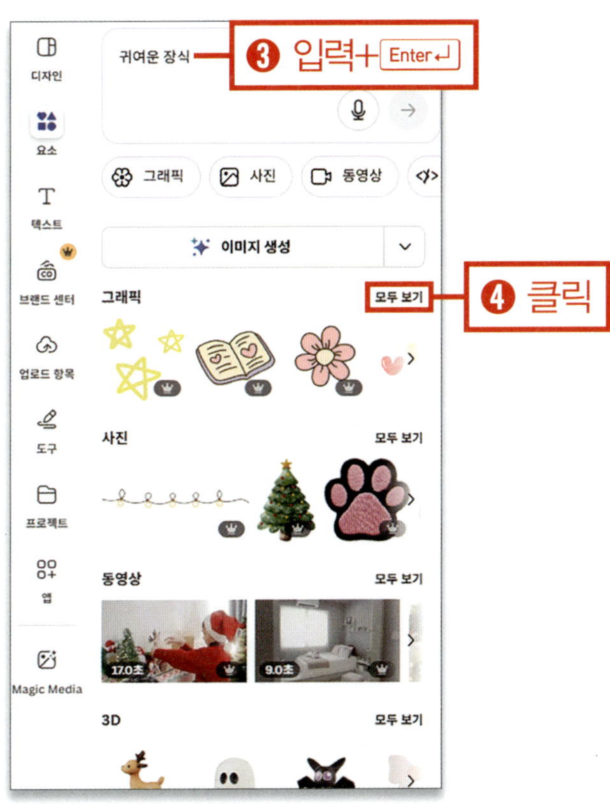

02 원하는 그래픽 요소를 클릭해 페이지에 삽입합니다. 크기와 위치를 드래그하여 조절해 배치하고 배경 화면을 완성해 저장합니다.

프레임과 텍스트 효과를 활용하여 프로필 이미지 만들기

프로필 이미지는 사진과 글자가 함께 어우러져야 완성도가 높아집니다. 프레임을 활용하면 사진을 깔끔한 형태 안에 넣을 수 있고, 텍스트 효과를 사용하면 글자를 곡선이나 강조 형태로 배치해 화면에 자연스럽게 어울리게 만들 수 있습니다. 이 장에서는 프레임과 텍스트 효과를 활용해 프로필 이미지를 만드는 방법을 배워봅니다.

▌완성 화면 미리 보기

▌여기서 배워요!

도형 삽입 / 프레임 삽입 / 텍스트 삽입 / 텍스트 효과 / 파일 업로드

도형 삽입과 편집하기

01 캔바 홈 화면에서 [만들기]를 클릭합니다. '디자인 만들기' 창이 나타나면 [SNS] 항목에서 [Instagram]−[인스타그램 프로필 사진]을 차례대로 클릭합니다.

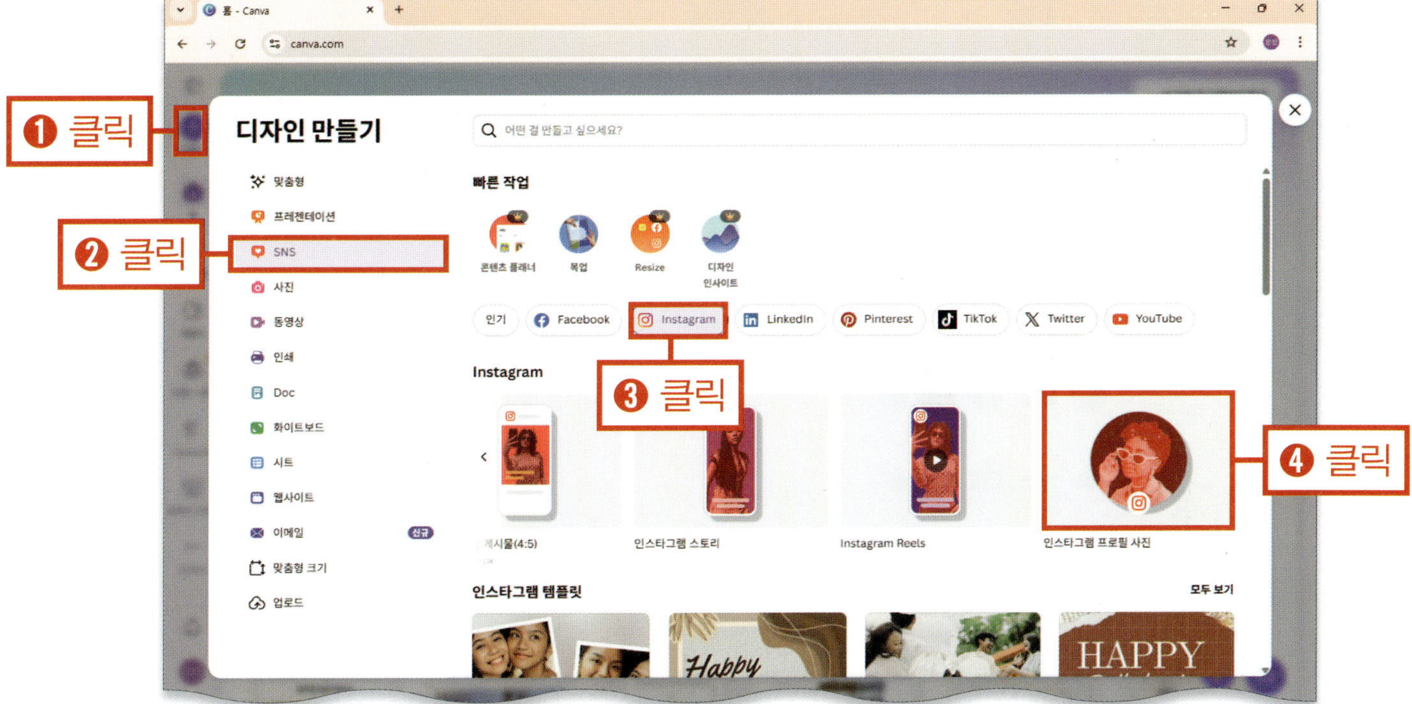

02 디자인 제목을 '프로필 사진'으로 입력합니다. 사이드 패널에서 [요소]를 클릭한 뒤 [도형]을 선택합니다.

03 '기본 도형'에서 [원]을 클릭해 페이지에 삽입한 뒤 모서리에 있는 [크기 조절 핸들]을 드래그해 원의 크기를 키우고 페이지 중앙으로 드래그하여 배치합 니다.

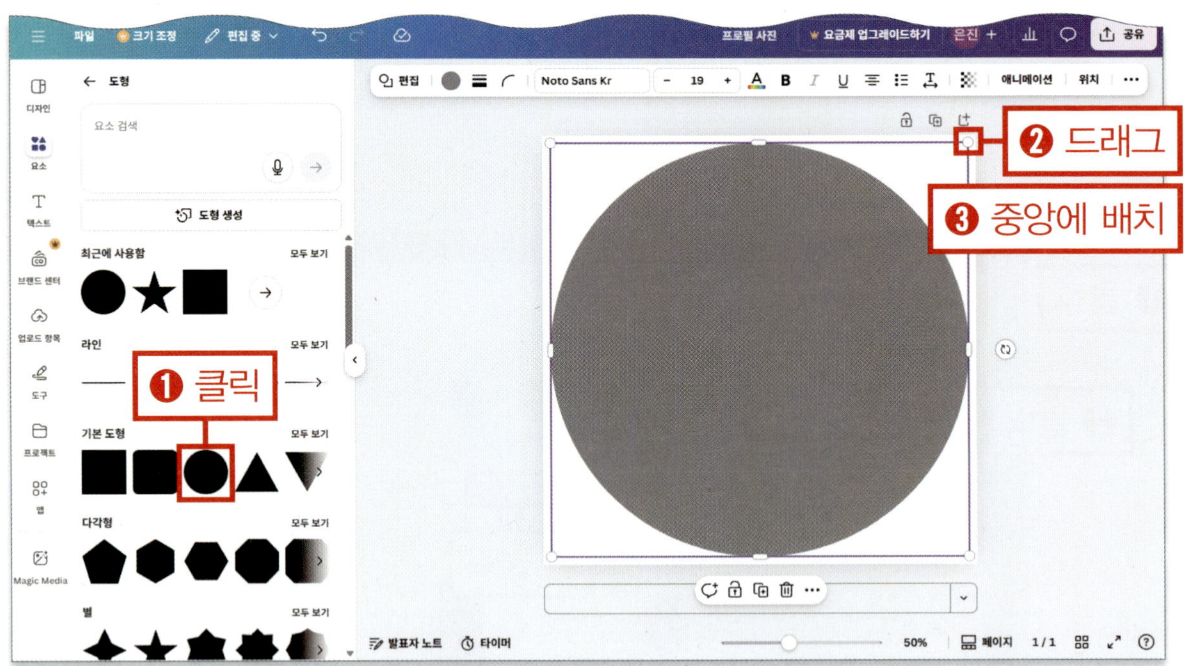

조금 더 배우기

도형을 선택한 상태에서 에디터 툴바의 [위치]를 클릭한 뒤 [정렬]의 '페이지에 맞춤'에서 [가운데]를 선택하면 도형을 중앙에 배치할 수 있습니다.

04 에디터 툴바에서 [색상]을 클릭한 뒤 [새로운 색상 추가]를 선택해 원하는 색 을 지정합니다.

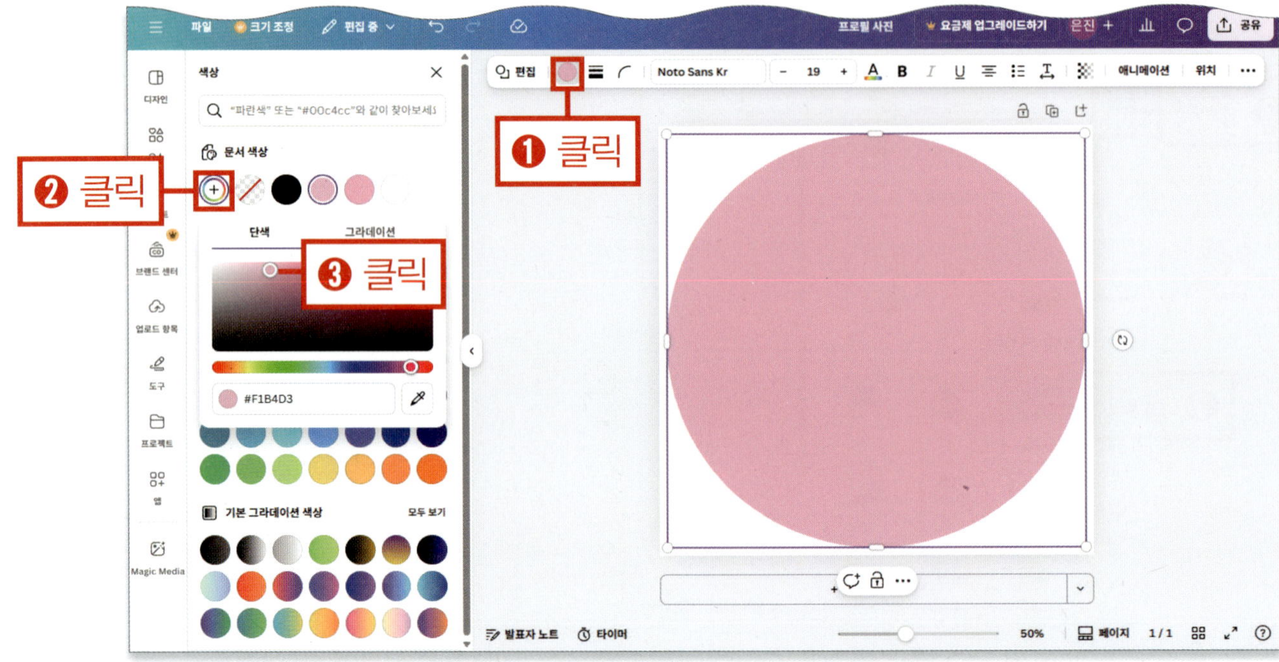

05 [요소]를 클릭한 뒤 '별' 항목에서 [별] 도형을 삽입합니다. 크기를 줄이고 원 도형의 왼쪽 중앙 끝에 배치합니다.

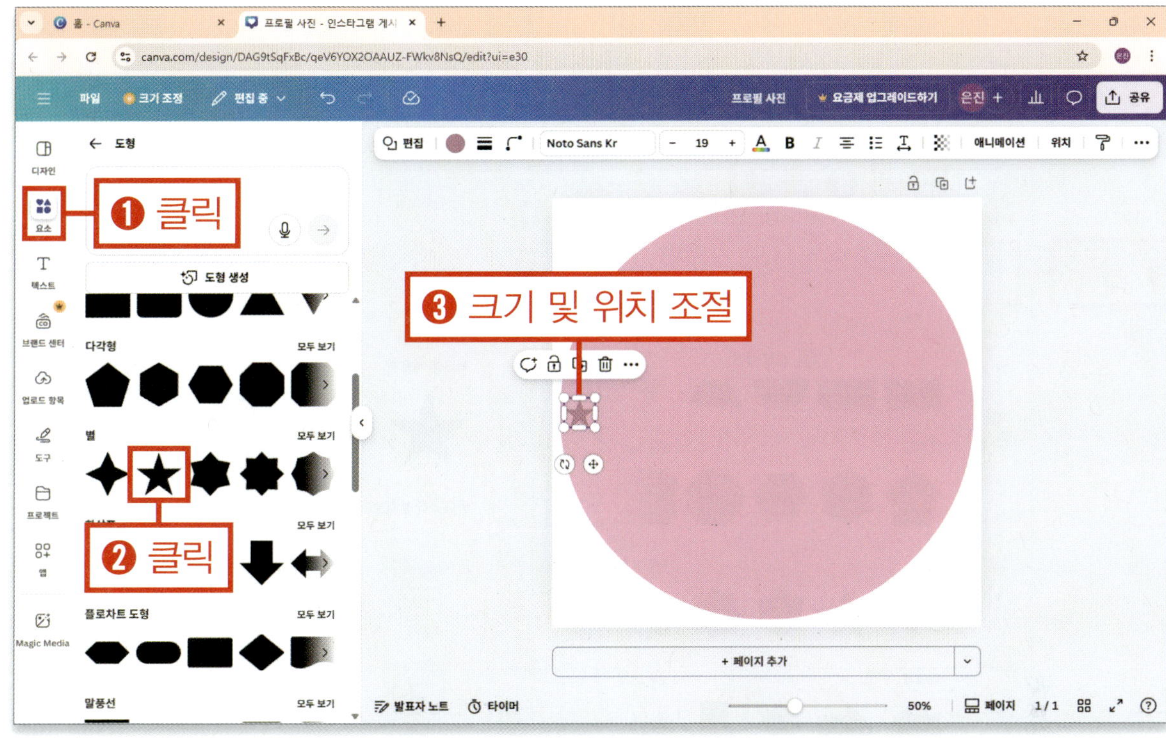

06 별 도형이 선택된 상태에서 [색상]을 클릭해 원하는 색으로 변경합니다. 이어서 플로팅 툴바에서 [복제]를 클릭해 도형을 복사한 뒤 드래그해 원 도형의 오른쪽 중앙 끝에 배치합니다.

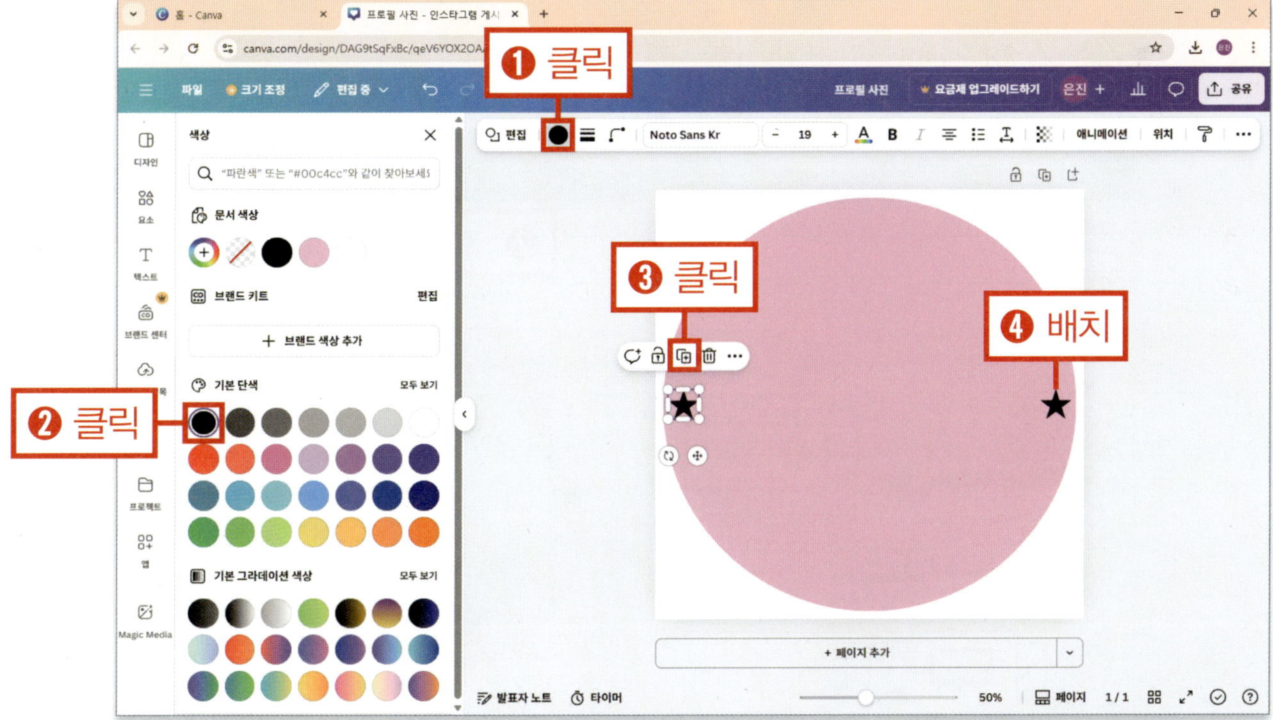

 프레임 삽입하기

01 사이드 패널에서 [요소]를 클릭한 뒤 [뒤로](←) 버튼을 눌러 도형 메뉴를 종료합니다. [프레임]을 클릭합니다.

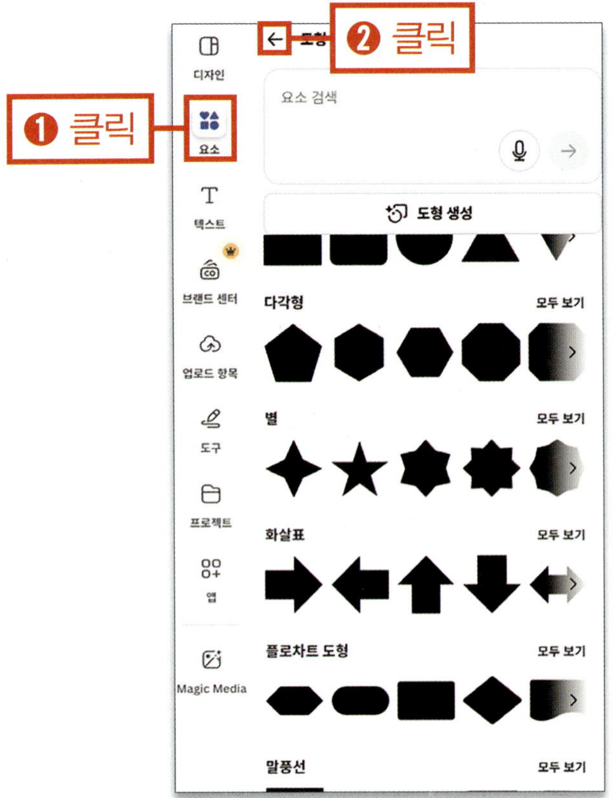

02 '기본 도형'에서 [원 프레임]을 클릭하여 삽입한 뒤 먼저 만든 도형보다 작게 크기를 조절해 페이지 중앙에 배치합니다.

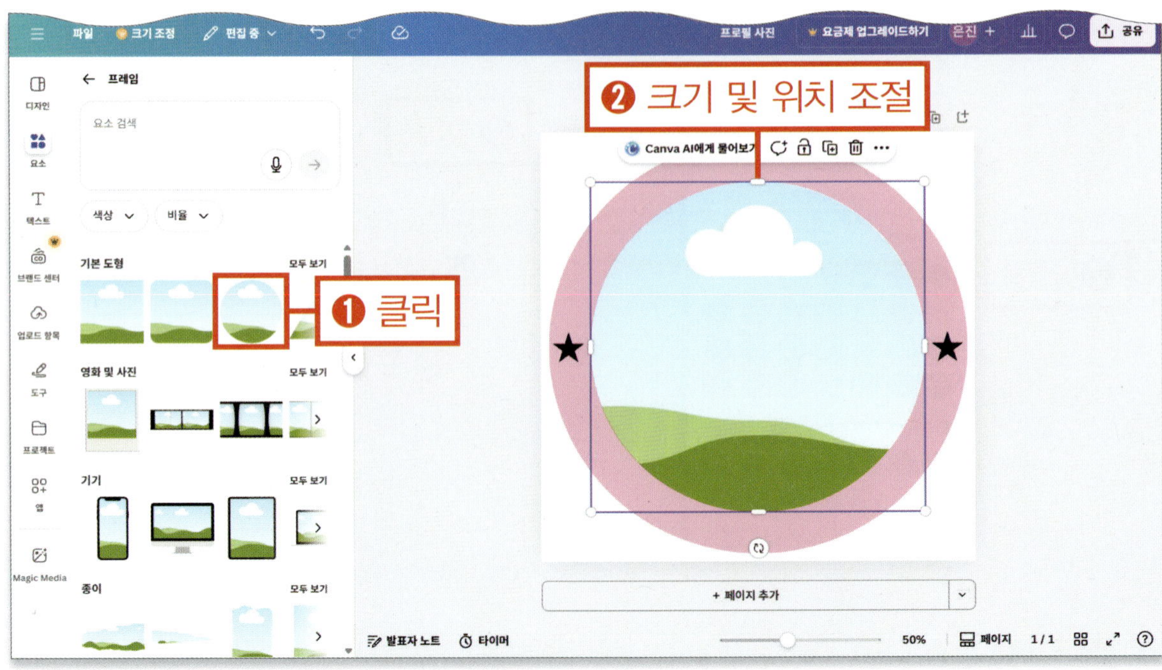

텍스트 삽입과 효과 설정하기

01 사이드 패널에서 [텍스트]를 클릭하고 [부제목 추가]를 선택한 뒤 프로필에 들어갈 문구를 입력합니다. (**예** '실무 중심으로 캔바를 알려주는 강사')

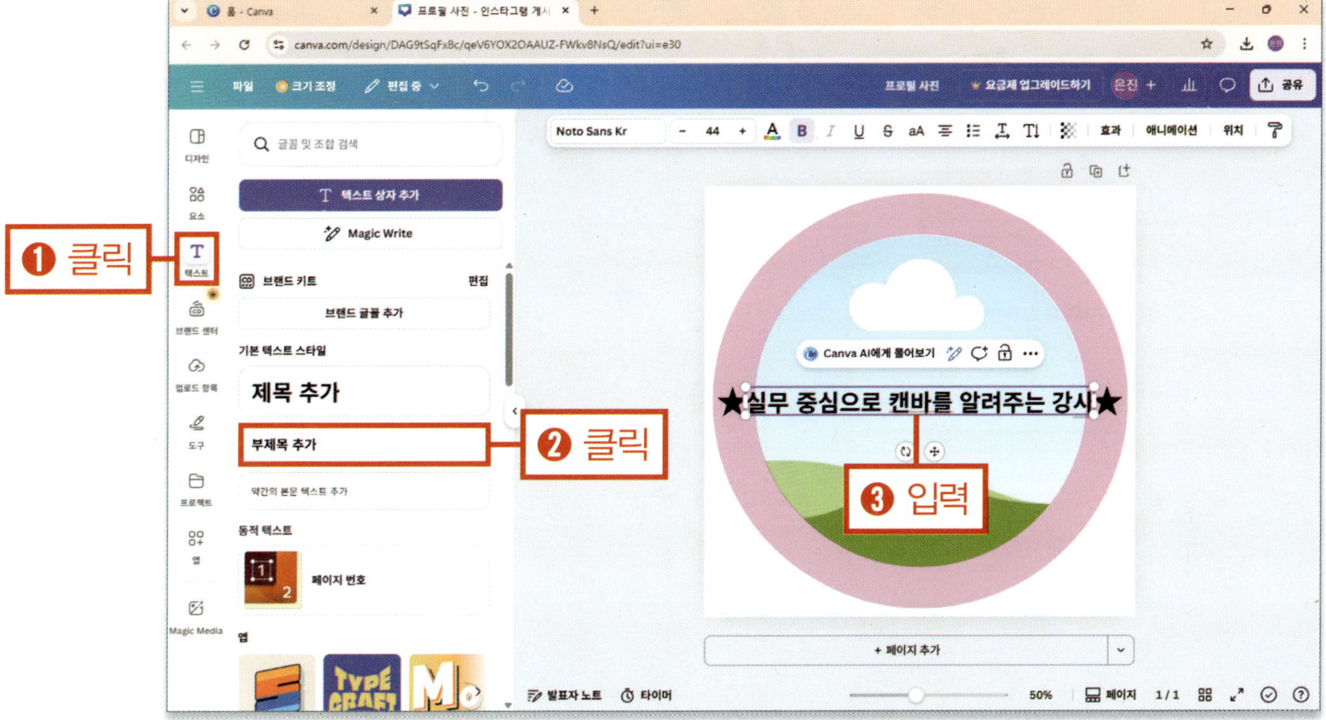

02 에디터 툴바에서 원하는 [글꼴]과 [색상]을 지정한 뒤 텍스트를 드래그해 도형 상단으로 이동합니다.

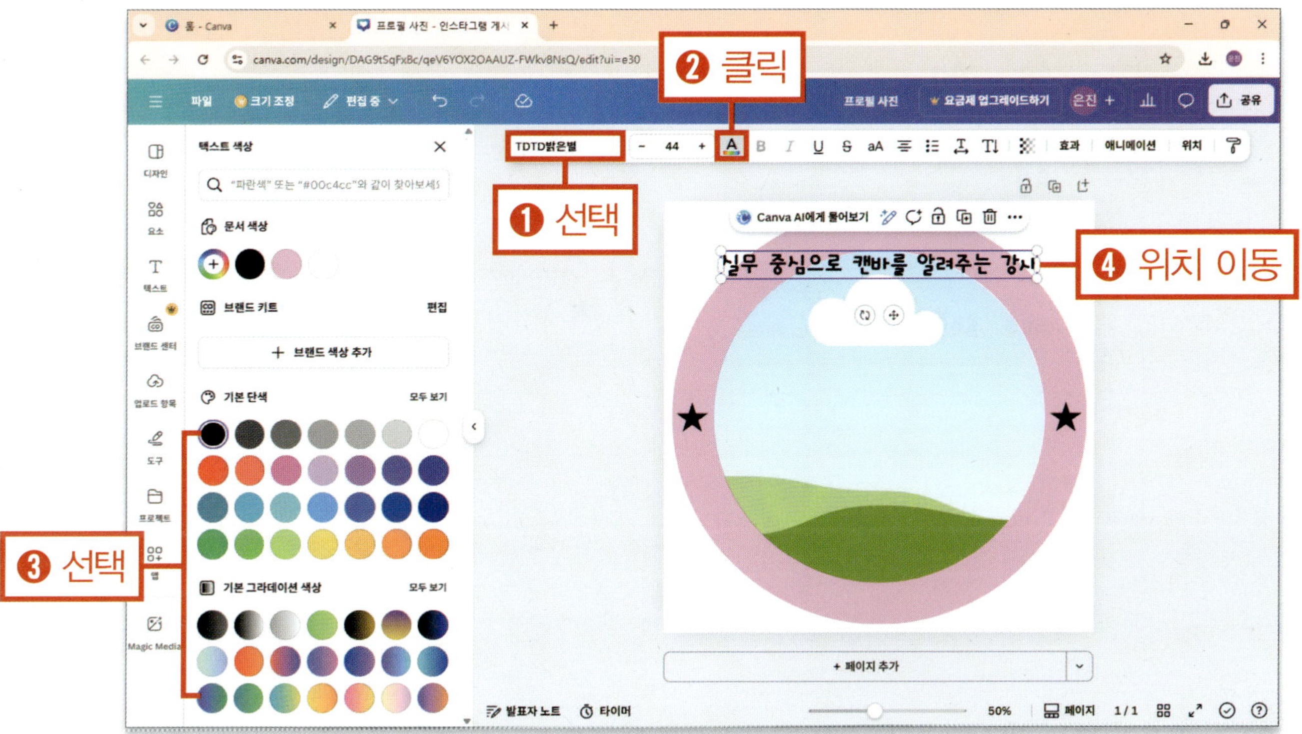

03 [효과]를 클릭한 뒤 '도형'에서 [곡선]을 클릭합니다. 곡선 값을 조절해 텍스트를 휘어지게 설정합니다. 이때 도형의 크기와 텍스트 크기에 따라 휘어지는 정도가 달라지므로 화면을 보면서 값을 조절합니다.

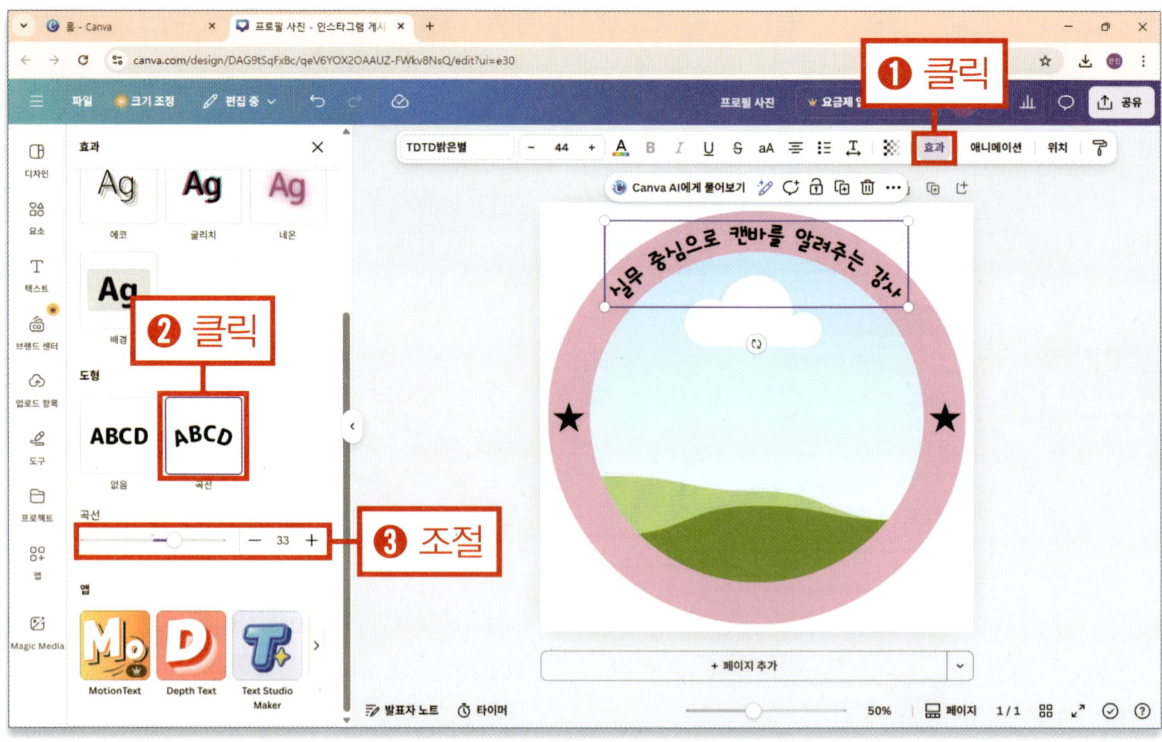

04 에디터 툴바에서 [고급 설정]을 클릭합니다. [글자 간격]을 조절해 텍스트와 원의 크기에 맞게 휘어짐을 자연스럽게 맞춥니다.

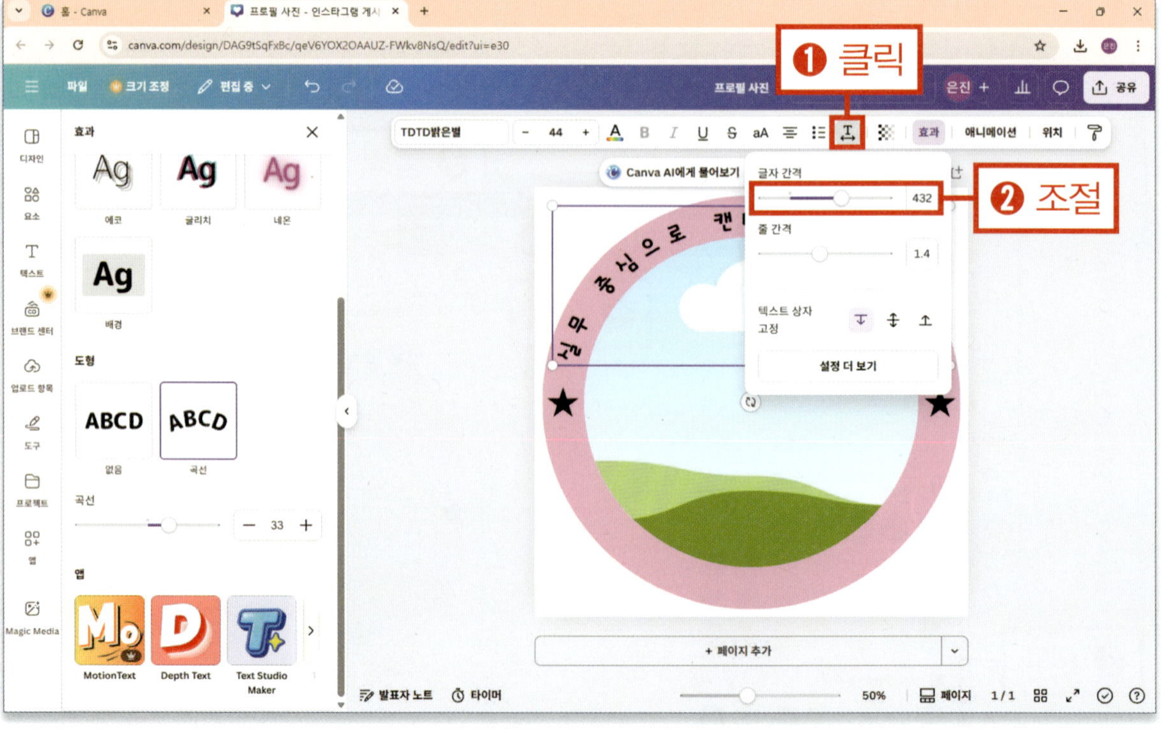

05 텍스트가 선택된 상태에서 [복제]를 클릭해 복사하고 드래그해 아래로 이동합니다.

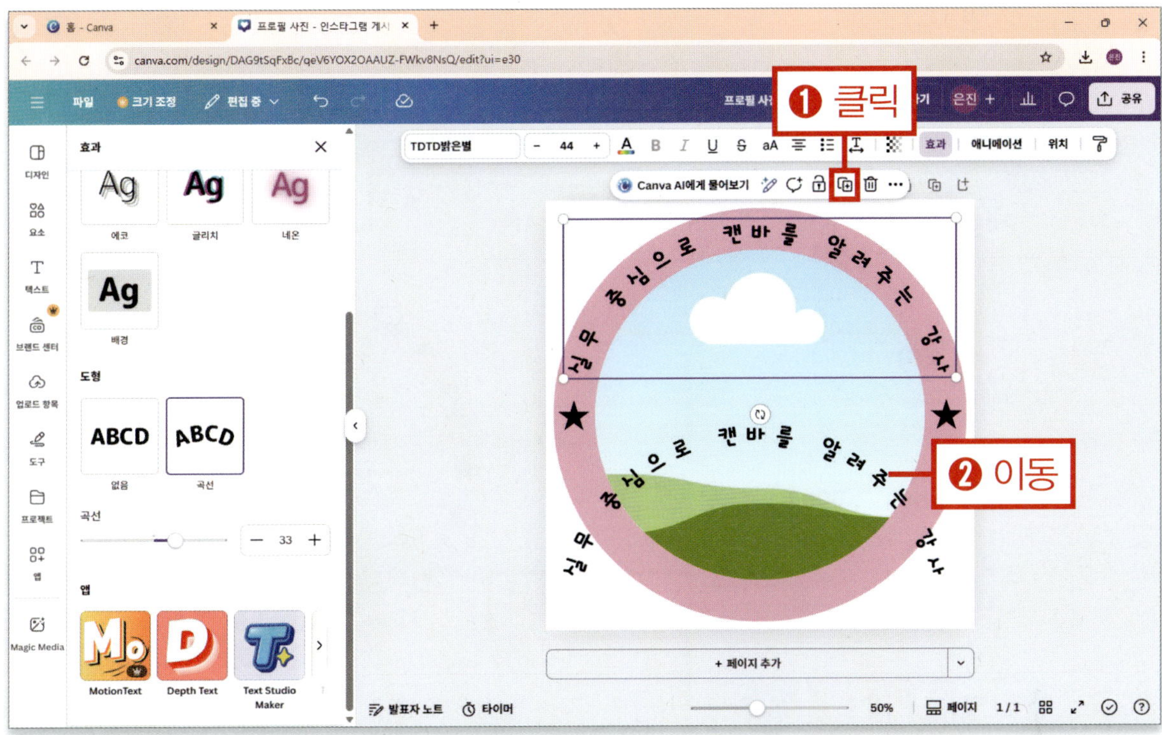

06 복사한 텍스트를 더블 클릭해 내용을 수정합니다.

(**예** '현장에서 바로 쓰는 캔바를 전합니다')

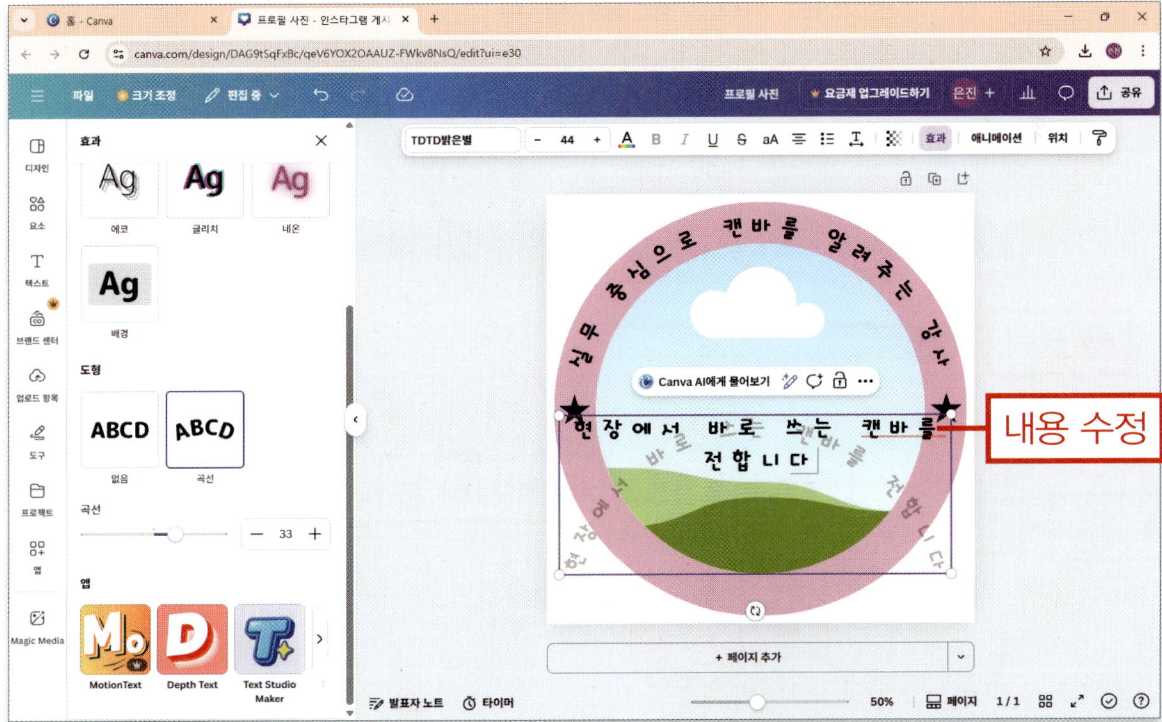

07 [효과]를 클릭한 뒤 마이너스(−)를 붙여 곡선 값을 반대로 조절합니다. [고급 설정]을 클릭해 [글자 간격] 값을 조절한 뒤 드래그하여 텍스트 위치를 이동합니다.

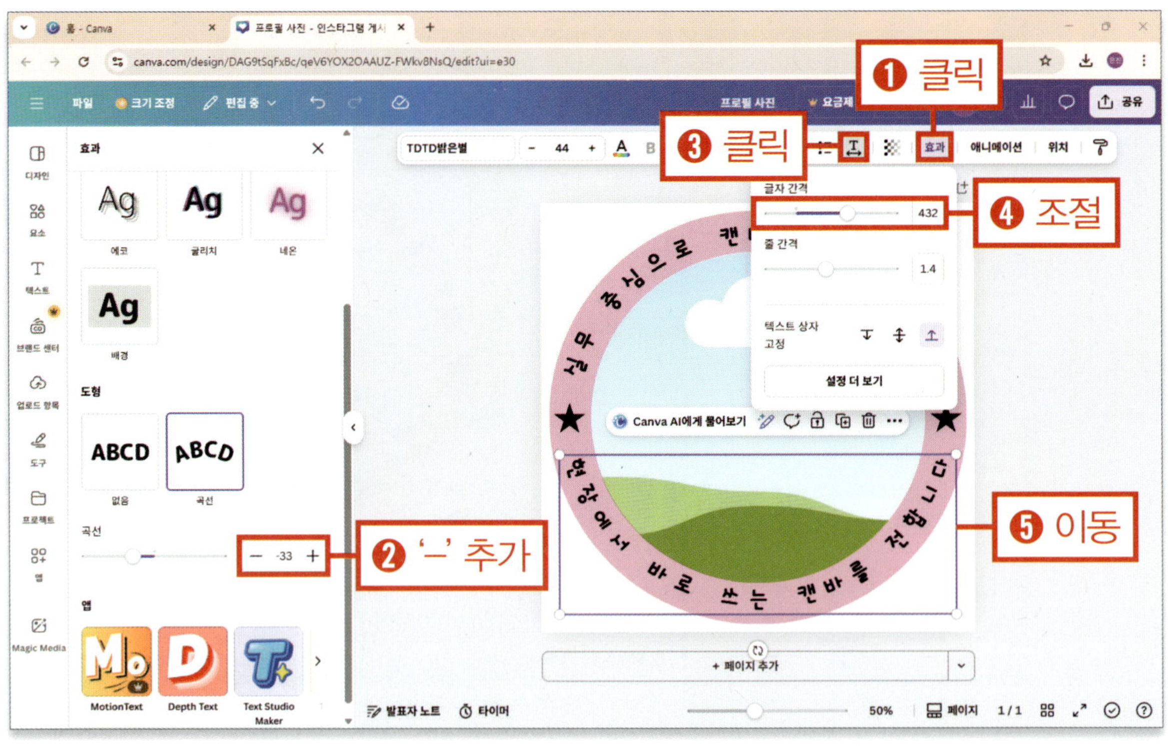

 프로필 사진 삽입하기

01 [업로드 항목]을 클릭한 뒤 [파일 업로드]를 클릭합니다. [예제파일]−[5장] 폴더에서 [프로필 사진.jpg] 파일을 선택하고 [열기]를 클릭합니다.

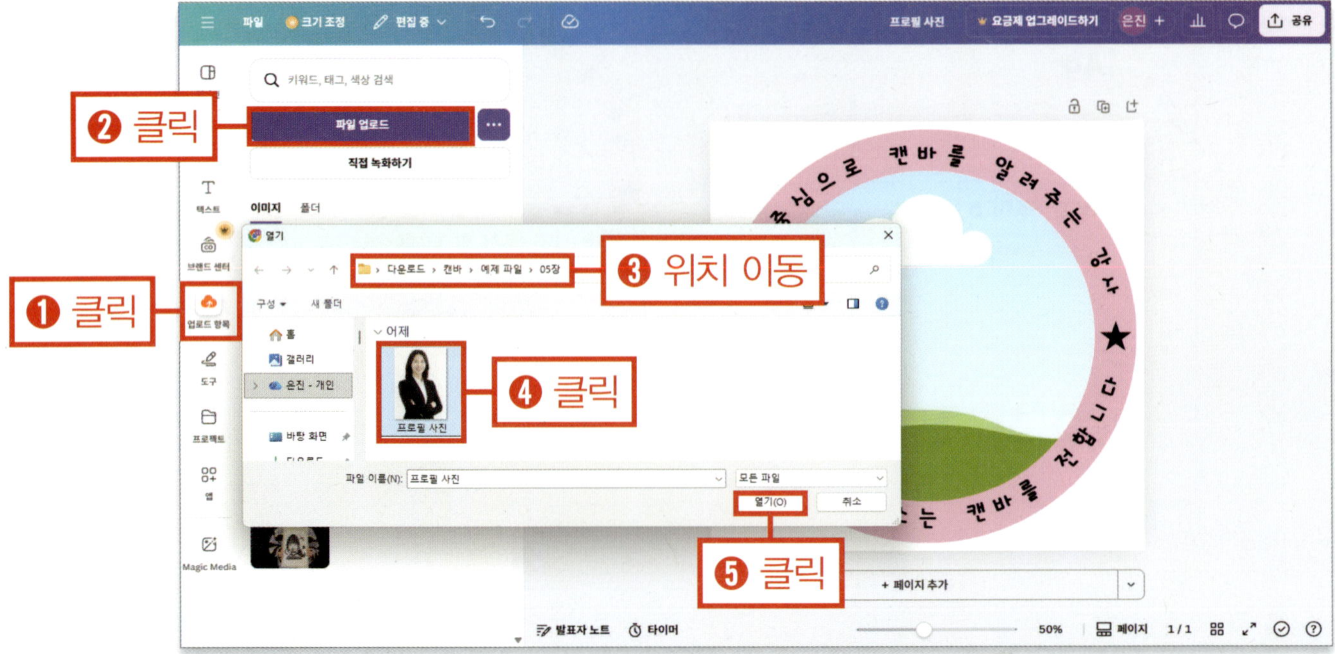

02 업로드된 이미지를 프레임 영역 안으로 드래그해 삽입합니다.

03 이미지를 더블 클릭한 뒤 화면에 표시될 영역에 맞게 크기와 위치를 드래그해 조절한 다음 디자인을 완성해 저장합니다.

텍스트 효과를 활용하여 생일 토퍼 만들기

POINT

토퍼는 케이크나 디저트 위에 올려 메시지를 전하는 장식으로, 생일이나 기념일 같은 특별한 날의 분위기를 더욱 살려주는 소품입니다. 시중 제품을 사용하는 것도 좋지만, 직접 만든 토퍼를 사용하면 축하의 마음과 의미를 더 특별하게 전할 수 있습니다. 이 장에서는 캔바의 텍스트 효과를 활용해 생일에 사용할 토퍼를 직접 만들어 보는 방법을 배워봅니다.

▌완성 화면 미리 보기

▌여기서 배워요!

텍스트 삽입 / 그라데이션 색상 / 테두리 효과 / 도형 삽입 / 레이어

텍스트 삽입과 효과 적용하기

01 캔바 홈 화면에서 [만들기]를 클릭합니다. '디자인 만들기' 창이 나타나면 검색 창에 '전단지'를 입력합니다. 검색 결과에서 [전단지(가로형 A4)]를 선택합니다.

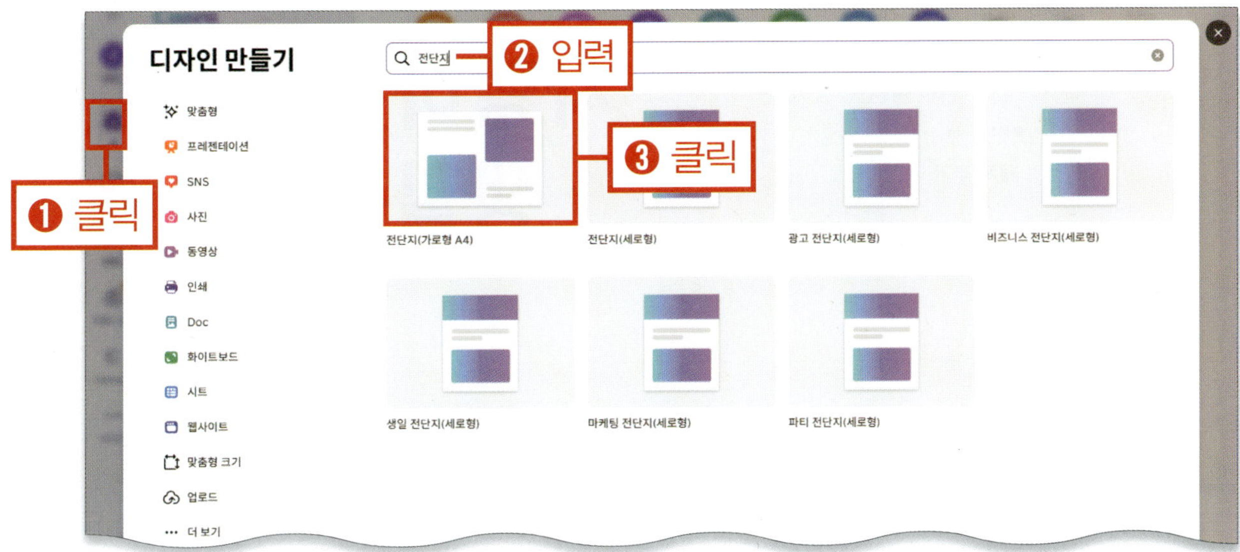

02 디자인 제목을 '토퍼'로 입력합니다. 사이드 패널에서 [텍스트]를 클릭하고 [제목 추가]를 클릭합니다. 토퍼로 사용할 문구인 '사랑하는우리딸'을 입력한 뒤 모서리에 있는 [크기 조절 핸들]을 드래그해 글자 크기를 확대합니다.

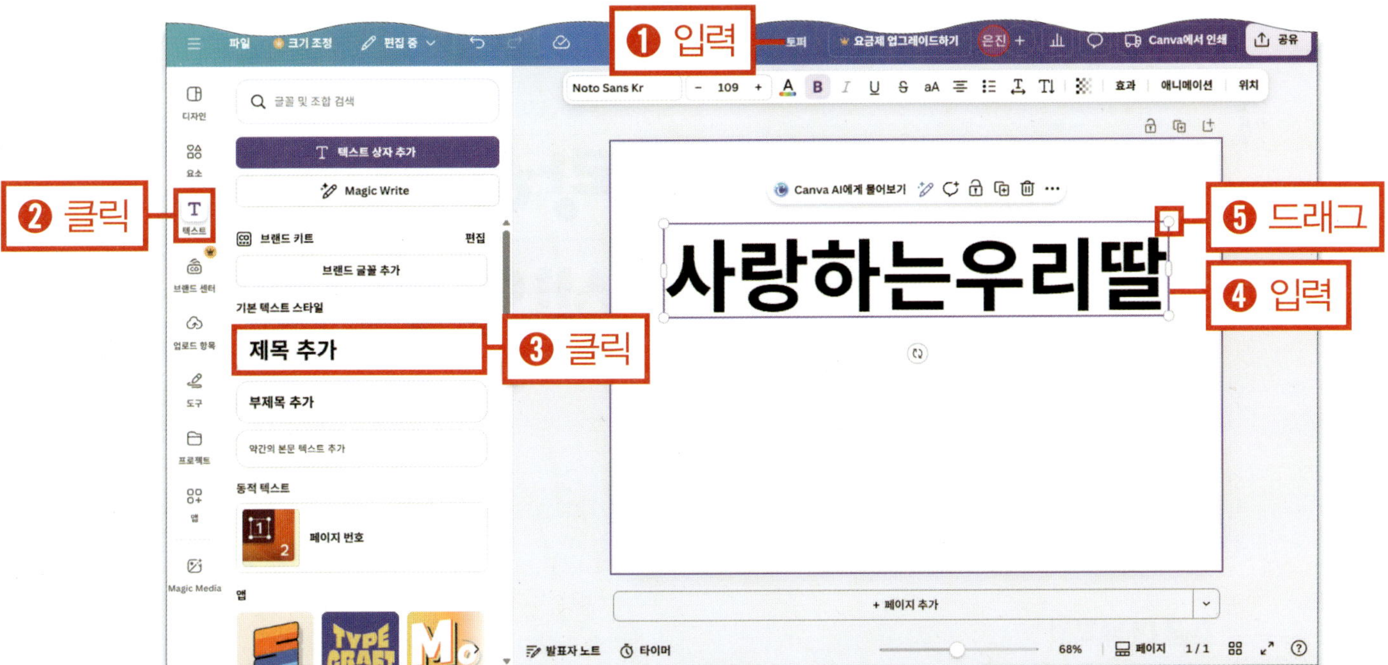

조금 더 배우기

글자는 띄어 쓰지 않고 붙여 써야 글자가 하나로 연결되어 토퍼를 오려 사용할 때 구조가 안정적으로 유지됩니다.

03 텍스트가 선택된 상태에서 [복제]를 클릭해 복사한 뒤 아래로 이동합니다. 추가 문구인 '생일축하해'를 입력하고 위치를 조정합니다.

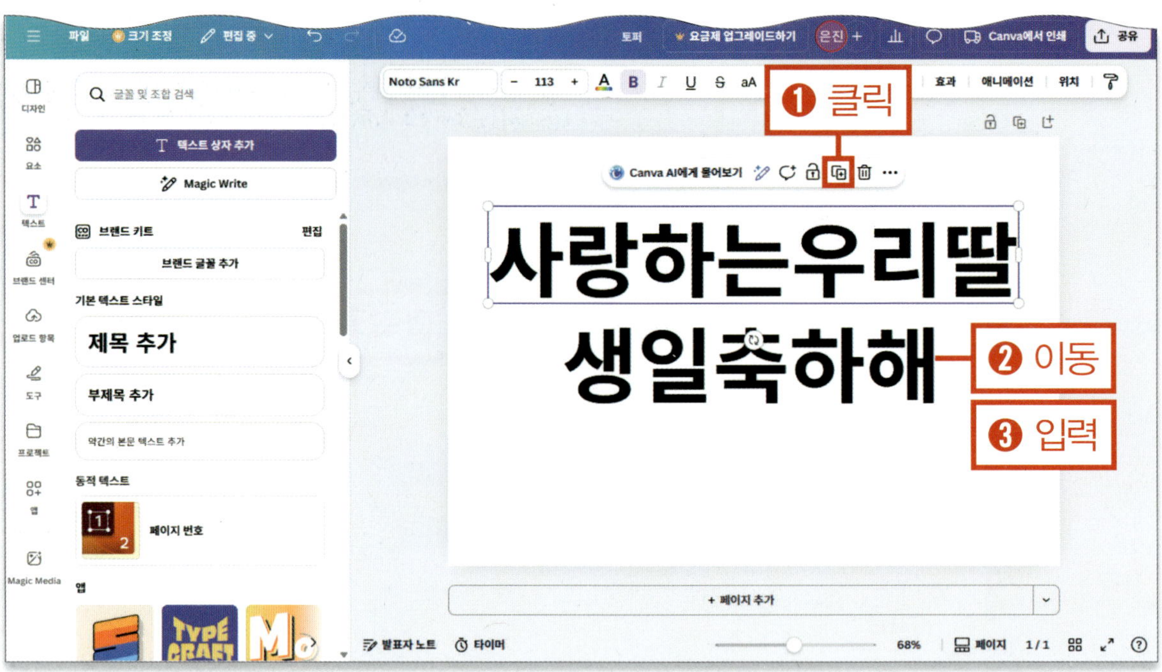

04 드래그하여 페이지에 삽입된 모든 문구를 선택합니다. 에디터 툴바의 [글꼴]을 클릭한 뒤 [210 클레이토이]를 찾아 클릭합니다.

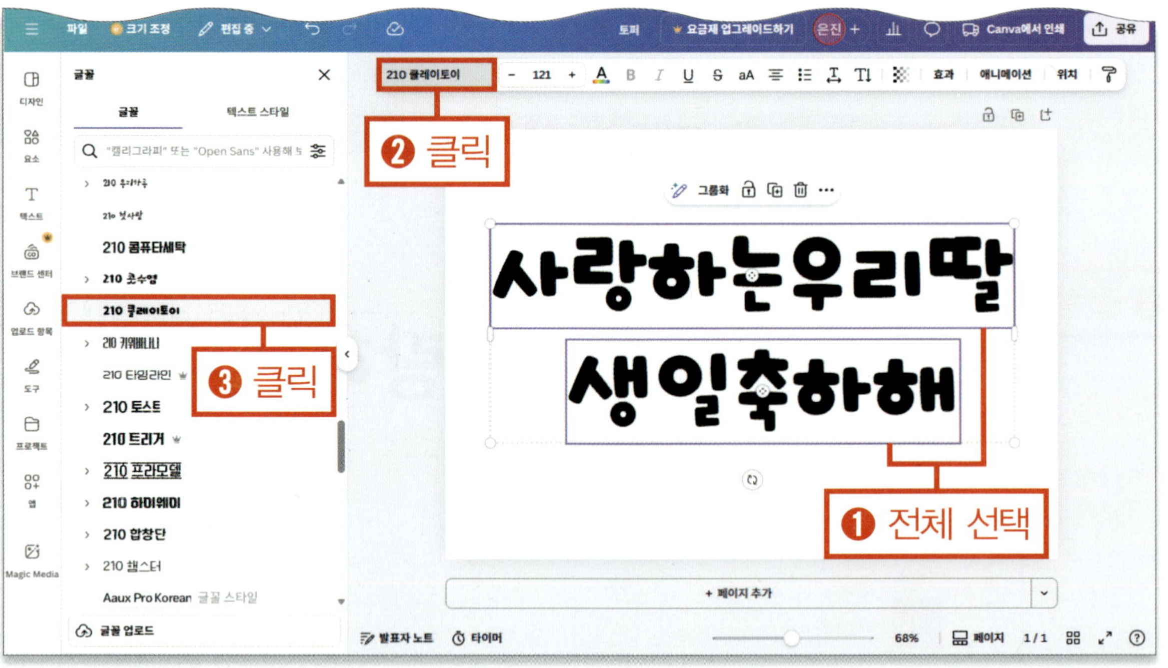

조금 더 배우기

생일 토퍼에는 두꺼운 폰트를 사용하는 것이 좋습니다. 토퍼는 인쇄해 오려 사용하는 경우가 많아 글자가 얇으면 잘리거나 찢어질 수 있습니다. 두꺼운 폰트를 사용하면 글자가 또렷하게 보이고 오려낸 뒤에도 형태가 무너지지 않아 완성도가 높아집니다.

05 텍스트 박스를 더블 클릭한 뒤 '사랑하는' 부분만 드래그해 블록 지정합니다. 에디터 툴바에서 [텍스트 색상]을 클릭하고 '기본 그라데이션 색상'의 [모두 보기]를 클릭합니다.

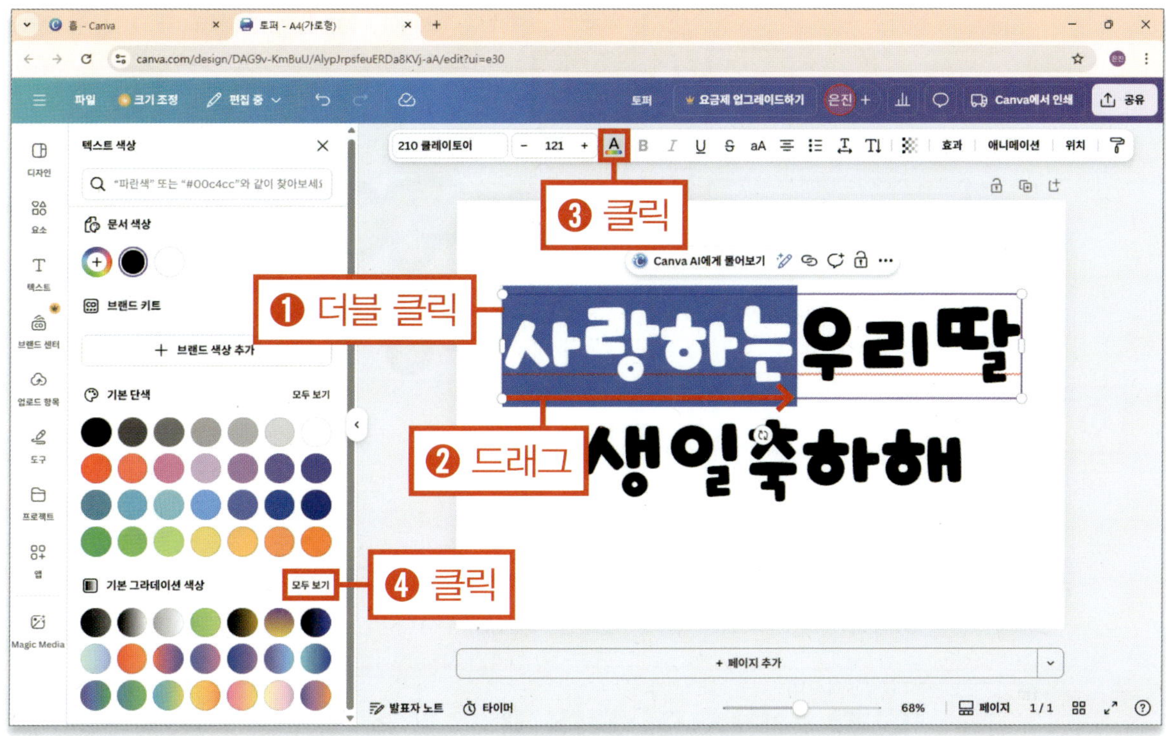

06 원하는 그라데이션 색을 클릭해 적용합니다. 같은 방법으로 페이지 안의 다른 텍스트에도 그라데이션 색상을 지정합니다.

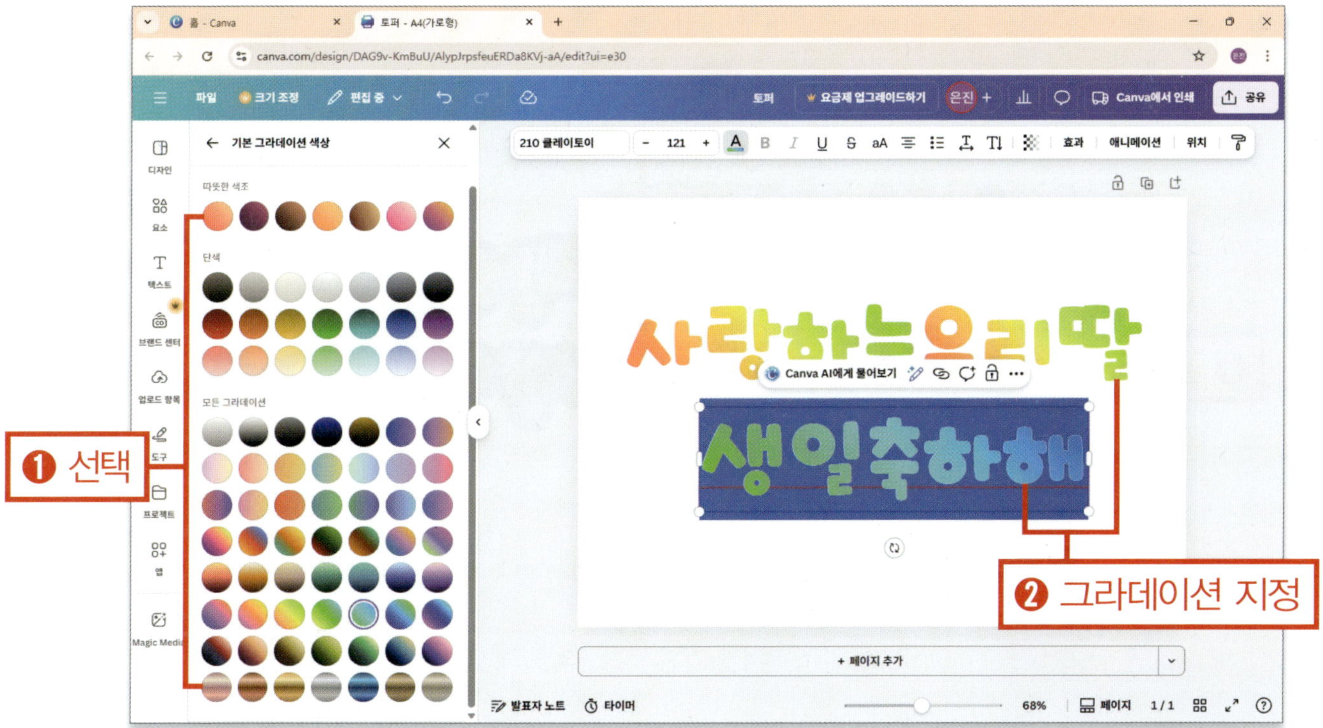

07 페이지에 있는 모든 문구를 다시 전체 선택한 다음 에디터 툴바의 [효과]를 클릭한 뒤 [테두리]를 클릭합니다. [두께]를 '200'으로 설정하고 [색상]은 [검은색]으로 선택합니다.

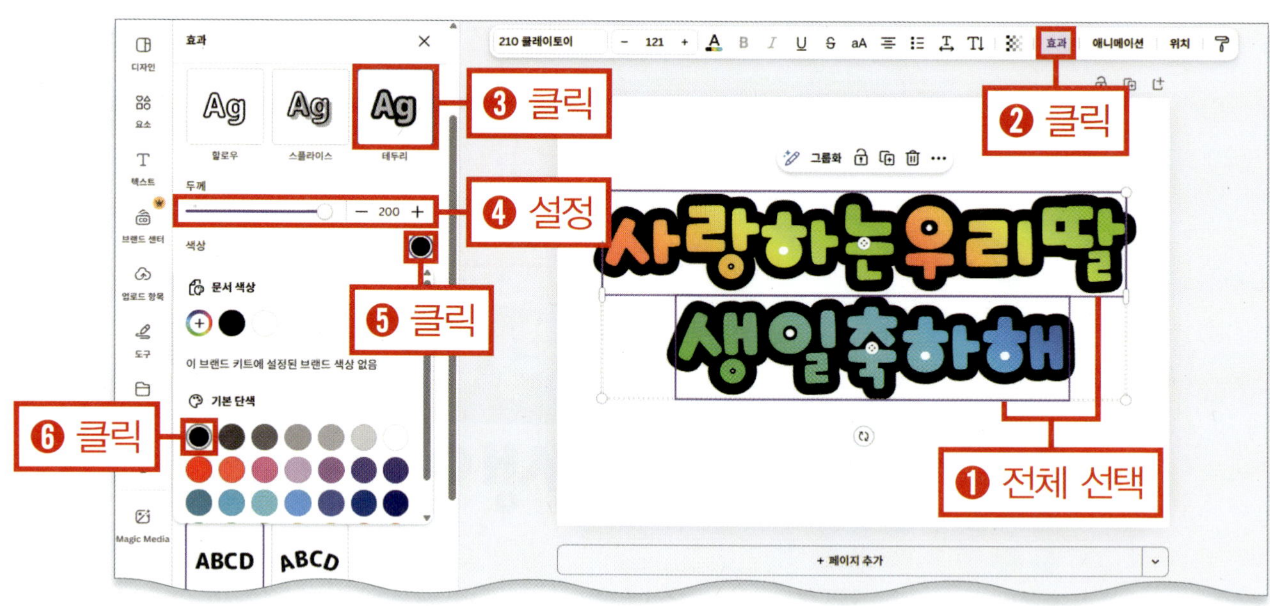

STEP 02 도형 삽입하여 꾸미기

01 페이지 밖의 빈 영역을 클릭한 뒤 키보드에서 단축키 R을 눌러 사각형 도형을 삽입합니다. 도형이 선택된 상태에서 [색상]을 클릭하여 [검은색]으로 변경합니다.

조금 더 배우기

캔바에서 단축키를 사용하면 메뉴를 찾는 과정을 줄일 수 있어 작업 속도가 빨라집니다. 자주 사용하는 요소는 단축키로 익혀 두면 디자인이 훨씬 수월해집니다.

T : 텍스트 추가/ R : 직사각형 추가/ L : 선 추가/ C : 원 추가

02 에디터 툴바에서 [위치]를 클릭한 뒤 [레이어] 탭을 클릭합니다. [사각형 도형]을 선택합니다. 사각형 도형의 크기를 조절해 속이 빈 글자 안쪽 공간을 충분히 채웁니다.

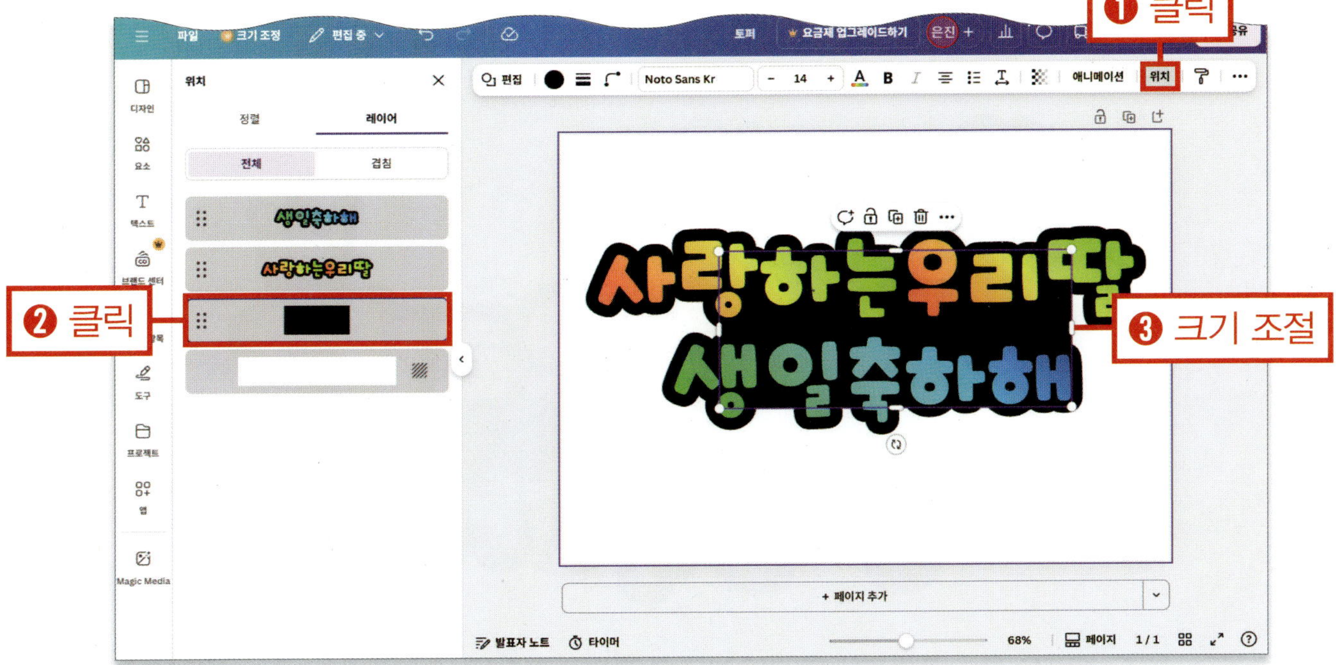

> **조금 더 배우기**
>
> 여러 요소가 겹쳐 있어 원하는 도형이 잘 선택되지 않을 때는 에디터 툴바의 [위치]–[레이어]에서 요소를 클릭하면 정확하게 선택할 수 있습니다. 레이어 목록에서는 요소가 겹쳐 있어도 하나씩 확인하며 선택할 수 있어 작은 도형이나 뒤에 있는 요소를 편집할 때 특히 유용합니다.

03 텍스트와 사각형 도형의 크기와 위치를 조정해 토퍼 디자인을 완성한 뒤 저장합니다.

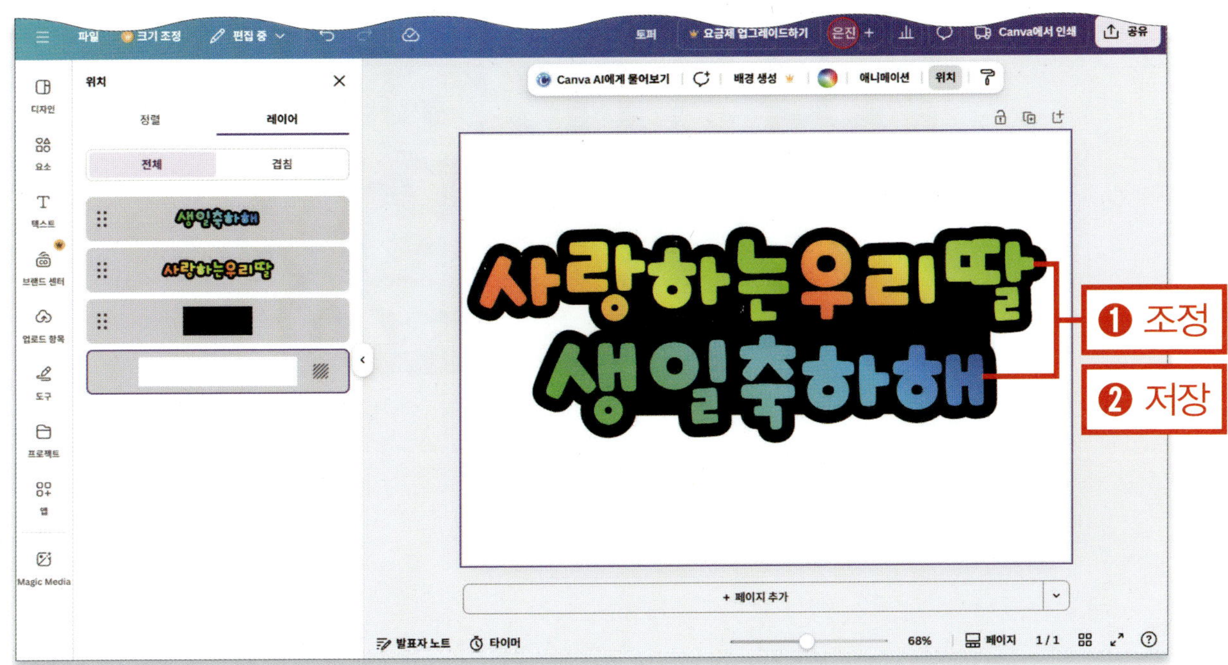

혼자서도 만들 수 있어요!

1 앞에서 만든 토퍼에 그래픽 요소를 추가해 토퍼를 꾸며 보세요.

hint [요소]에서 '파티 모자', '케이크', '파티', '풍선', '선물' 등 생일 관련 키워드를 검색하여 그 래픽 요소 삽입 → 삽입한 요소 선택 → 에디터 툴바에서 [편집] 선택 → [fx 효과]–[그림 자]–[개요] 적용 → [크기] '100' / [색상] '검은색' / [강도] '100' 설정 → 요소의 크기와 위 치를 조절해 디자인 완성

2 응원의 문구를 담은 토퍼를 만들어 보세요.

hint
- 문구 : '잘 될 거야 진짜로'
- 그래픽 요소 검색어 : 응원

CHAPTER 07 | 도형을 활용하여 명언 필사 노트 만들기

도형 기능을 활용하면 글을 쓰기 위한 노트 형식을 손쉽게 만들 수 있습니다. 사각형과 선 도형을 이용해 필사 공간을 구성하고, 텍스트를 배치해 나만의 필사 노트를 완성할 수 있습니다. 이 장에서는 도형을 활용해 명언 필사 노트를 만들고 페이지를 복제해 여러 장의 노트를 구성하는 방법을 배워봅니다.

▌완성 화면 미리 보기

오늘의 필사 노트

꿈을 이루기 위해서는
먼저 꿈을 꿔야 한다.
-존 C. 맥스웰-

따라 쓰기

나의 생각 쓰기

▌여기서 배워요!

맞춤형 크기 / 도형 삽입 / 도형 복사 / 텍스트 입력 / 페이지 복제

맞춤형 크기 지정하기

01 A4 사이즈로 필사 노트를 만들기 위해 캔바 홈 화면에서 [맞춤형 크기]를 클릭합니다.

02 '디자인 만들기' 창이 나타나면 '단위'를 [mm]로 변경하고 '가로'에 '210', '높이'에 '297'을 입력한 뒤 [새 디자인 만들기]를 클릭합니다.

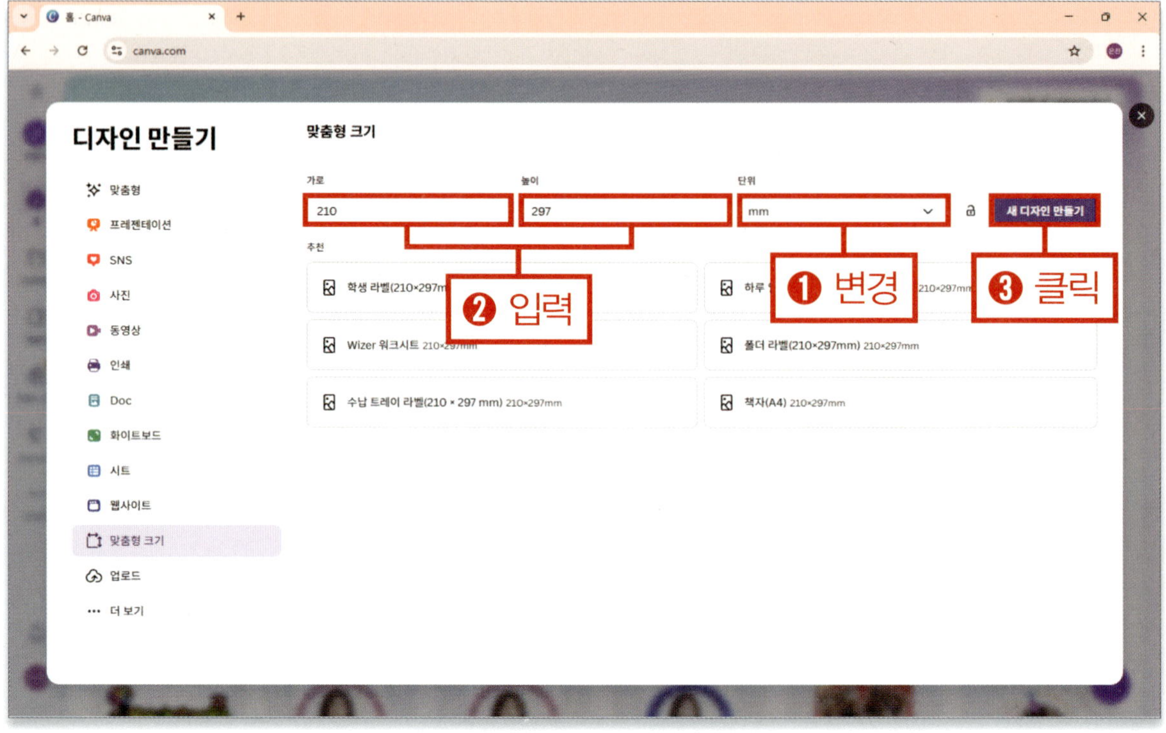

도형으로 노트 틀 만들기

01 디자인 제목을 '필사 노트'로 입력합니다. 사이드 패널에서 [요소]를 클릭한 뒤 [도형]을 선택합니다.

02 '기본 도형'에서 둥근 사각형을 클릭해 페이지에 삽입한 뒤 [크기 조절 핸들]을 드래그해 크기를 키웁니다. 드래그해 페이지 위쪽으로 이동합니다.

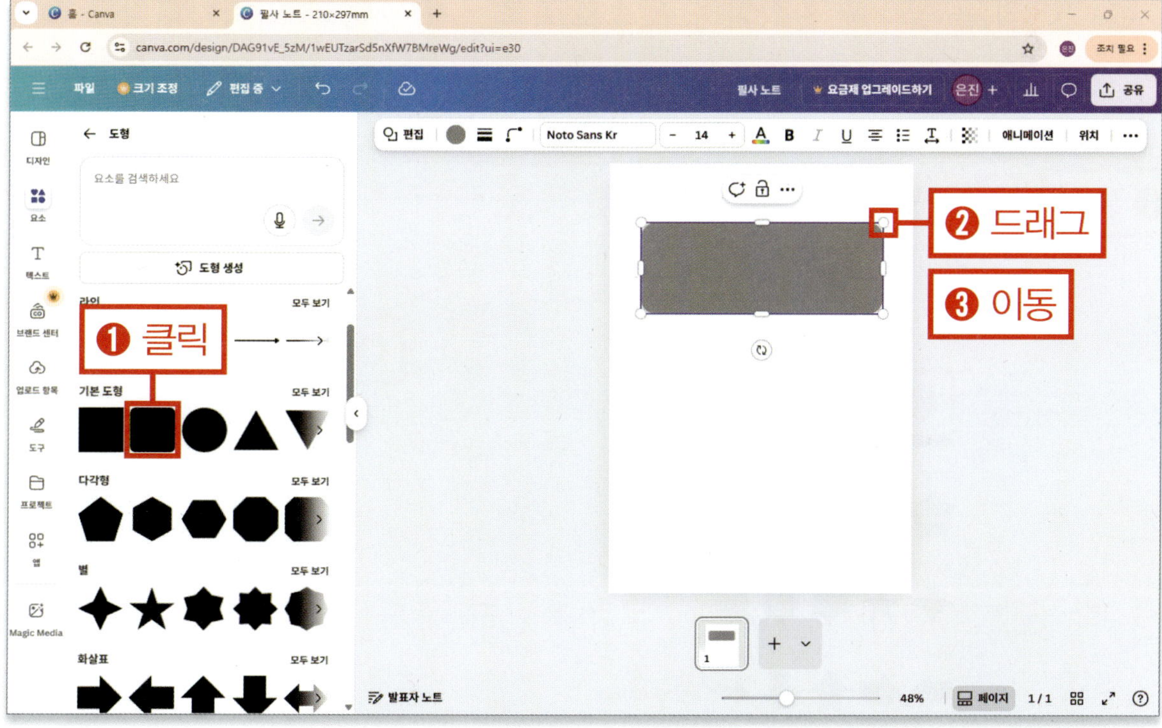

03 도형이 선택된 상태에서 [색상]을 클릭하여 [색상 없음]을 선택합니다. [스트로크 스타일]을 클릭한 뒤 '스트로크 굵기'에 '3'을 입력합니다.

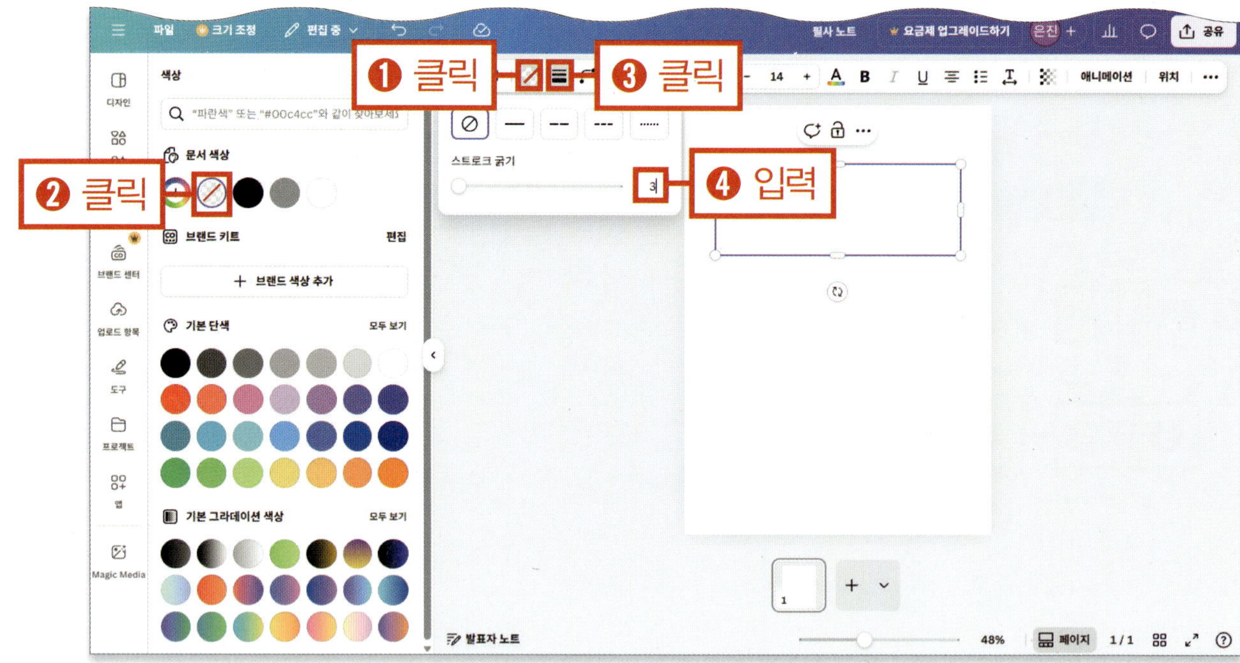

필사 라인 구성하기

01 [요소]를 클릭한 뒤 '라인'에서 [점선]을 선택해 페이지에 삽입합니다. 드래그해 선의 길이를 가로로 늘린 뒤 [스트로크 스타일]을 클릭합니다. [둥근 끝점]을 클릭해 활성화하고 '스트로크 굵기'에 '3'을 입력합니다.

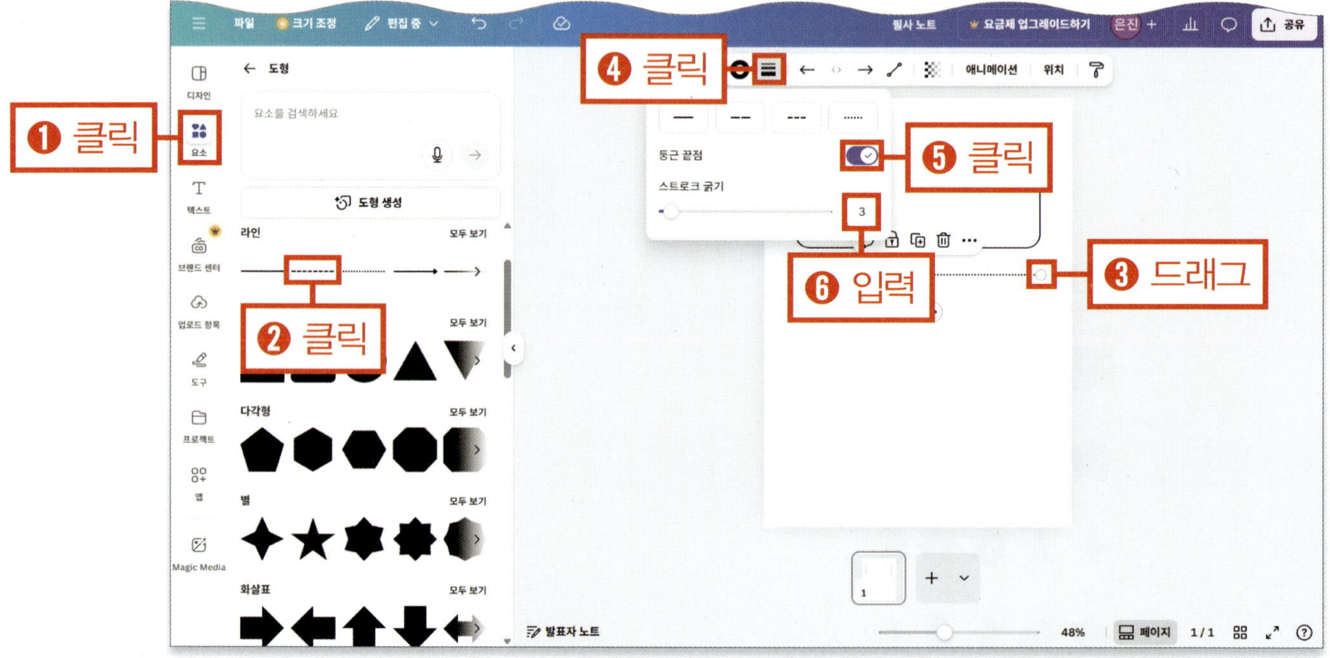

02 선이 선택된 상태에서 키보드의 Alt를 누른 채 아래로 드래그해 선을 복사합니다. 같은 방법으로 선을 여러 개 복사합니다.

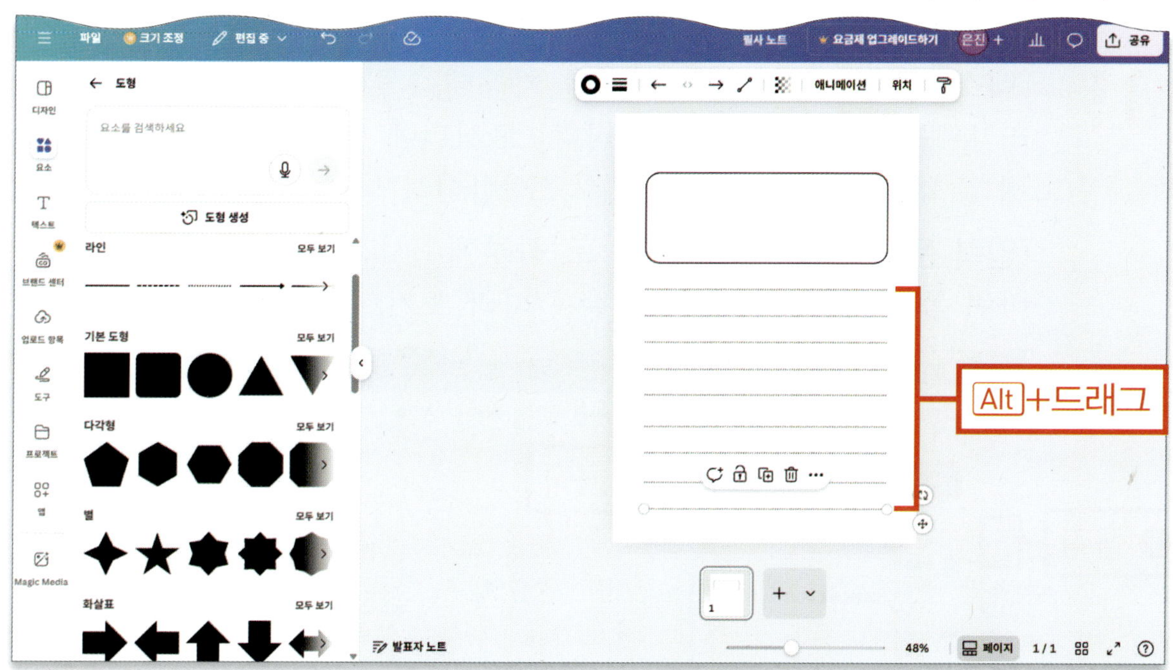

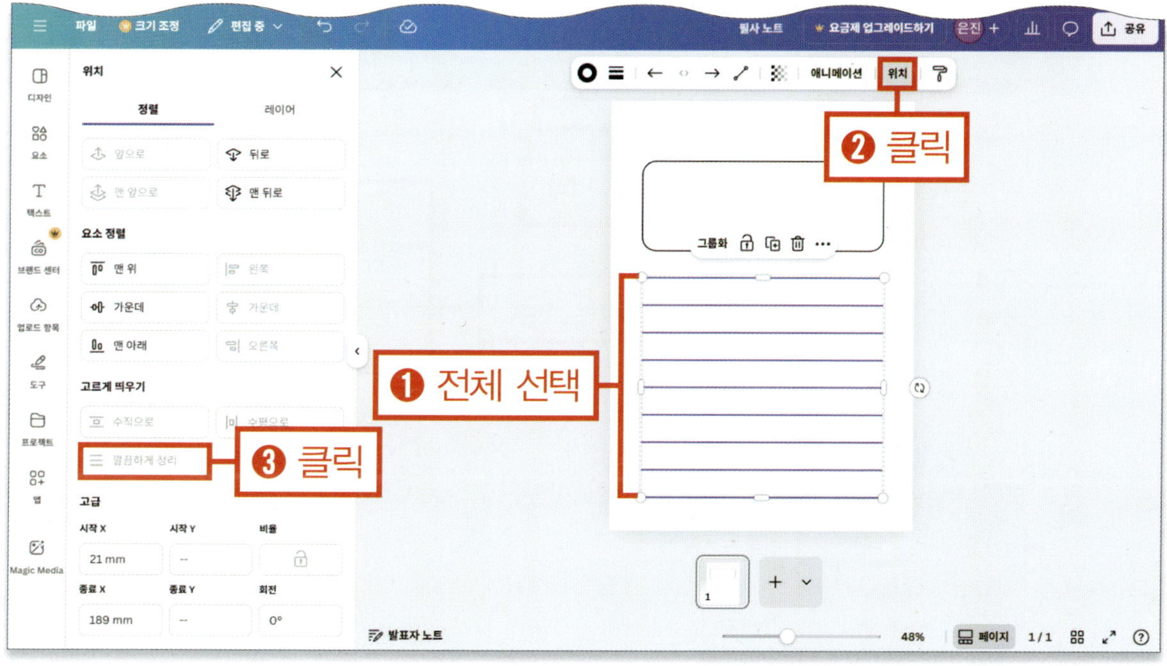

조금 더 배우기

Alt를 누른 채 드래그하면 선택한 요소를 그대로 복사하면서 이동할 수 있어 같은 모양의 선을 빠르게 여러 개 만들 수 있습니다. 또한 단축키 Ctrl+D를 사용하면 선택한 선이 바로 한 번 더 복제되므로, 반복적으로 같은 요소를 만들 때 더 빠르게 작업할 수 있습니다.

03 삽입한 선을 모두 드래그해 선택한 뒤 [위치]를 클릭합니다. [정렬] 탭의 '고르게 띄우기'에서 [깔끔하게 정리]를 클릭해 선의 간격을 일정하게 맞춥니다.

01 [텍스트]–[텍스트 상자 추가]를 차례대로 클릭한 뒤 필사 노트에 들어갈 여러 문구를 차례대로 입력합니다. 모서리에 있는 [크기 조절 핸들]을 드래그해 각 텍스트의 크기와 위치를 조절합니다.

(**입력 문구** : 오늘의 필사 노트/하루에 3시간을 걸으면 7년 후에 지구를 한 바퀴 돌 수 있다. –사무엘존슨–/따라 쓰기/나의 생각 쓰기)

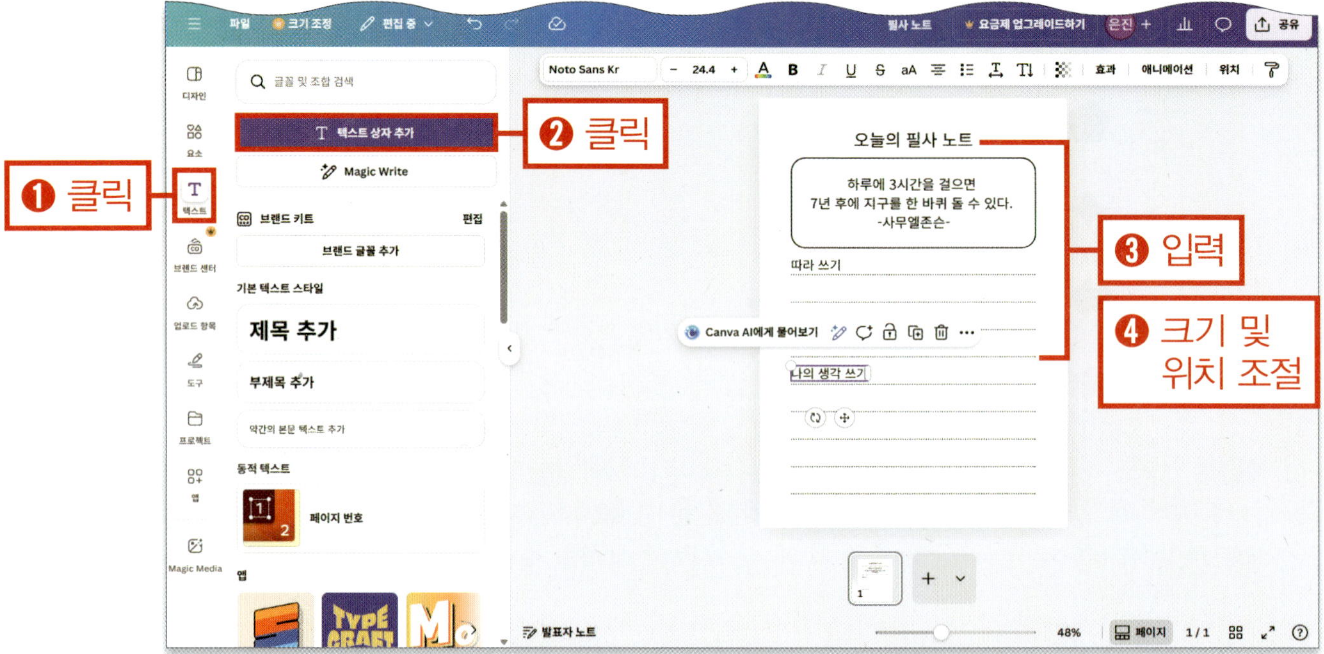

02 Shift 를 누른 상태에서 페이지에 입력된 텍스트를 각각 클릭하여 모두 선택한 뒤 에디터 툴바의 [글꼴]에서 [YD참명조]를 선택합니다.

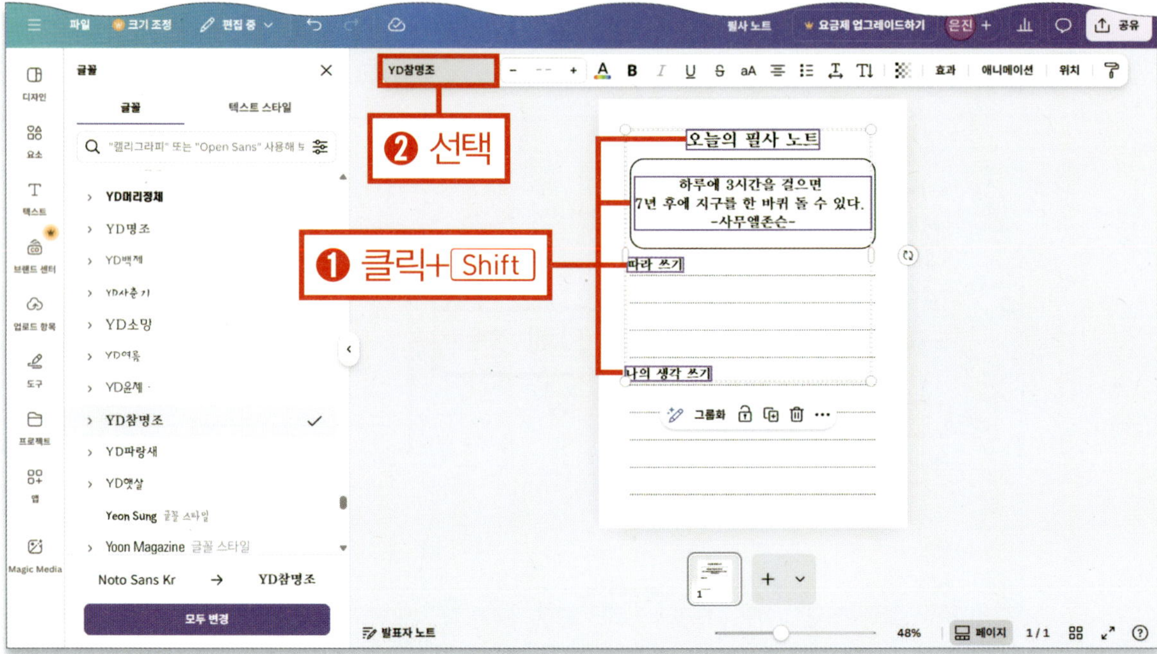

페이지 복제해 노트 완성하기

01 화면 아래의 페이지 섬네일에서 마우스 오른쪽 버튼을 클릭한 뒤 [페이지 복제]를 선택합니다.

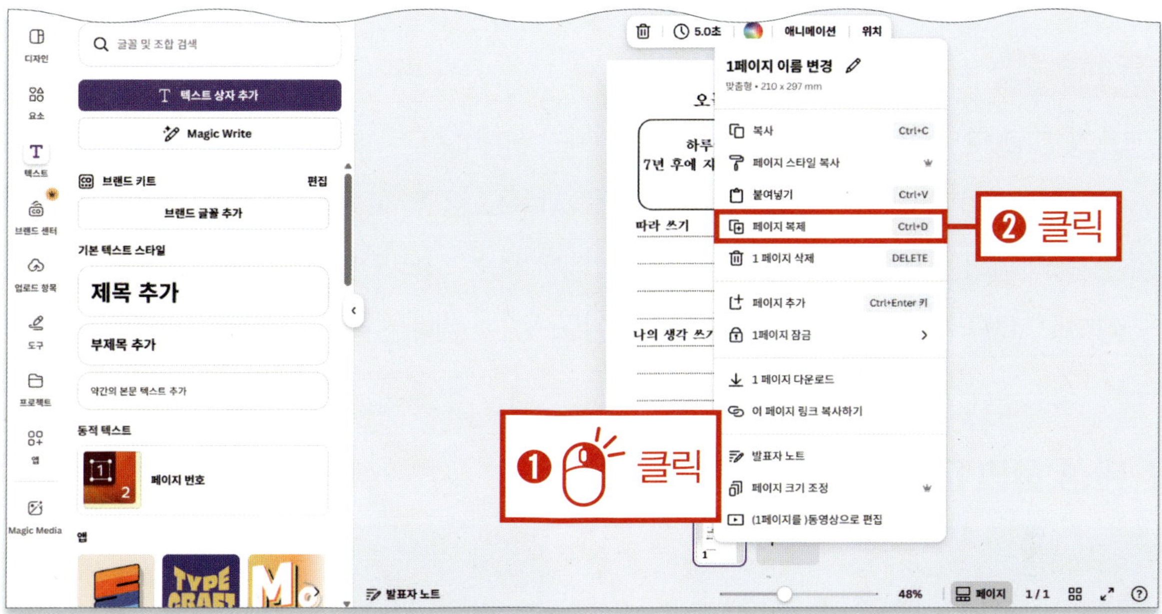

화면 아래에 페이지 섬네일이 보이지 않으면, 페이지 오른쪽 위에 있는 [페이지 복제](▣) 버튼을 클릭합니다.

02 두 번째 페이지에 들어갈 명언 내용을 입력합니다. 같은 방법으로 [페이지 복제](▣)를 반복해 필사 노트를 완성합니다.
(**입력 문구** : 꿈을 이루기 위해서는 먼저 꿈을 꿔야 한다. –존 C. 맥스웰–)

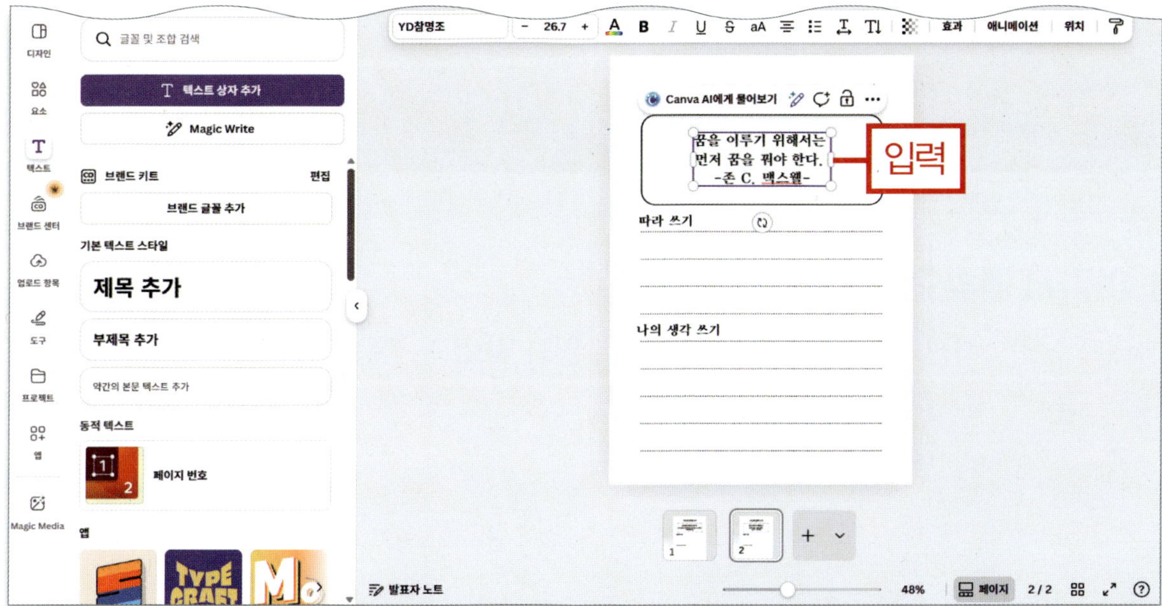

그리드를 활용하여 유튜브 섬네일 만들기

캔바의 그리드 기능을 활용하면 화면을 여러 영역으로 나누어 이미지를 깔끔하게 배치할 수 있습니다. 그리드는 사진의 위치와 비율을 자동으로 맞춰 주기 때문에 디자인 경험이 없어도 정돈된 레이아웃을 만들기 쉽습니다. 이 장에서는 그리드를 이용해 유튜브 섬네일의 화면을 구성하고, 이미지와 텍스트를 조합해 완성도 있는 섬네일을 만드는 방법을 배워봅니다.

▌완성 화면 미리 보기

▌여기서 배워요!

그리드 삽입 / 사진 삽입 / 도형 삽입 / 텍스트 입력 및 효과 적용

그리드로 화면 나누기

01 캔바 홈 화면에서 [만들기]를 클릭합니다. '디자인 만들기' 창이 나타나면 [SNS] − [YouTube 썸네일]을 차례대로 클릭합니다.

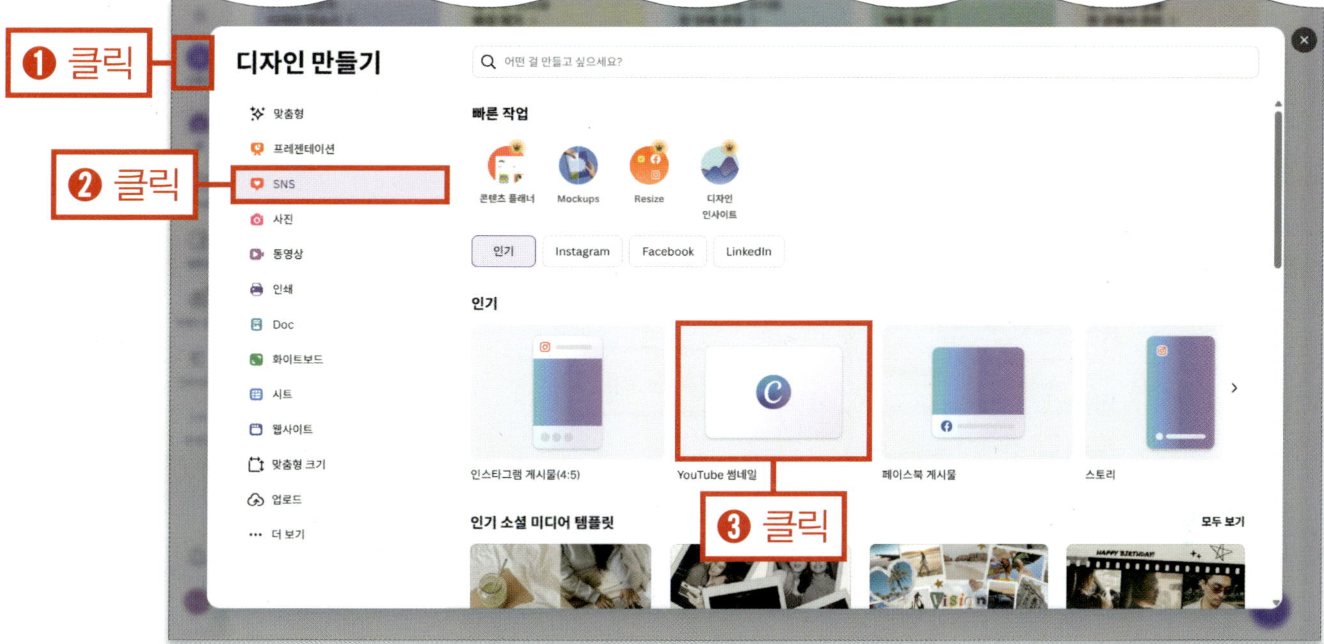

02 디자인 제목을 '썸네일'로 입력합니다. 사이드 패널에서 [요소]를 클릭해 [그리드]를 선택합니다.

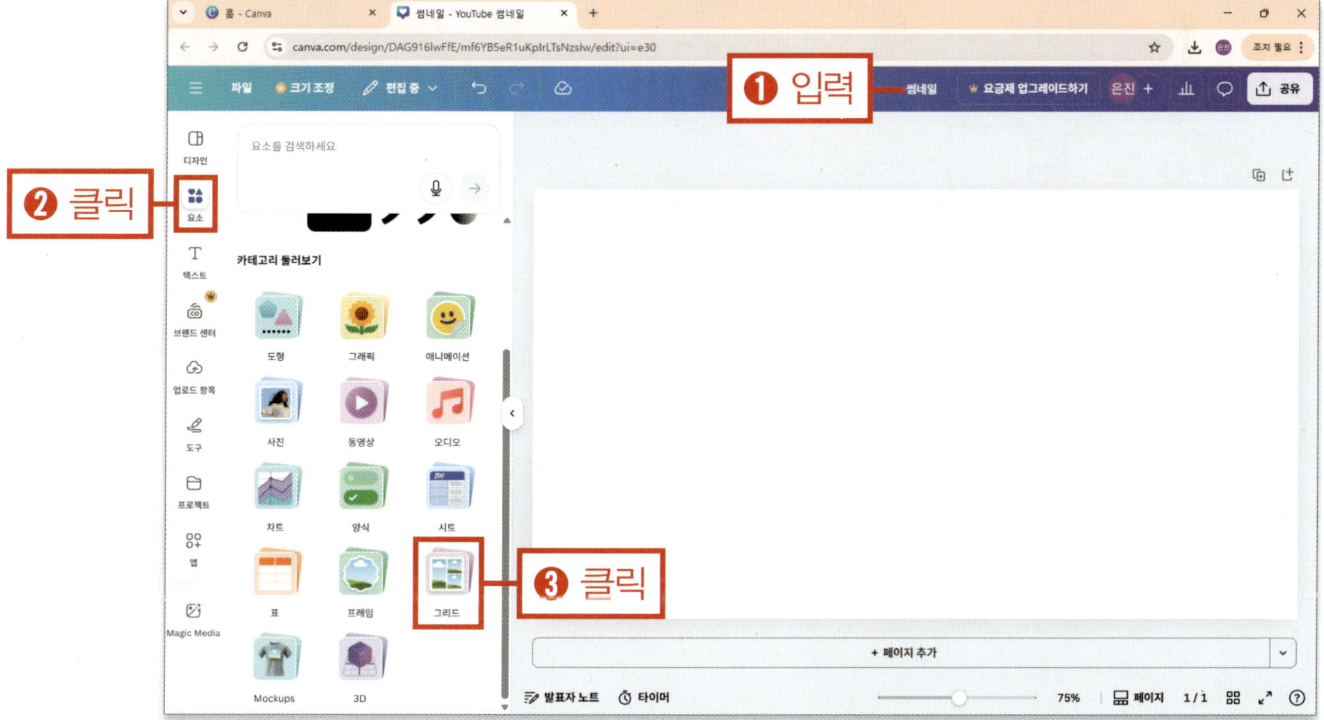

03 [가로2칸·세로2칸]의 그리드를 클릭해 페이지에 삽입합니다. 왼쪽 테두리 중간에 있는 측면 [크기 조절 핸들]을 오른쪽으로 드래그하여 그리드의 너비를 줄이고 페이지 중간 지점에 맞춥니다.

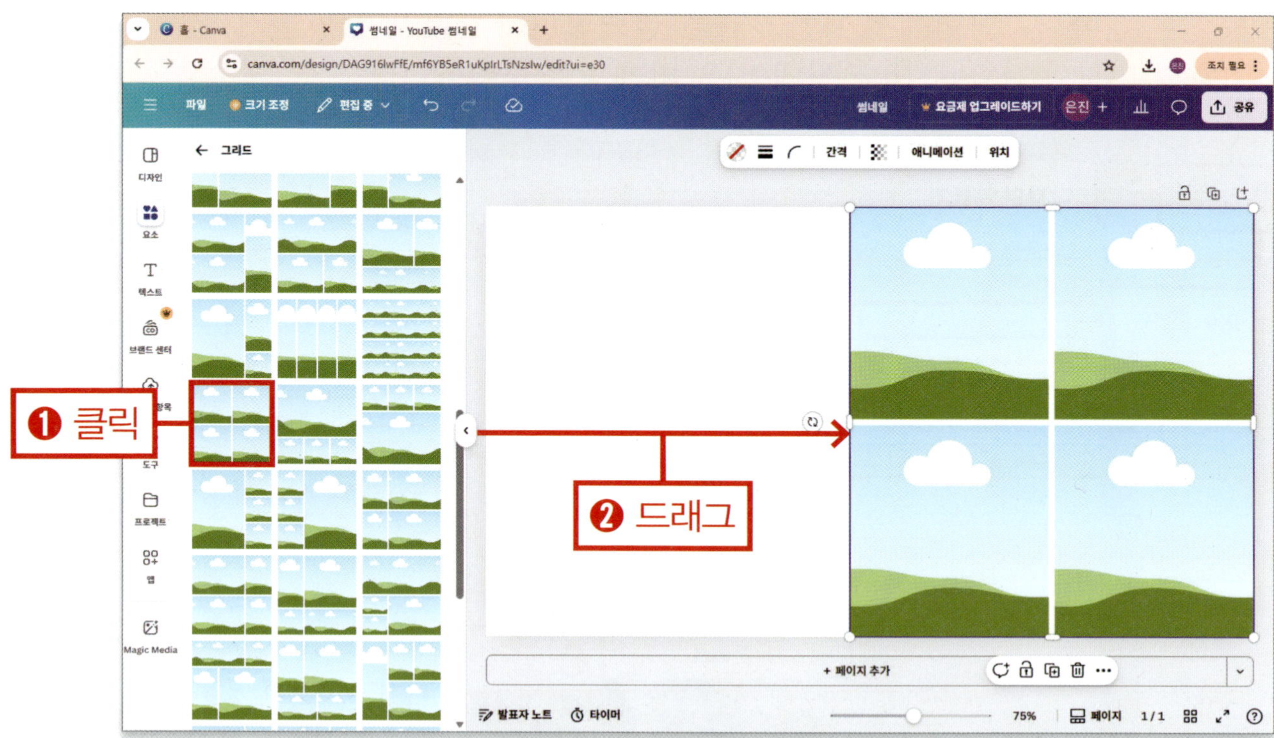

04 [세로2칸] 그리드를 클릭해 하나 더 삽입한 뒤 오른쪽 측면 [크기 조절 핸들]을 왼쪽으로 드래그해 앞서 삽입한 그리드와 맞물리게 배치합니다.

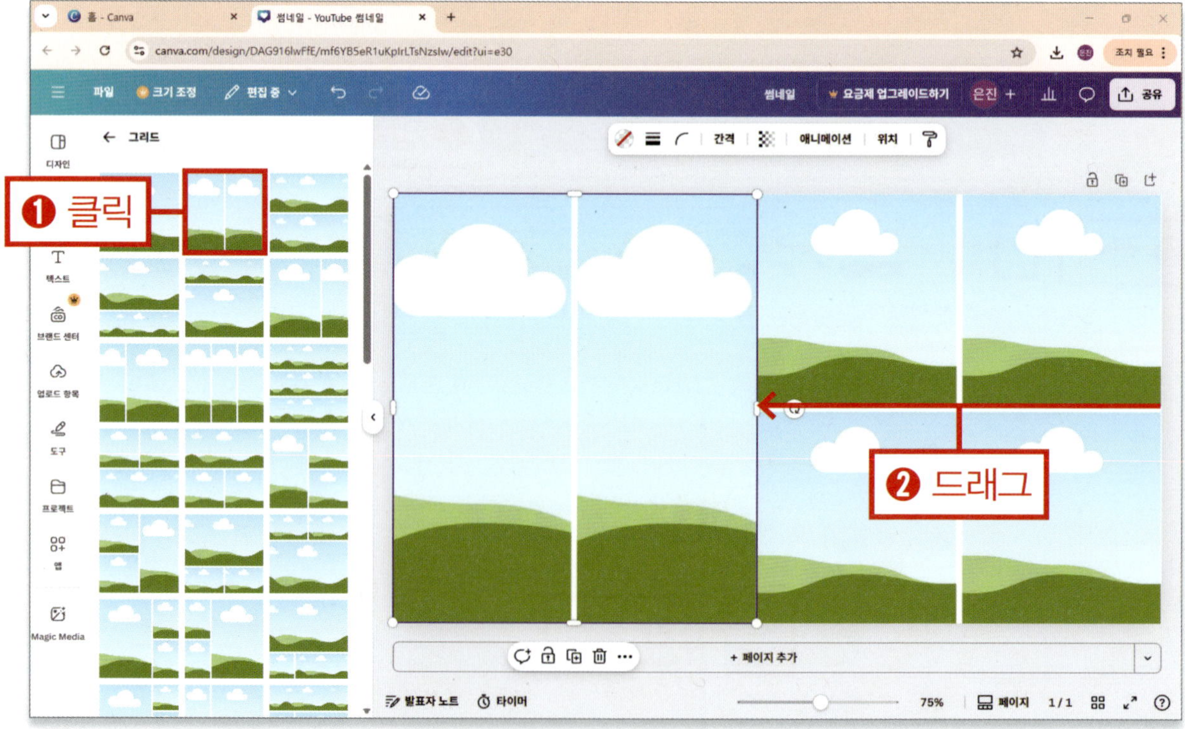

05 왼쪽 그리드를 선택한 뒤 에디터 툴바의 [간격]을 클릭합니다. '그리드 간격'을 '0'
으로 입력합니다. 같은 방법으로 오른쪽 그리드의 '간격'도 '0'으로 설정합니다.

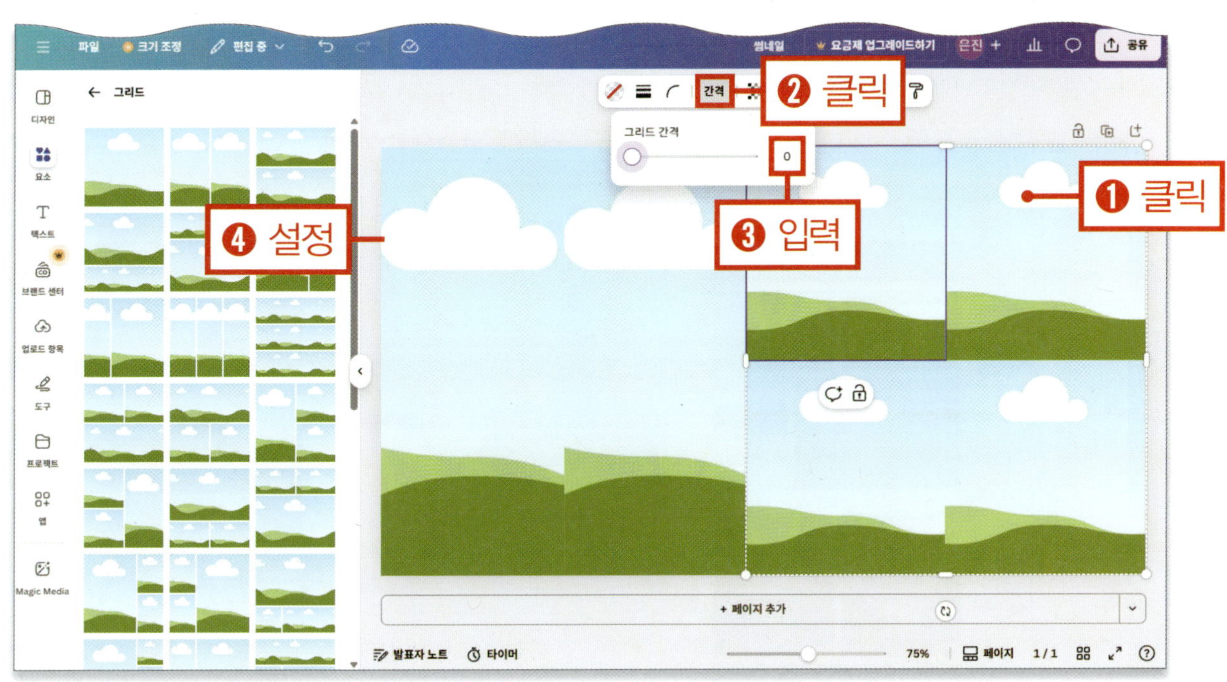

 이미지 삽입 및 조정하기

01 사이드 패널에서 [요소]를 클릭한 뒤 상단의 [뒤로](←) 버튼을 눌러 그리드
메뉴를 종료합니다. 요소 검색창에 '서울'을 검색하고 '사진'의 [모두 보기]를
클릭합니다.

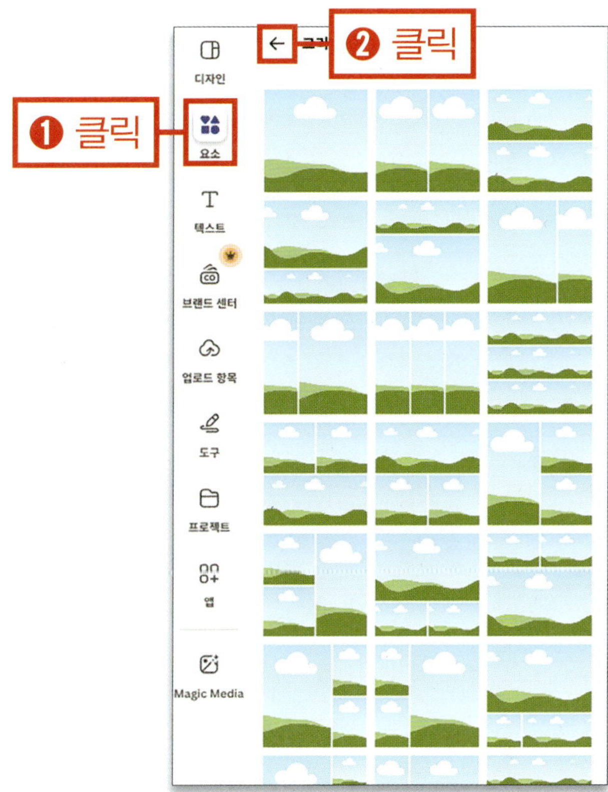

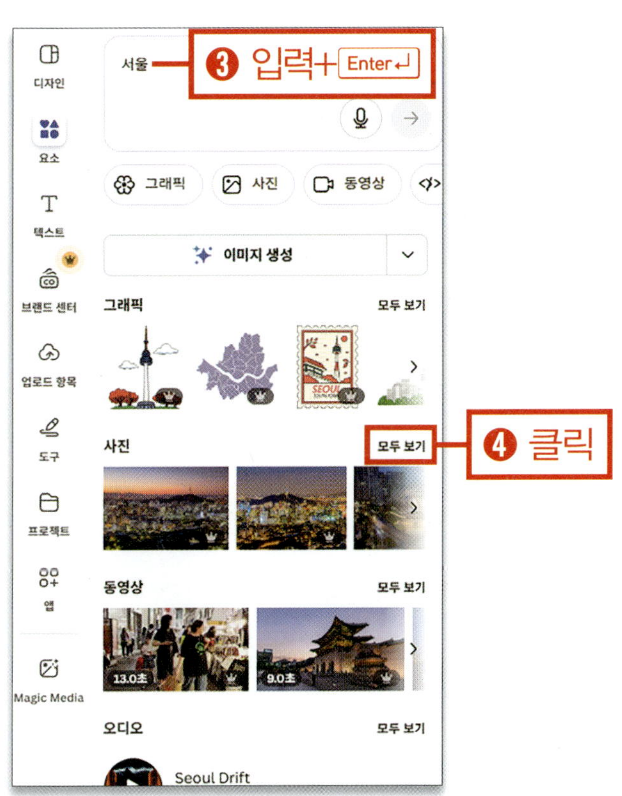

02 원하는 이미지를 골라 각 그리드 영역으로 드래그해 삽입합니다.

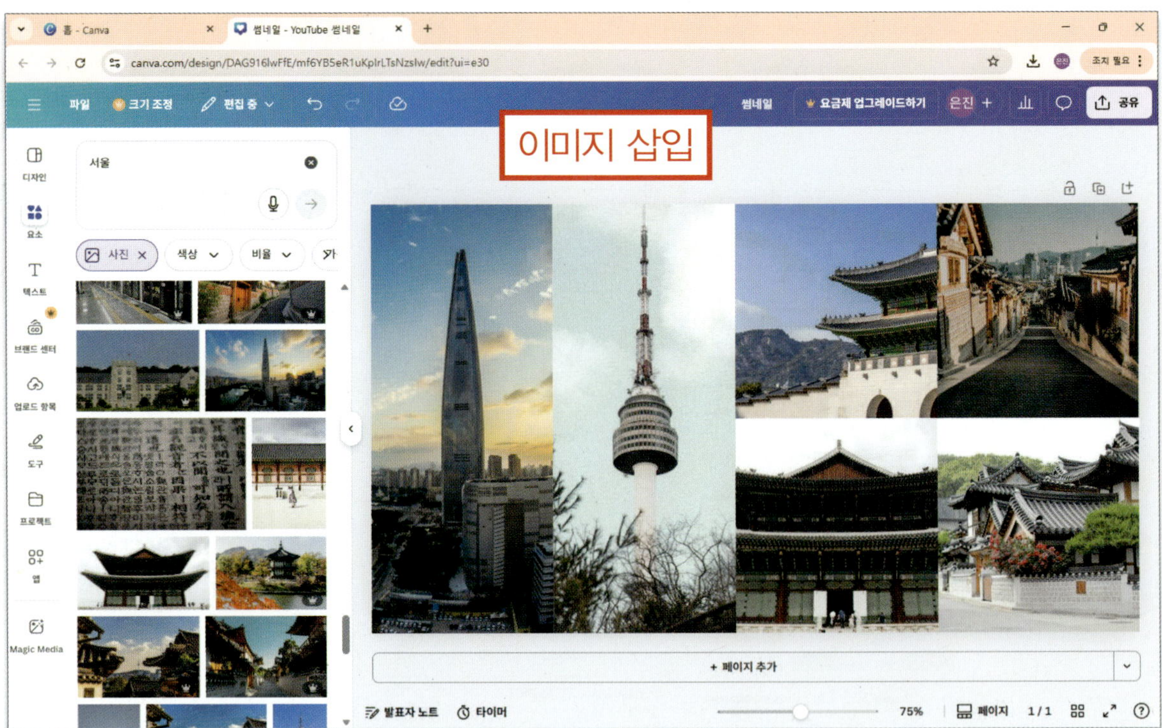

조금 더 배우기

삽입한 이미지가 마음에 들지 않으면, 이미지 위에서 마우스 오른쪽 버튼을 클릭한 뒤 [이미지 분리하기]를 선택해 삭제하고 다른 이미지를 다시 삽입할 수 있습니다.

03 각 이미지를 더블 클릭한 뒤 드래그하여 화면에 표시될 영역을 조절합니다.

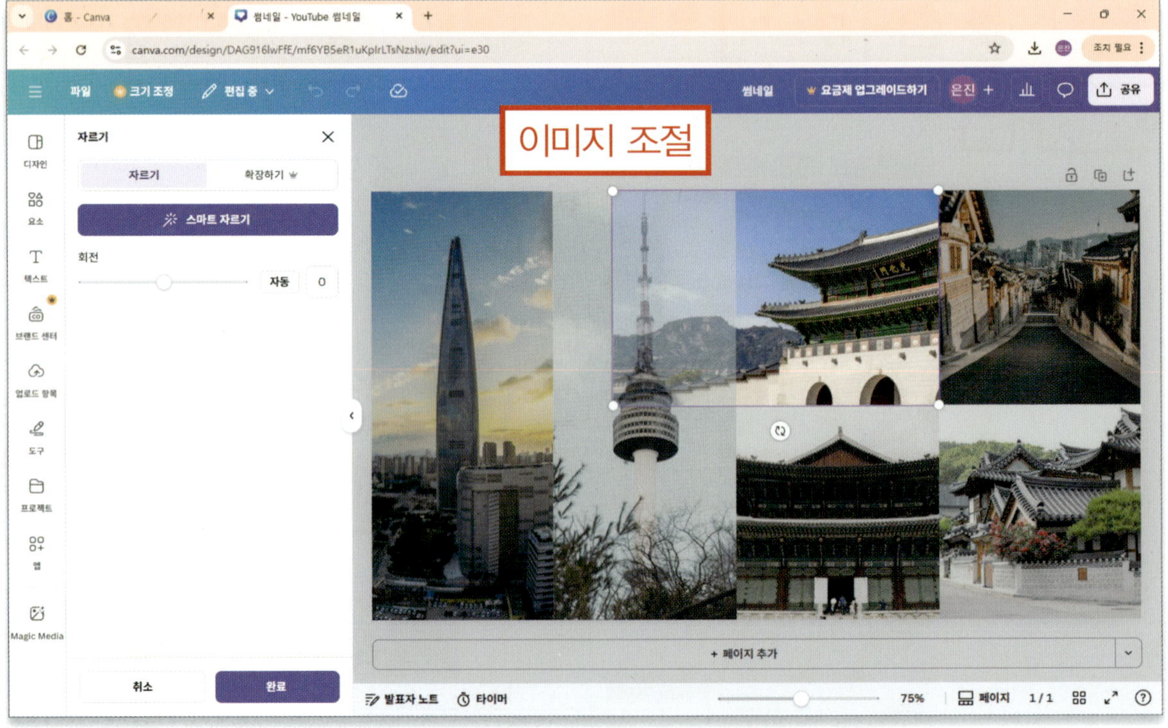

 도형으로 텍스트 배경 만들기

01 요소 검색창에 입력된 검색어를 [닫기](❌) 버튼을 클릭해 삭제합니다. 카테고리에서 [도형]을 선택합니다.

02 '기본 도형'에서 [사각형] 도형을 클릭해 페이지에 삽입한 뒤 [크기 조절 핸들]을 드래그해 가로 길이를 페이지 너비에 맞게 조절해 중앙에 배치합니다. [색상]을 원하는 색으로 선택하고 [투명도]를 클릭한 후 '80'으로 입력합니다.

텍스트 입력 및 효과 적용하기

01 사이드 패널에서 [텍스트]를 클릭한 뒤 [제목 추가]를 클릭합니다. 섬네일에 들어갈 문구인 '엄지척 날리는 서울 나들이 코스 Best 5'를 입력한 후 [크기 조절 핸들]을 드래그해 크기를 조절하여 도형 안에 배치합니다.

02 텍스트가 선택된 상태에서 [글꼴]을 클릭하여 [TDTD아이스]를 선택합니다.

03 텍스트 상자 안에서 색을 바꿀 글자를 드래그해 블록으로 선택합니다. 에디터 툴바에서 [색상]을 클릭한 뒤 원하는 색을 골라 2~3가지 색으로 포인트를 줍니다.

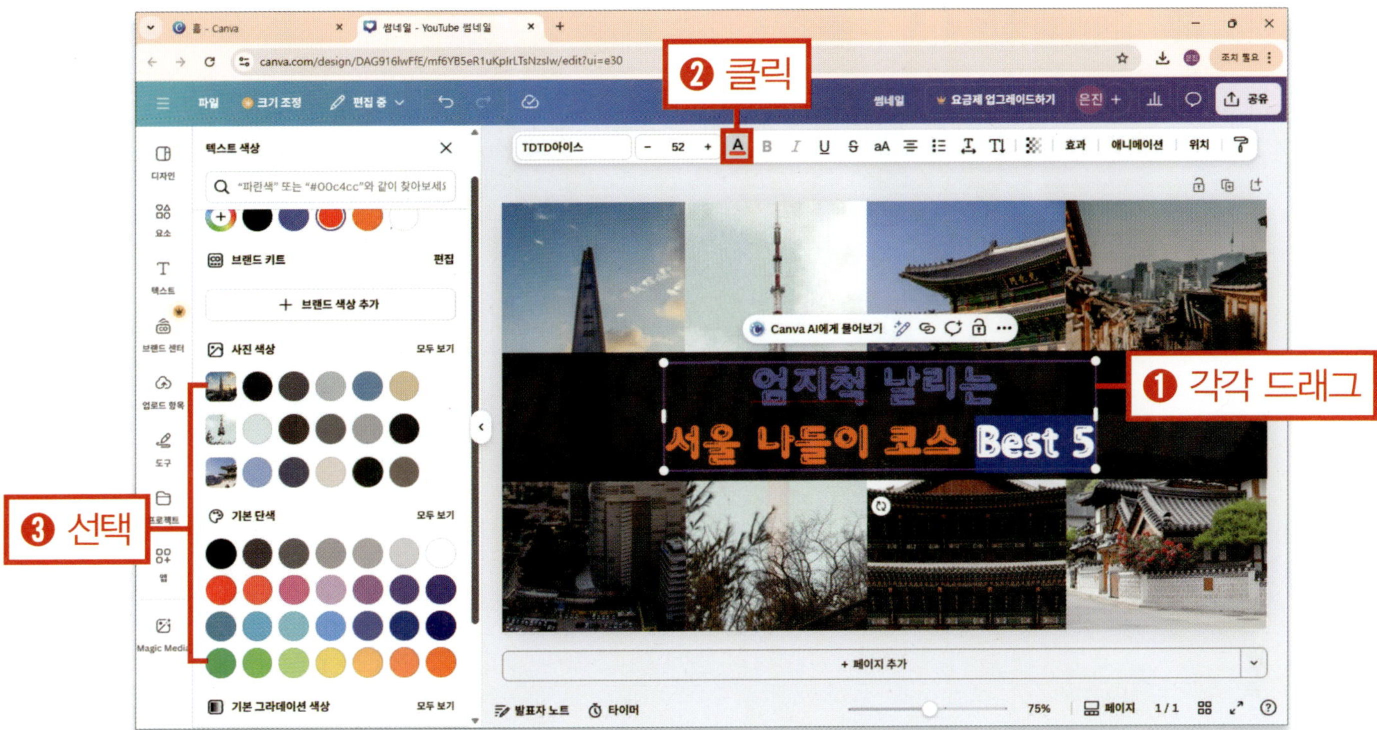

04 에디터 툴바에서 [효과]를 클릭하고 [테두리]를 클릭한 뒤 '두께'를 '100'으로 설정합니다. '색상'을 [하얀색]으로 선택해 디자인을 완성하고 저장합니다.

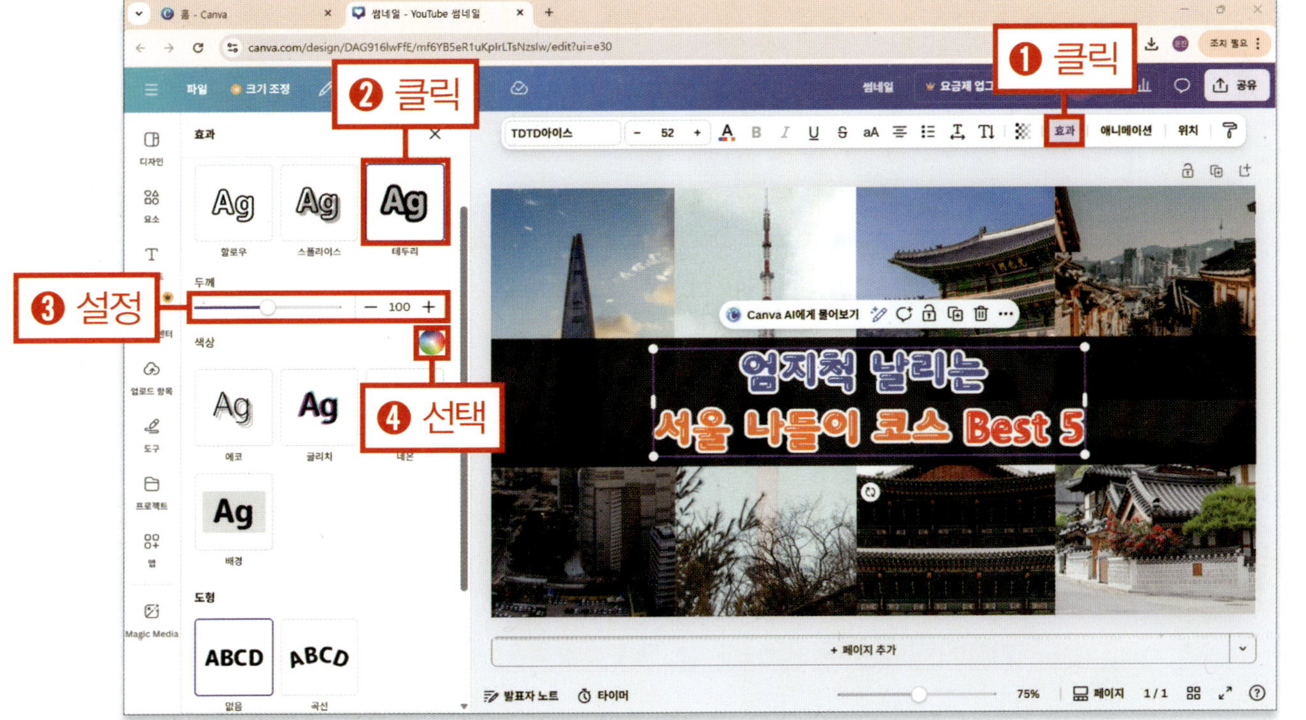

혼자서도 만들 수 있어요!

1 그리드를 이용하여 유튜브 섬네일을 디자인해 보세요.

hint [만들기]–[SNS]–[YouTube 썸네일] 클릭 → 배경색 지정 → [요소]–[그리드]에서 [세로 4 칸] 그리드 삽입 → [간격] '0', [모서리 둥글게 만들기] '100' 설정 → 요소 검색창에 '패션 모델' 입력 후 이미지 배치 → [요소]–[도형]에서 사각형 삽입해 하단에 배치 → 배경색과 같은 색으로 변경 → 텍스트 입력 후 크기 조절 → [글꼴] 'SEBANG Gothic' 선택 및 색 변경 → [효과]에서 [테두리] 적용

2 그리드를 이용하여 유튜브 섬네일을 디자인해 보세요.

hint [만들기]–[SNS]–[YouTube 썸네일] 클릭 → [요소]–[그리드]에서 [가로 2칸 · 세로 2칸] 삽입 → [간격] '12', [스트로크 굵기] '12' 설정 → 요소 검색창에 '봄꽃' 입력 후 이미지 배치 → [요소]–[도형]에서 사각형 삽입해 중앙 배치 → 텍스트 입력 후 크기 조절 → [글꼴] '210 빛글' 선택 및 색 변경 → [효과]에서 [그림자] 적용

표 기능을 활용하여 일주일 습관 체크표 만들기

캔바의 표 기능을 활용하면 정보를 정리된 형태로 깔끔하게 표현할 수 있습니다. 표는 행과 열을 기준으로 내용을 배치할 수 있어 체크표나 일정표처럼 반복되는 정보를 정리할 때 특히 유용합니다. 이 장에서는 표 기능을 이용해 일주일 습관 체크표를 만들고, 표의 크기와 모양을 조절하며 글꼴과 색상을 적용하는 방법을 배워봅니다.

▌완성 화면 미리 보기

일주일 습관 체크표

	월	화	수	목	금	토	일
아침 운동							
물 마시기							
독서							
영양제 먹기							
감사 일기 쓰기							

▌여기서 배워요!

표 삽입 / 열 추가 / 행 추가 / 셀 색상 변경

새 디자인 만들고 제목 입력하기

01 A4 가로 사이즈의 체크표를 만들기 위해 캔바 홈 화면에서 [맞춤형 크기]를 클릭합니다.

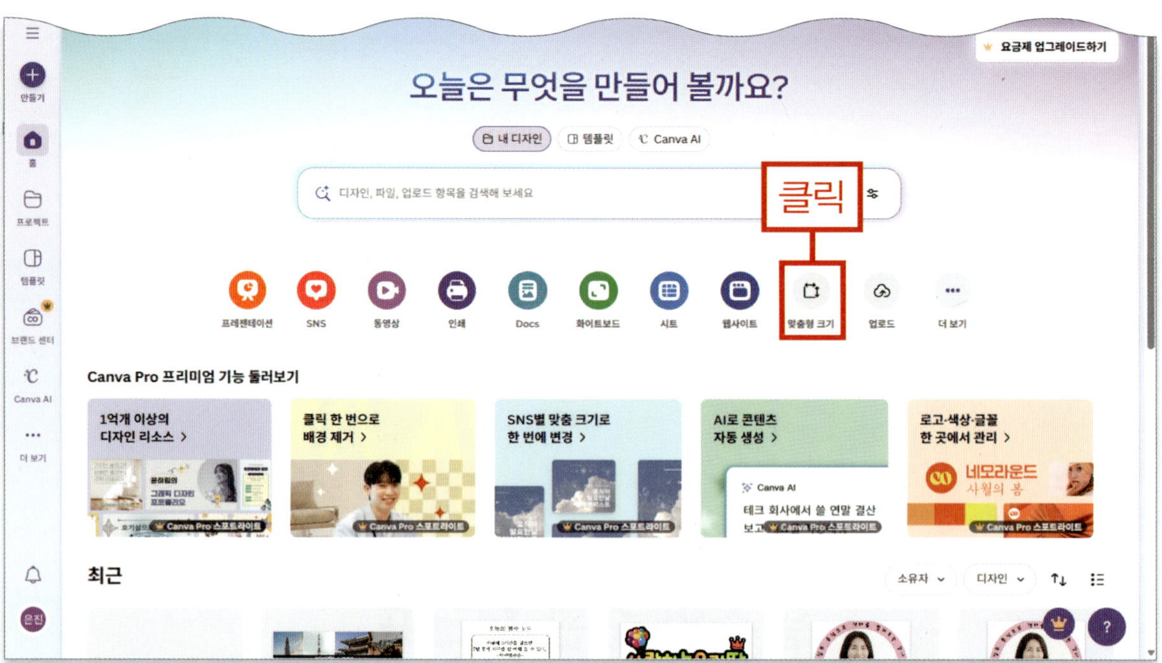

02 '디자인 만들기' 창이 나타나면 '단위'를 'mm'로 변경하고 '가로'에 '297', '높이'에 '210'을 입력합니다. [새 디자인 만들기]를 클릭합니다.

03 디자인 제목을 '체크표'로 입력합니다. 사이드 패널에서 [텍스트]–[제목 추가]를 차례대로 클릭한 뒤 '일주일 습관 체크표'를 입력합니다. 모서리에 있는 [크기 조절 핸들]을 이용해 글자 크기를 조절한 뒤 드래그해 페이지 위쪽으로 이동합니다.

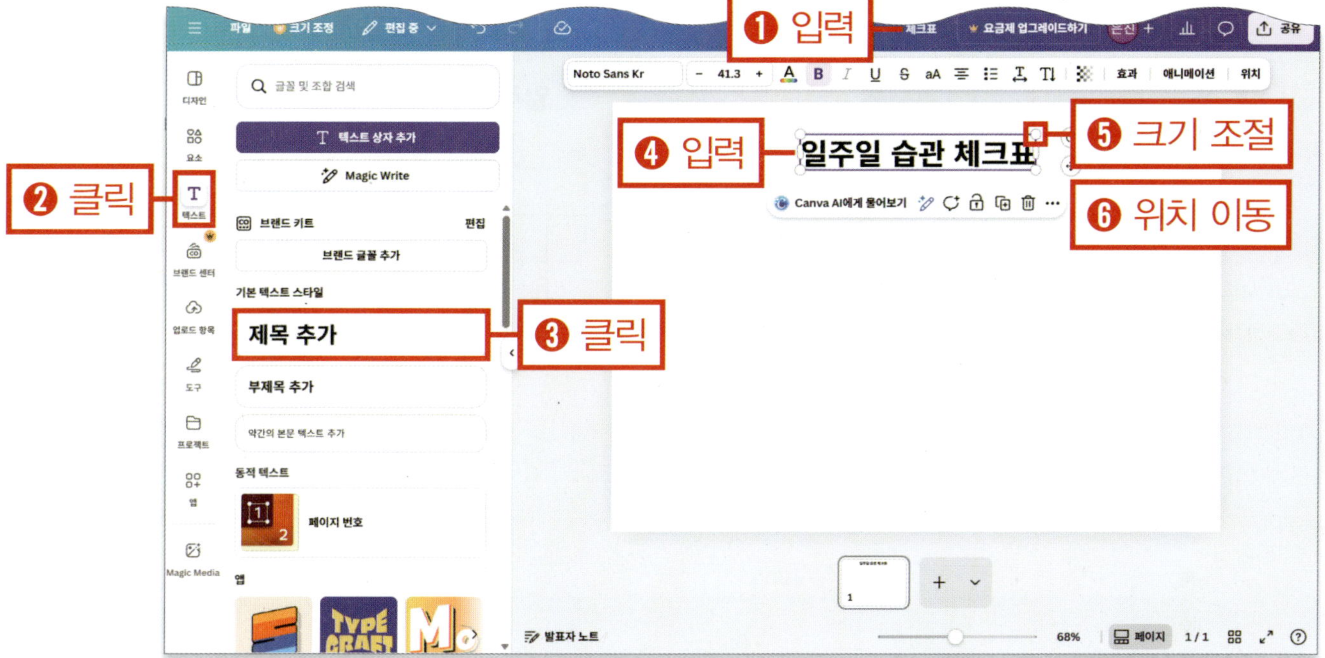

표 삽입하고 행·열 만들기

01 사이드 패널에서 [요소]를 클릭한 뒤 [표]를 선택합니다.

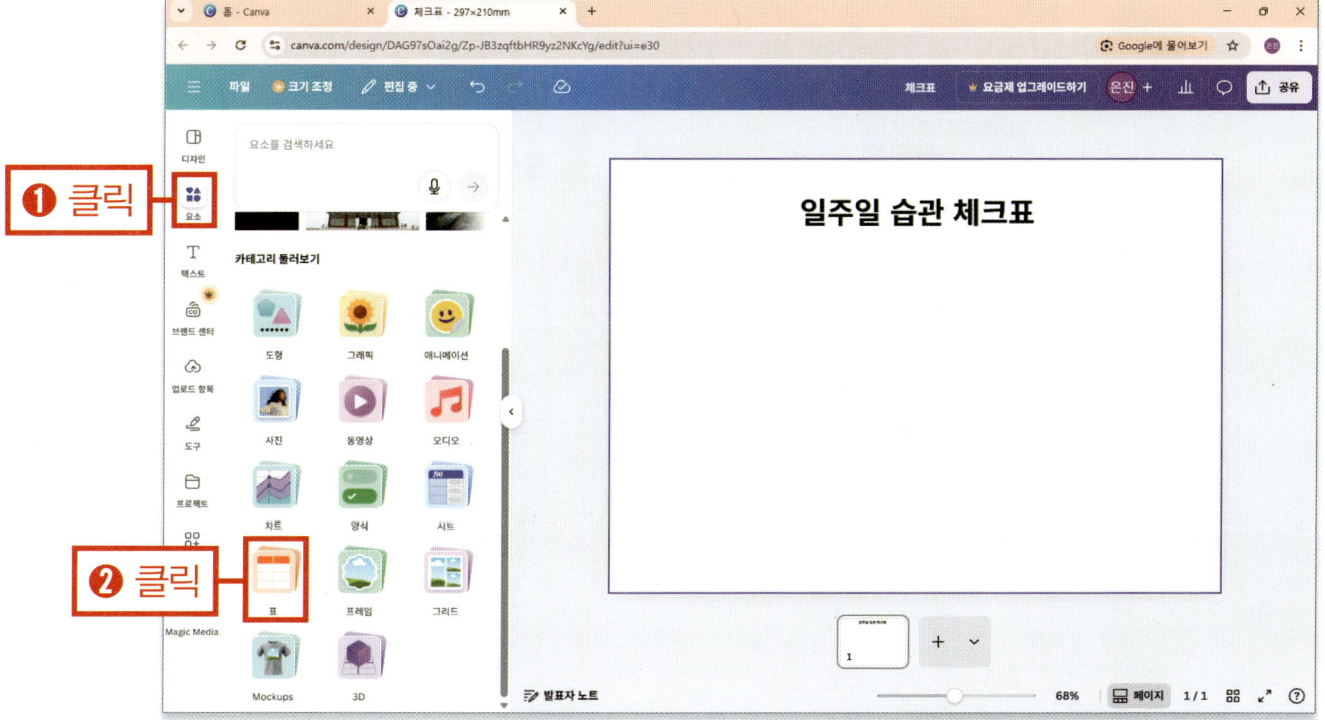

02 목록 중 첫 번째 표를 클릭하여 삽입합니다. 표의 세로선 위에 마우스를 올리면 나타나는 [추가](+) 버튼을 5번 클릭해 열을 추가하여 총 8개의 열을 만듭니다.

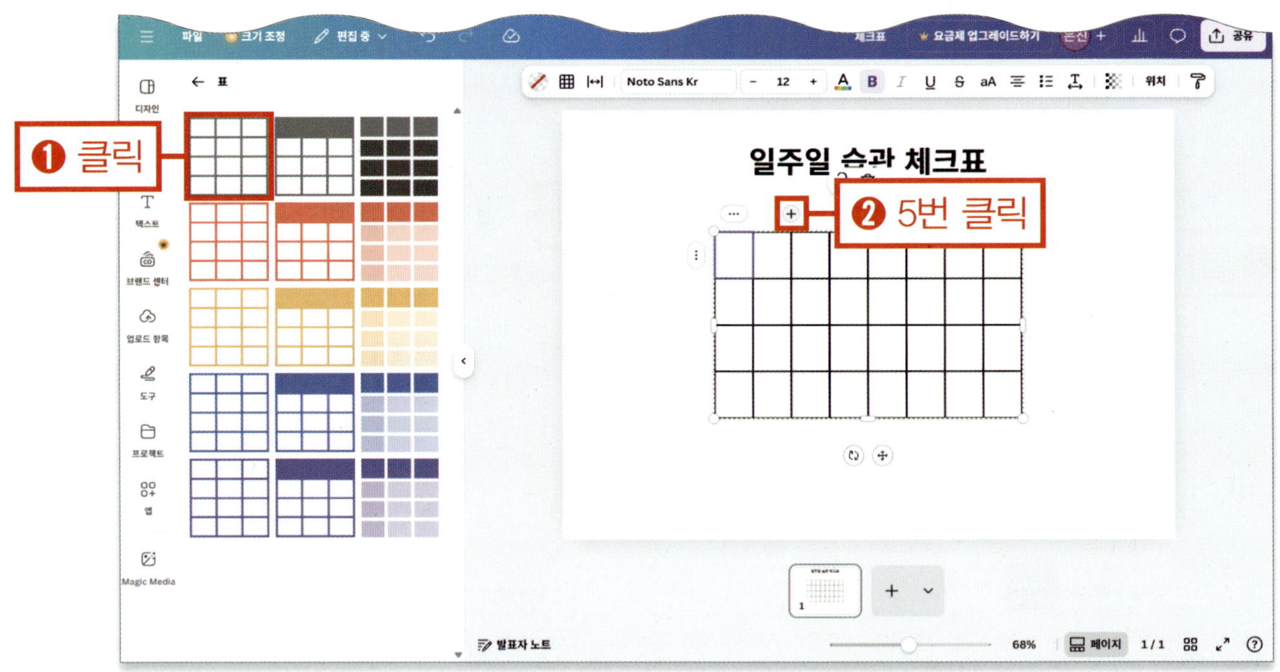

조금 더 배우기

[추가](+) 버튼이 잘 나타나지 않을 경우 [더보기](···) 버튼을 클릭한 뒤 [열1개 추가]를 선택합니다.

03 표의 가로선 위에 마우스를 올리면 나타나는 [추가](+) 버튼을 2번 클릭해 행을 추가하여 총 6개의 행을 만듭니다.

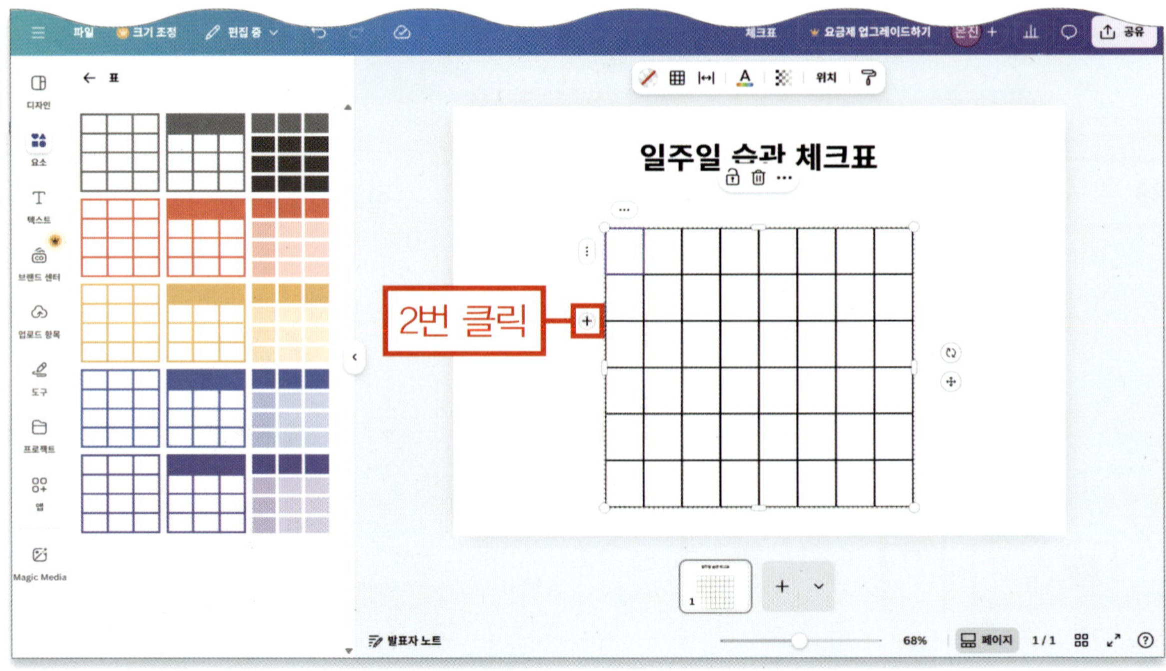

표 크기 조절하고 내용 입력하기

01 표의 첫 번째 칸을 클릭해 선택합니다. 표의 왼쪽 경계선에 마우스를 올려 [좌우 화살표]( )가 나타나면 왼쪽으로 드래그해 첫 번째 열의 가로 길이를 늘립니다.

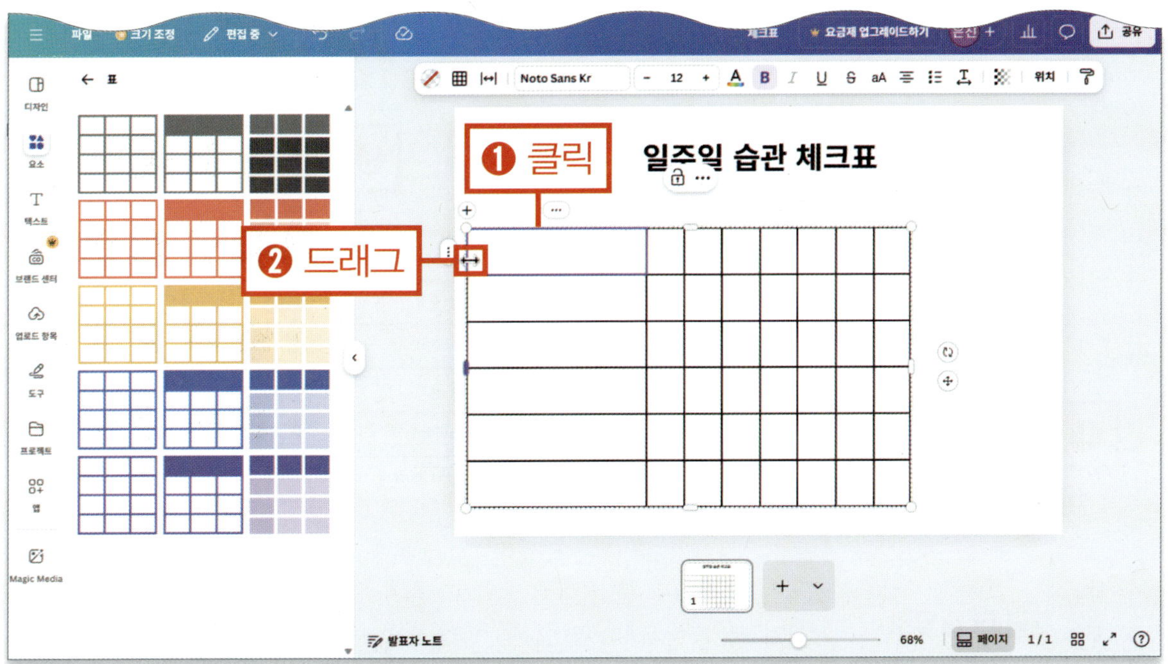

02 이어서 표 모서리에 있는 [크기 조절 핸들]을 드래그해 표의 전체 크기를 조절한 다음 표 안에 들어갈 내용을 입력합니다.
(**입력 문구** : 월/화/수/목/금/토/일/아침운동/물마시기/독서/영양제 먹기/ 감사 일기 쓰기)

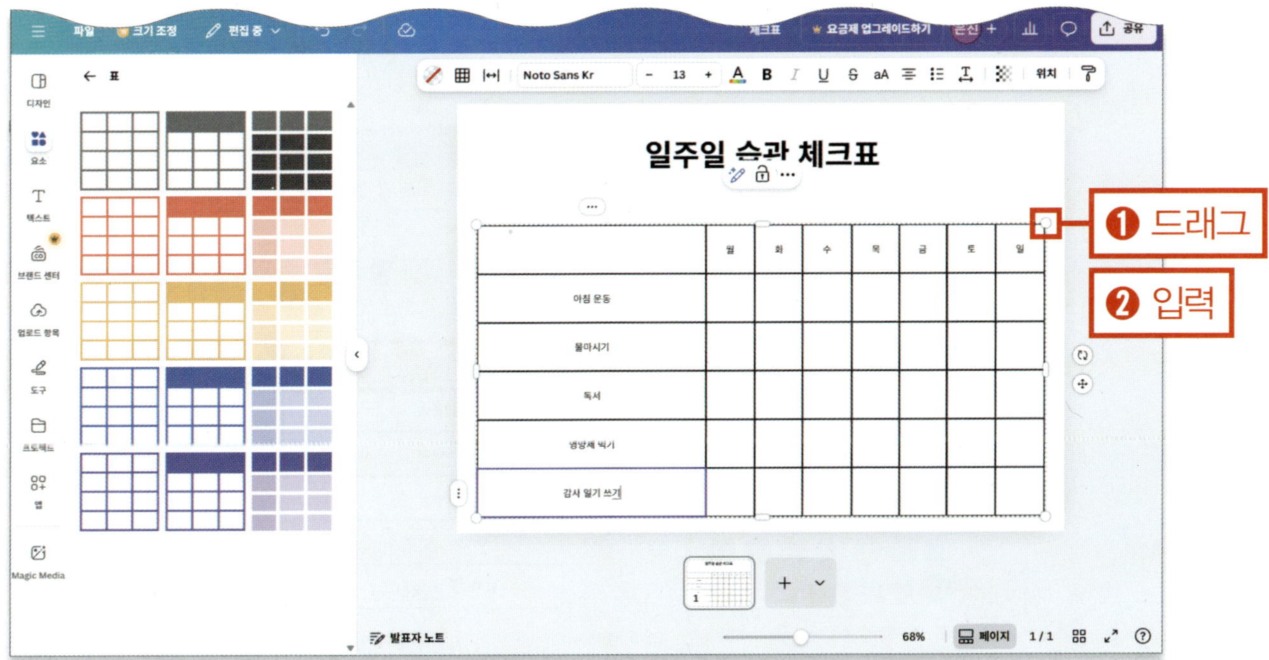

글꼴과 색상 적용해 완성하기

01 표의 첫 번째 칸을 클릭해 선택한 뒤 [Shift]를 누른 상태에서 마지막 칸을 클릭해 표 전체를 선택합니다. 에디터 툴바의 [글꼴]을 클릭하여 [TDTD또박또박]을 선택합니다. [글꼴 크기 늘리기]를 클릭해 글자 크기를 조절합니다.

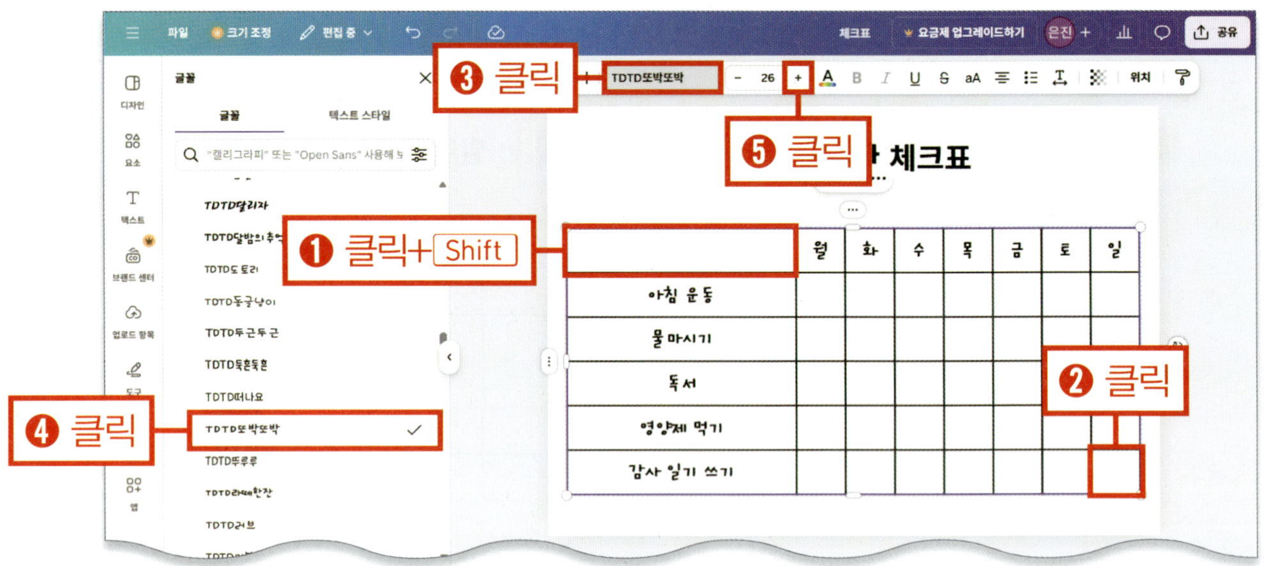

조금 더 배우기

표를 선택하는 또 다른 방법은 첫 번째 셀을 클릭한 뒤 원하는 영역만큼 마우스를 드래그해 선택하는 것입니다. 선택된 표 영역은 보라색으로 표시되며 이 상태에서 글꼴, 색상, 정렬 등을 한 번에 변경할 수 있습니다.

02 다시 첫 번째 칸을 클릭한 뒤 [Shift]를 누른 상태에서 첫 번째 줄의 마지막 칸을 클릭해 첫 번째 행만 선택합니다. 에디터 툴바의 [색상]을 클릭해 [노란색]을 적용하여 체크표를 완성한 뒤 저장합니다.

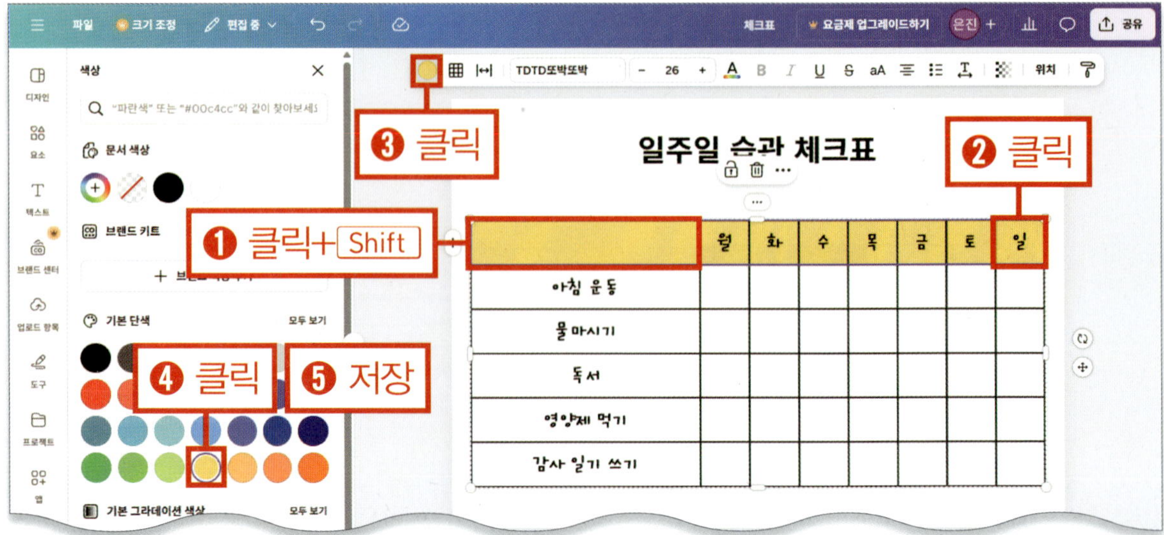

레이어 기능을 활용하여
제품 홍보 포스터 만들기

레이어는 디자인 안에 있는 요소들의 앞뒤 순서를 관리하는 기능으로, 이미지·텍스트·도형을 어떤 순서로 배치할지 조절할 수 있습니다. 레이어를 활용하면 요소를 겹쳐 배치하거나 강조하고 싶은 부분을 위로 올려 복잡한 디자인도 깔끔하게 정리할 수 있습니다. 이 장에서는 여러 가지 방법으로 레이어를 설정하고 활용하는 과정을 따라가며 배경, 이미지, 텍스트를 단계적으로 배치해 제품의 특징이 잘 드러나는 홍보 포스터를 만들어 봅니다.

▮ 완성 화면 미리 보기

▮ 여기서 배워요!

이미지를 배경으로 설정 / 파일 업로드 / 레이어

디자인 만들기 및 배경 이미지 설정하기

01 캔바 홈 화면에서 [만들기]를 클릭합니다. '디자인 만들기' 창이 나타나면 [인쇄]-[포스터(세로형 A2)]를 차례대로 클릭합니다.

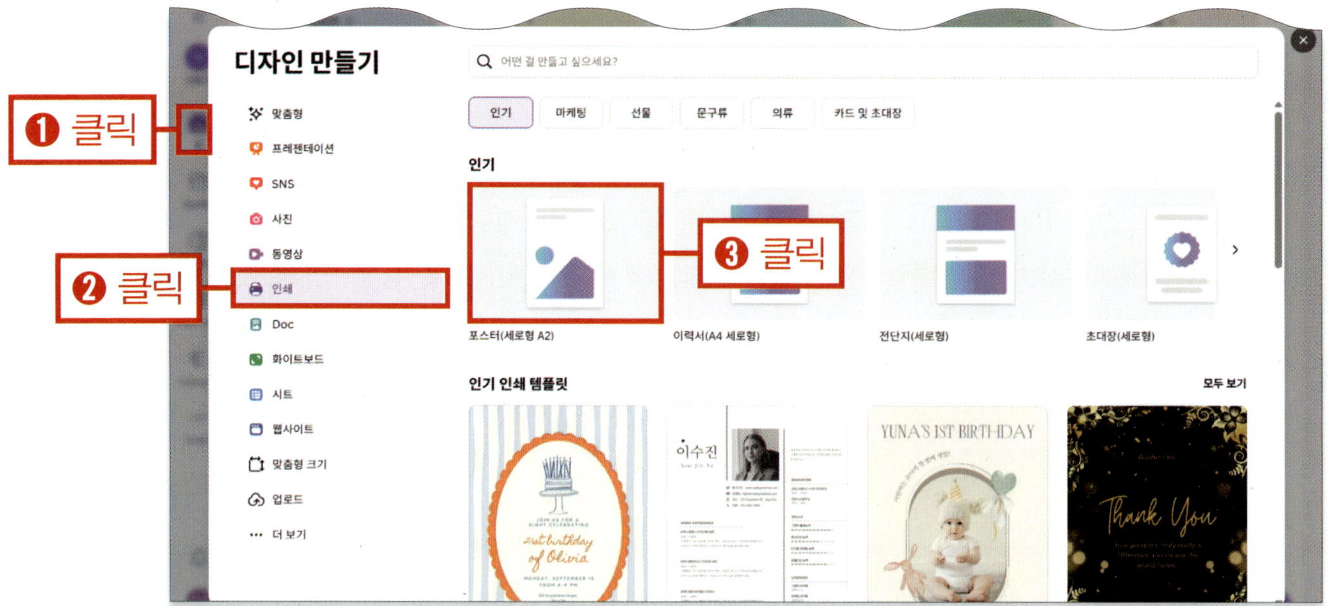

02 디자인 제목을 '포스터'로 입력합니다. 사이드 패널에서 [요소]를 클릭한 뒤 요소 검색창에 '홀로그램 배경'을 검색합니다. 검색 결과에서 '그래픽'의 [모두 보기]를 클릭합니다.

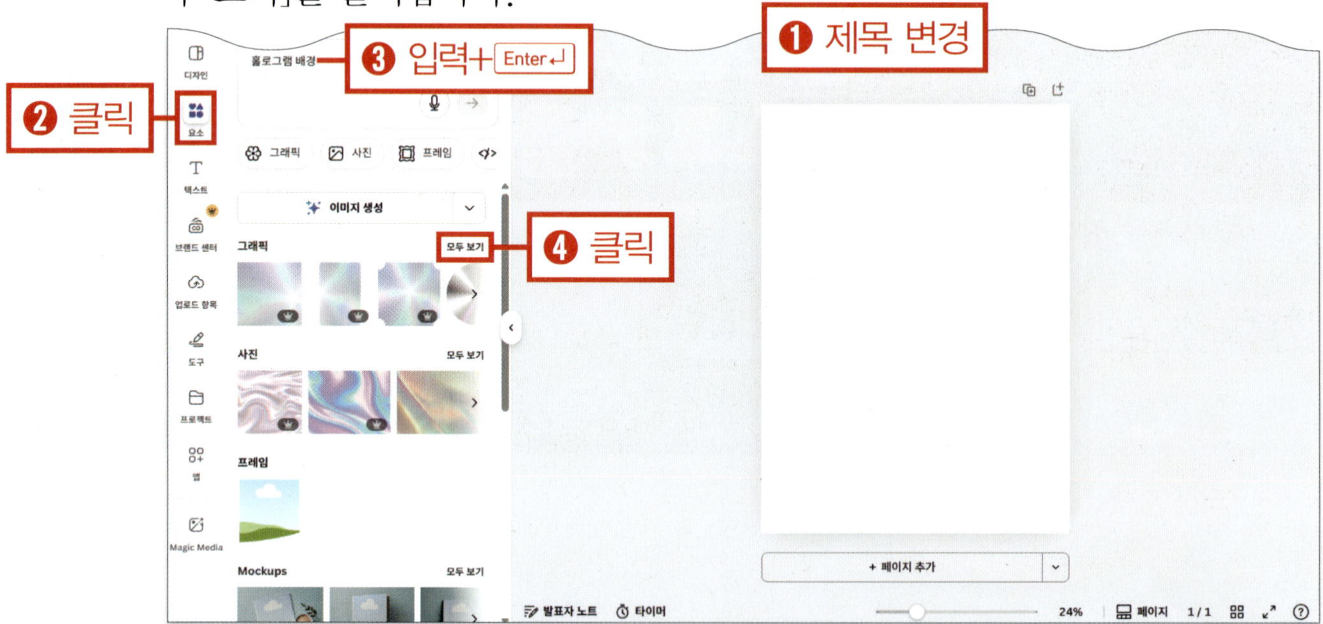

🖐 조금 더 배우기

영어로 검색하면 디자인 요소의 종류와 수가 훨씬 많아 다양한 배경과 효과를 쉽게 찾을 수 있습니다. 또한 그라데이션, 홀로그램, 글로우 같은 디자인 용어는 영어로 입력하면 요소가 더 정확하게 검색됩니다.

예시 검색어: pastel gradient, holographic background, soft glow

03 원하는 배경을 클릭해 삽입한 뒤 마우스 오른쪽 버튼을 눌러 [이미지를 배경
으로 설정]을 선택합니다.

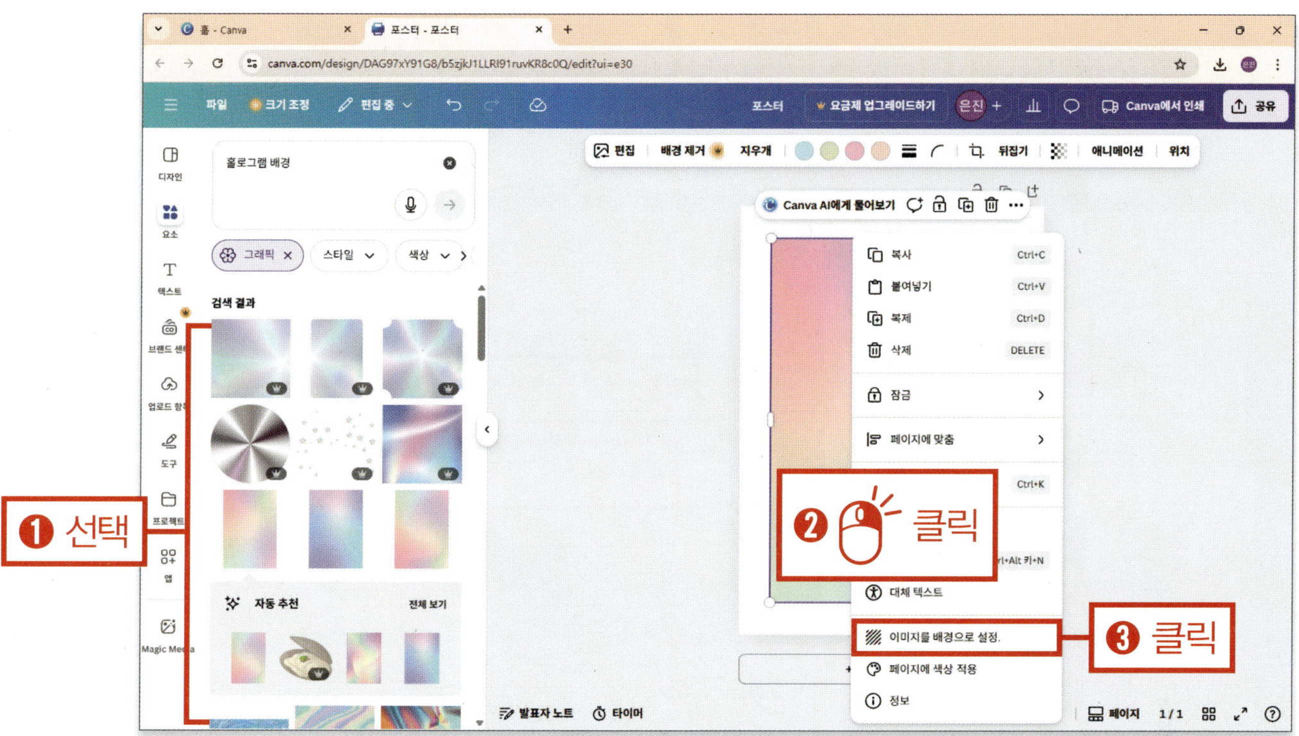

제품 이미지 업로드 및 배치하기

01 [업로드 항목]-[파일 업로드]를 차례대로 클릭합니다. [예제파일]-[10장] 폴
더에서 [잎1.png]를 클릭한 뒤 [Shift]를 누른 상태로 [주스.png]를 클릭하여
3개의 이미지를 선택하고 [열기]를 클릭합니다.

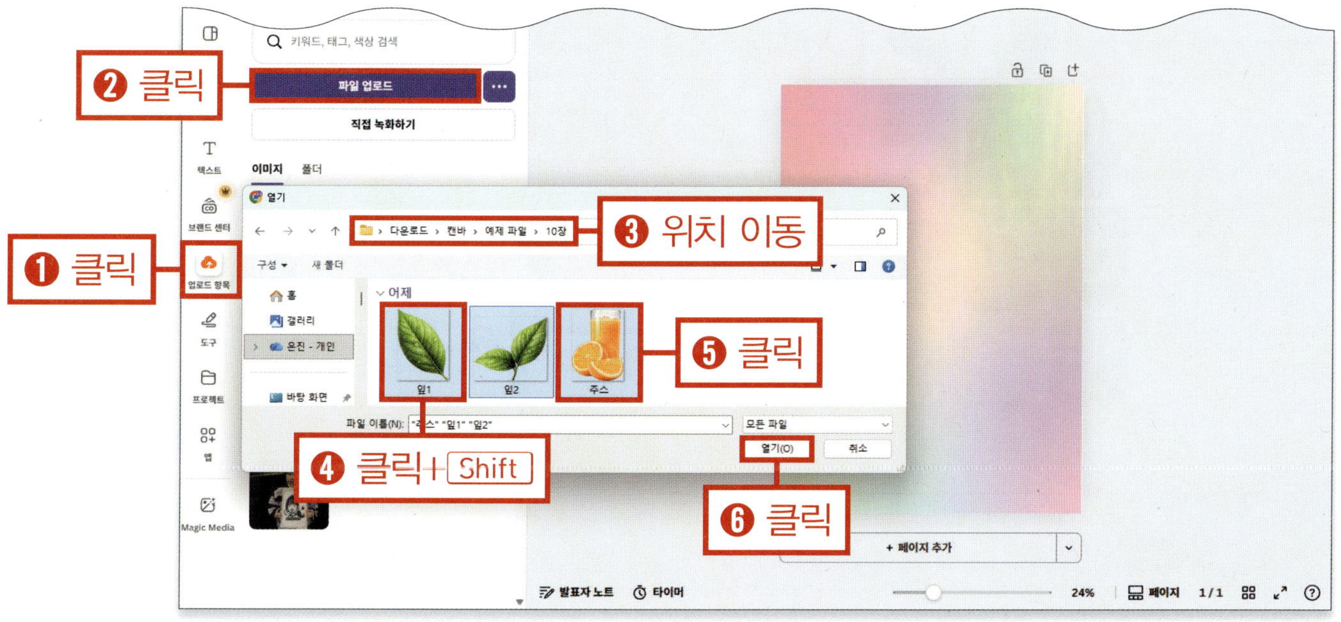

02 업로드된 이미지를 차례대로 클릭해 페이지에 삽입합니다. 모서리에 있는 [크기 조절 핸들]을 이용해 크기를 조절하고 [잎1.png]와 [잎2.png] 파일은 [회전 핸들]을 이용해 방향을 변경합니다.

03 [잎1.png]를 클릭한 상태로 마우스 오른쪽 버튼을 눌러 [레이어]–[맨 뒤로 보내기]를 선택합니다. [잎2.png]도 동일한 방법으로 [맨 뒤로 보내기]합니다.

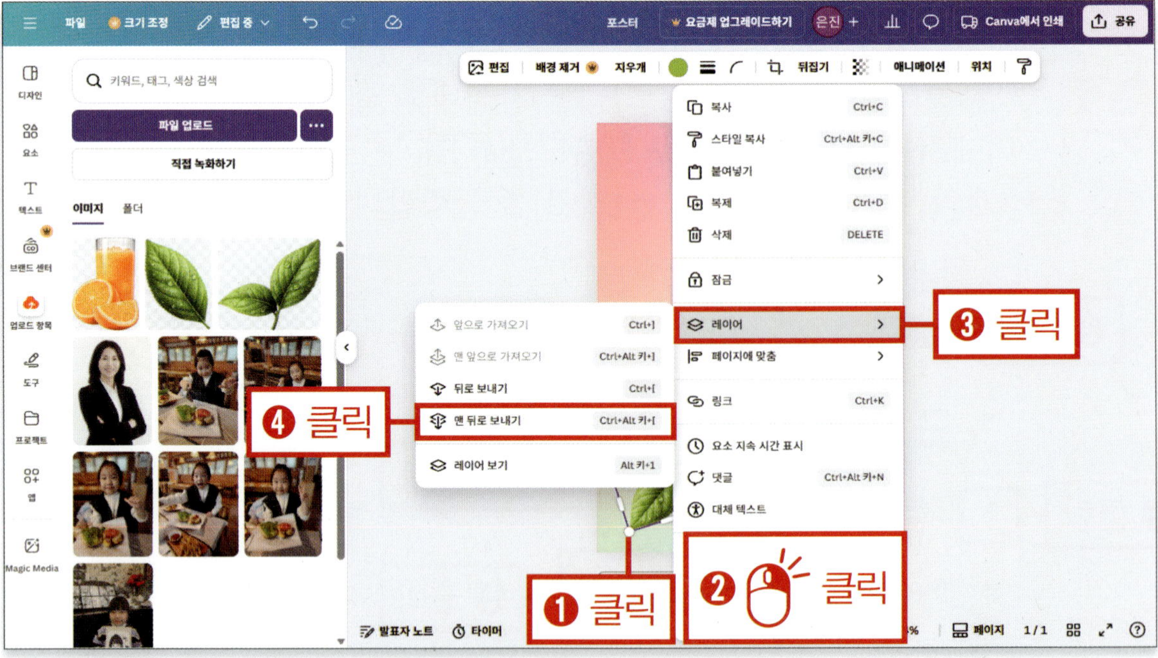

 메인 텍스트 추가하기

01 [텍스트]–[텍스트 상자 추가]를 차례대로 클릭한 뒤 'fresh orange juice'를 입력합니다. 에디터 툴바에서 [대문자]를 적용한 뒤 [크기 조절 핸들]을 이용해 크기를 조절하고 화면 위쪽으로 드래그해 이동합니다.

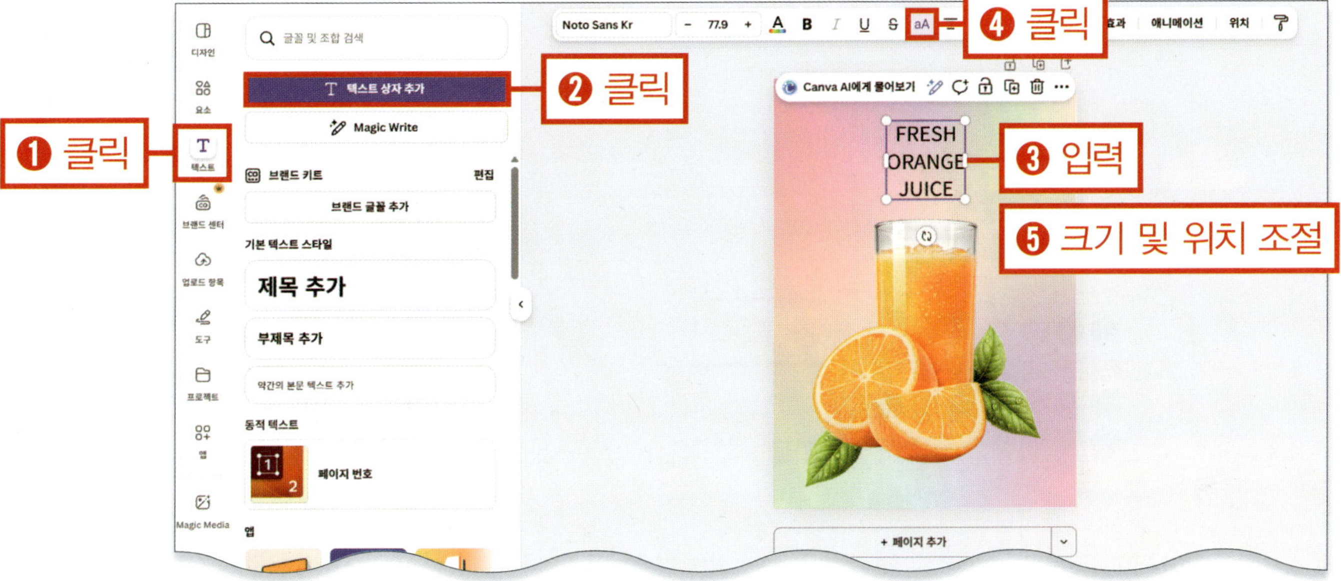

02 텍스트가 선택된 상태에서 [글꼴]을 클릭합니다. 검색창에 'montserrat'를 입력한 뒤 검색 결과에서 'Montserrat' 옆의 [펼치기]([>]) 버튼을 클릭하여 [ExtraBold]를 선택합니다.

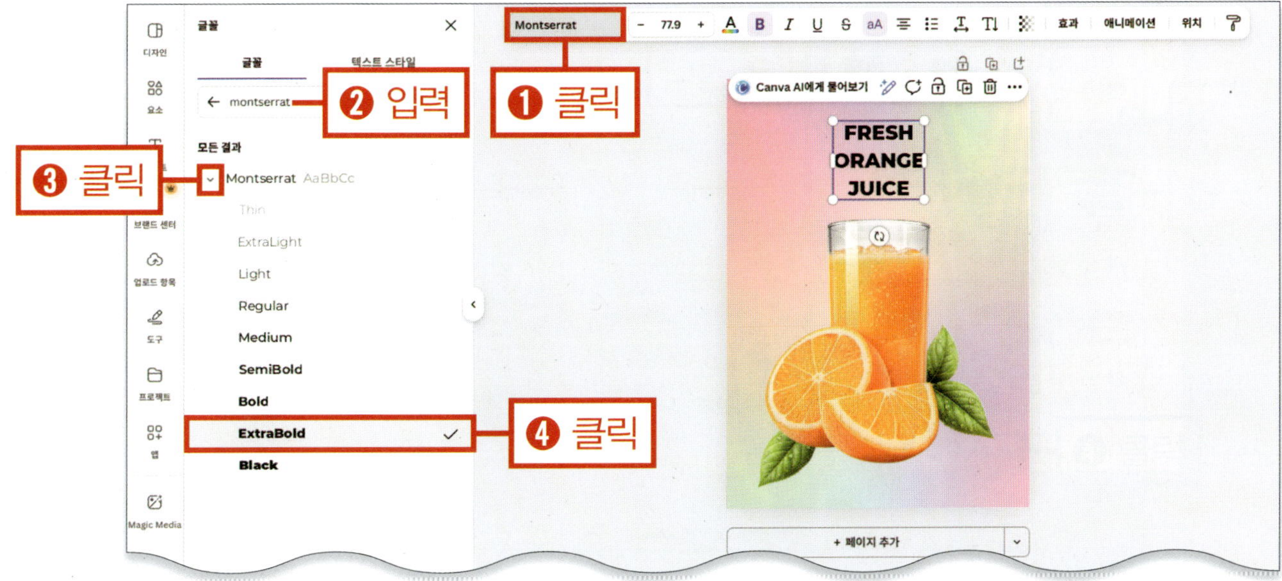

🎵 **조금 더 배우기**

한글 문구에는 한글 전용 글꼴을, 영어 문구에는 영문 전용 글꼴을 사용하면 글자의 구조가 자연스럽고 디자인 완성도가 높아집니다.

03 [텍스트 색상]을 클릭하여 [하얀색]을 선택합니다.

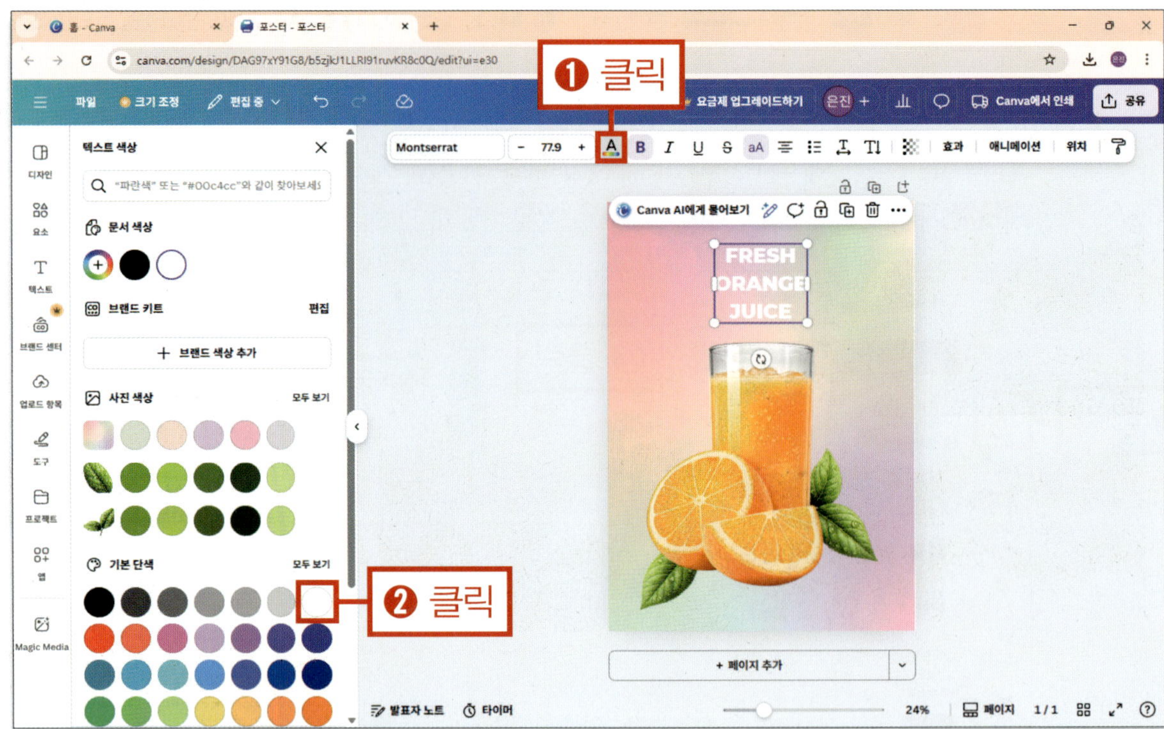

04 [고급 설정]을 클릭해 '줄 간격'을 '0.9'로 입력합니다. [효과]를 클릭하고 [들
어올리기]를 클릭합니다.

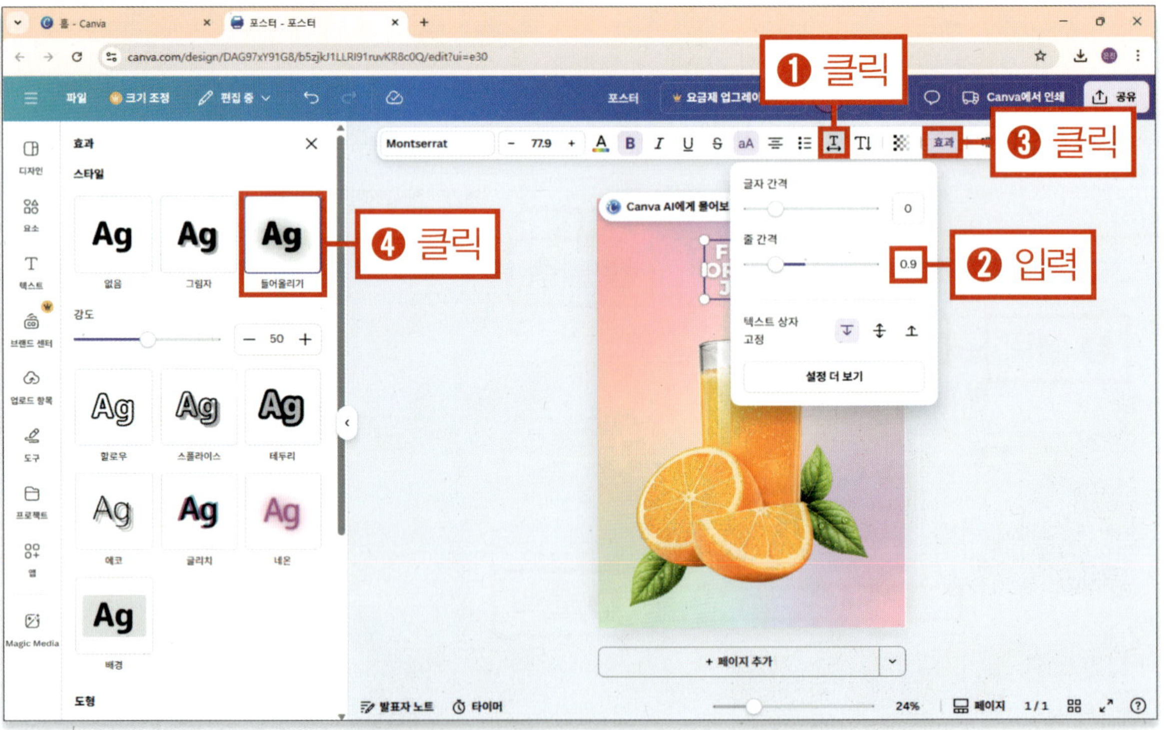

레이어를 활용해 텍스트 강조하기

01 플로팅 툴바에서 [복제]를 클릭해 텍스트를 복사합니다. 복사한 텍스트를 화면 가득 키운 뒤 [투명도]를 클릭해 '50'을 입력합니다.

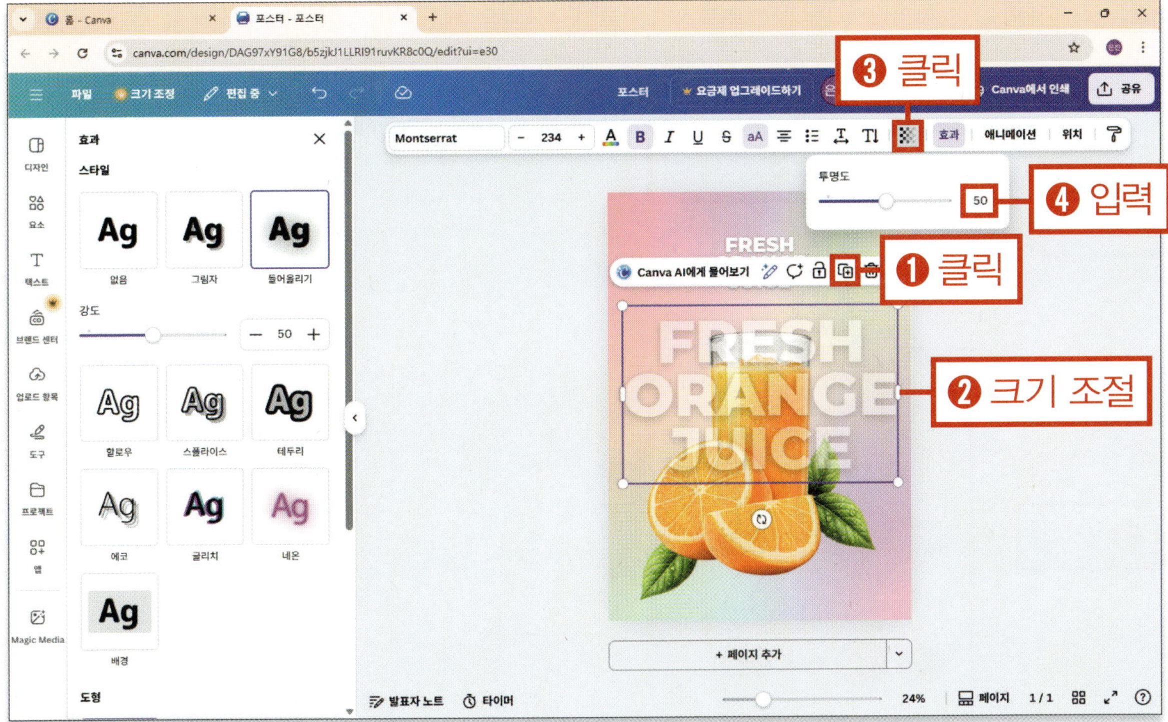

02 에디터 툴바에서 [위치]를 클릭한 뒤 [레이어] 탭을 클릭합니다. 해당 텍스트를 배경 이미지 위쪽으로 드래그해 배치합니다.

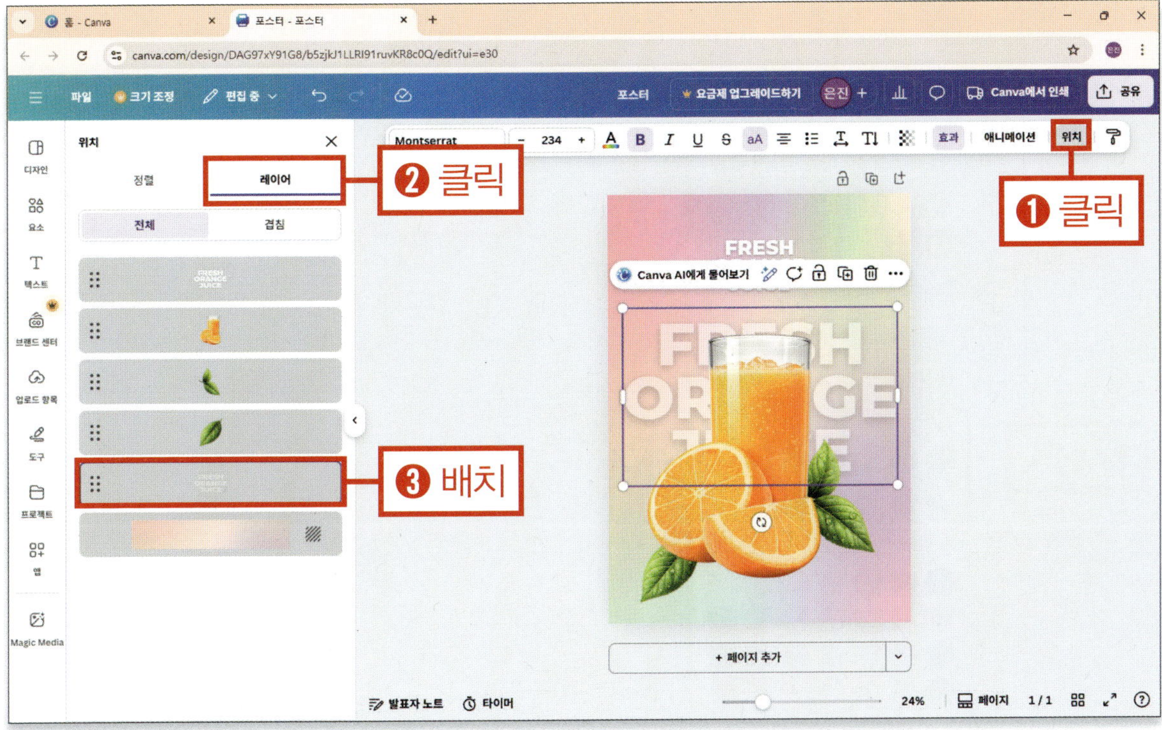

장식 요소 추가하고 마무리하기

01 [요소]를 클릭한 뒤 검색창에 'new'를 입력하여 검색합니다. 원하는 요소를 클릭하여 삽입합니다. [크기 조절 핸들]을 드래그해 아래와 같이 크기를 조절하고 화면 위쪽으로 드래그해 이동합니다.

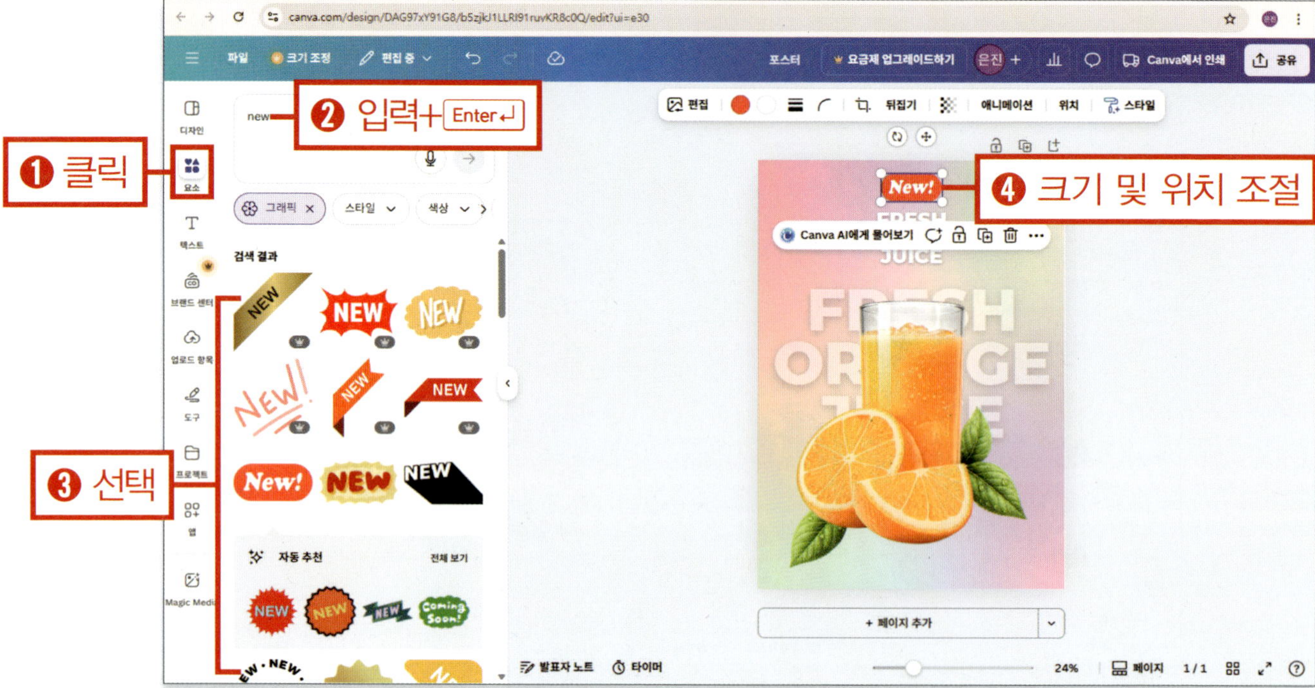

02 요소가 선택된 상태에서 [색상]을 클릭하고 '사진 색상'에서 추천된 색을 선택해 디자인의 전체 색감이 자연스럽게 어울리도록 맞춥니다.

03 [요소]를 클릭한 뒤 검색창에 '그림자'를 검색하여 원하는 요소를 삽입합니다. [크기 조절 핸들]을 드래그해 아래와 같이 크기를 조절하고 오렌지 주스 이미지의 바닥 부분으로 드래그해 이동합니다.

04 에디터 툴바에서 [위치]를 클릭한 뒤 [레이어] 탭에서 해당 요소를 배경 이미지 위쪽으로 드래그해 배치하고 디자인을 완성한 뒤 저장합니다.

11 | 내가 만든 디자인으로 움직이는 목업 만들기

목업(Mockup)은 내가 만든 디자인을 실제 제품이나 화면에 적용한 것처럼 보여주는 미리보기 형태입니다. 캔바에서는 다양한 이미지·동영상 목업을 제공해 디자인을 현실감 있게 표현할 수 있습니다. 특히 동영상 목업을 활용하면 정적인 디자인도 자연스럽게 움직이는 화면으로 보여 줄 수 있어, 포스터·카드·홍보물 등을 실제 사용 장면처럼 생생하게 전달할 수 있습니다. 이 장에서는 내가 만든 디자인을 활용해 움직이는 동영상 목업을 적용하는 방법을 익히고, 목업을 활용해 디자인의 완성도를 높이는 과정을 배워봅니다.

▌완성 화면 미리 보기

▌여기서 배워요!

파일 업로드 / 동영상 목업

디자인 만들기 및 이미지 업로드하기

01 캔바 홈 화면에서 [프레젠테이션]을 클릭합니다.

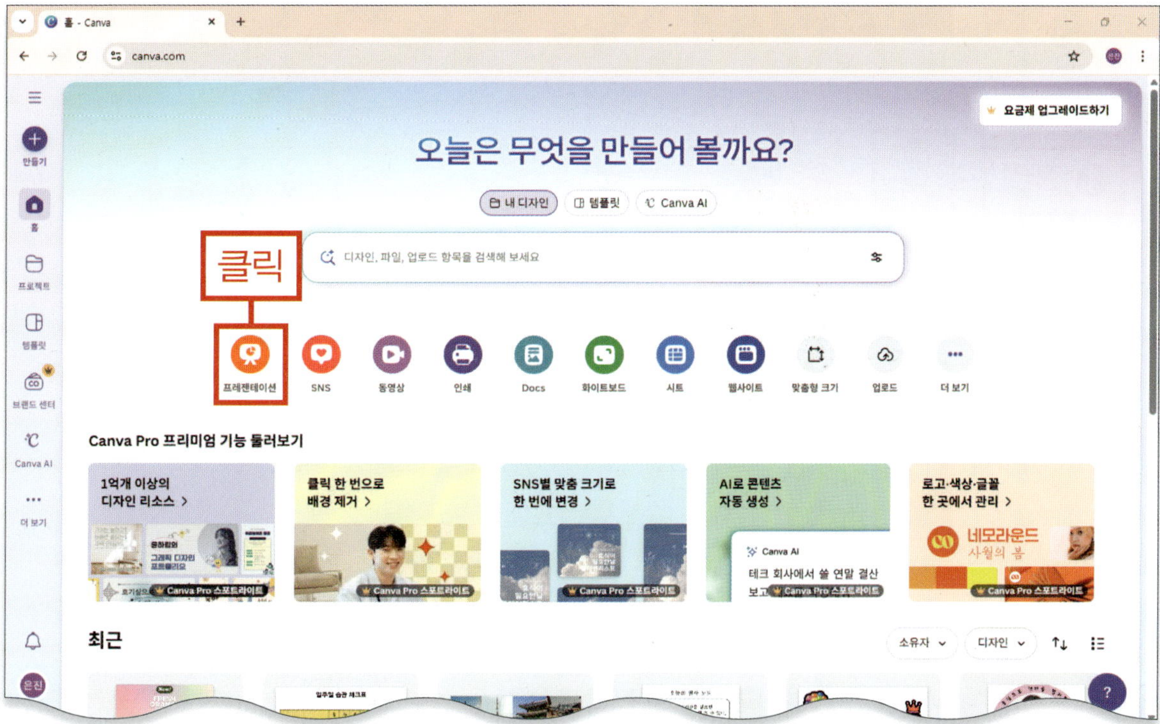

02 디자인 제목을 '목업'으로 입력합니다. 사이드 패널에서 [업로드 항목]–[파일 업로드]를 차례대로 클릭합니다. [예제파일]–[11장] 폴더에서 [포스터.png] 파일을 선택한 뒤 [열기]를 클릭합니다.

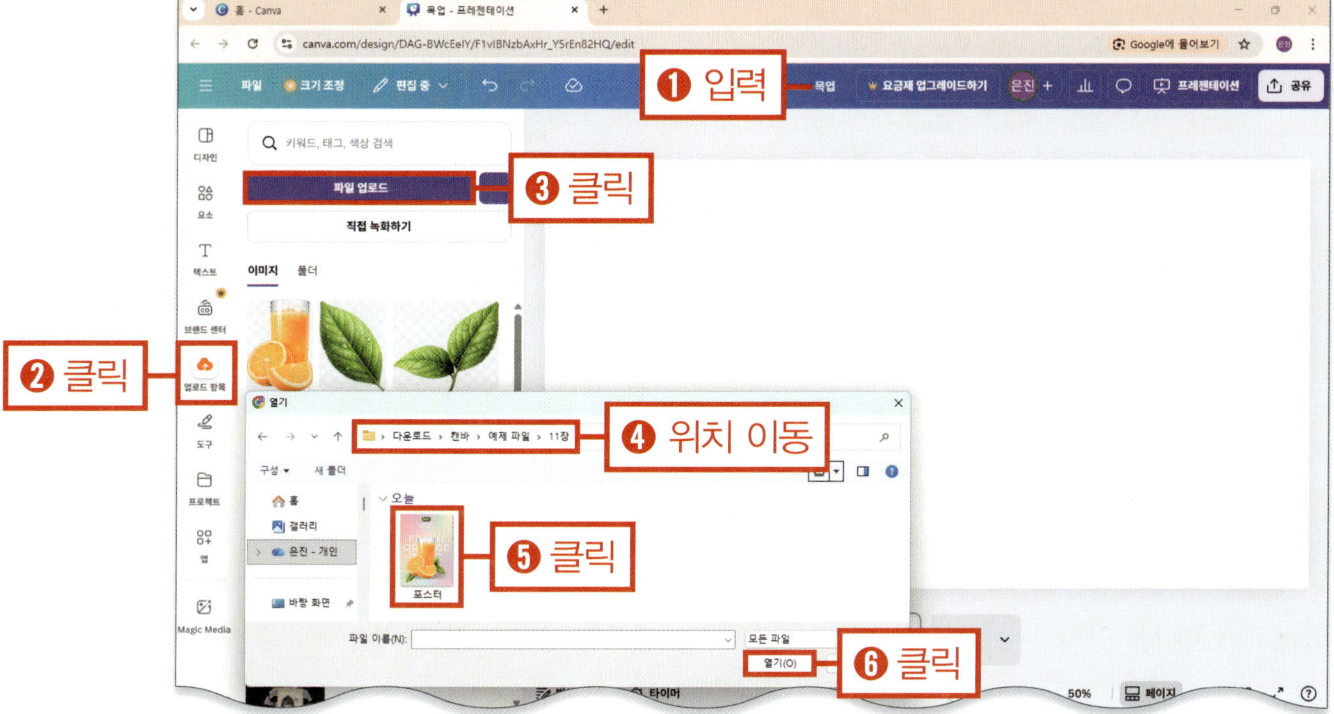

03 업로드된 이미지를 클릭해 페이지에 삽입한 뒤 에디터 툴바에서 [편집]을 클릭합니다.

STEP 02 ## 동영상 목업 적용하기

01 [앱] 항목에서 [펼치기]([>]) 버튼을 클릭한 뒤 [Mockups]를 찾아 클릭합니다.

조금 더 배우기

[Mockups] 앱을 처음 사용하는 경우에는 [열기]를 클릭해야 Mockups 메뉴가 활성화됩니다.

02 '동영상' 항목에서 [모두 보기]를 클릭합니다.

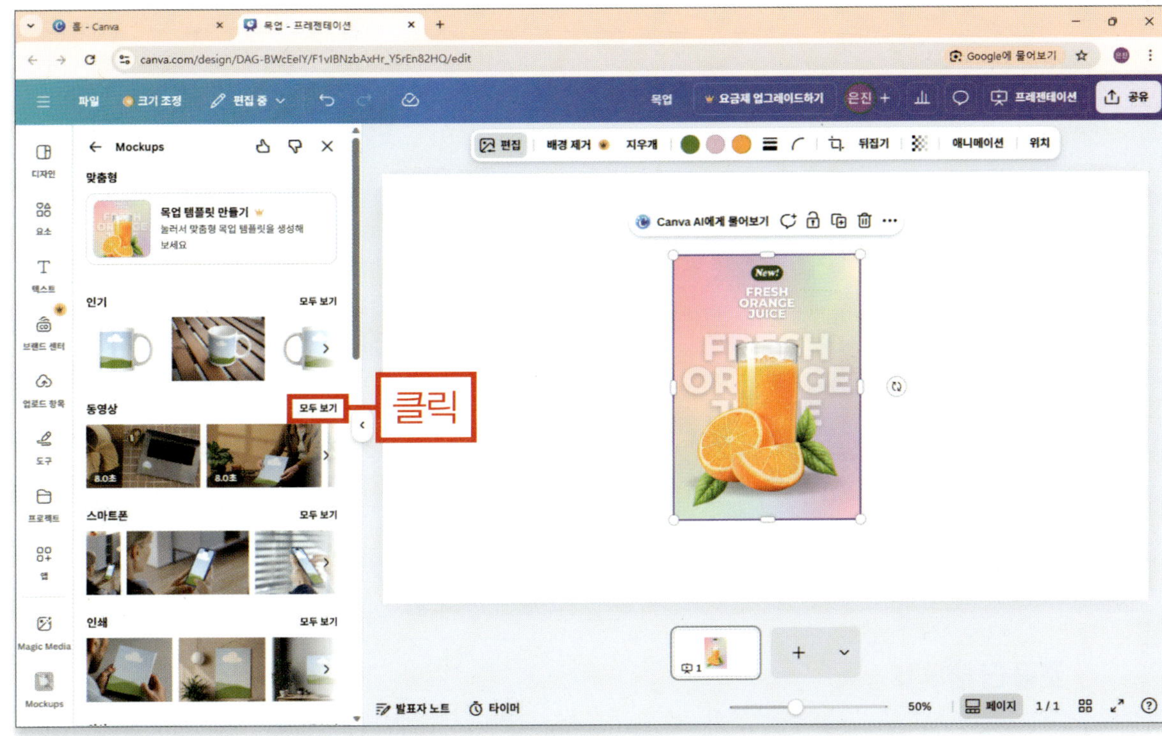

03 영상 위에 마우스를 올리면 미리보기가 표시됩니다. 미리보기를 통해 영상을 확인한 뒤 원하는 동영상 목업을 클릭합니다.

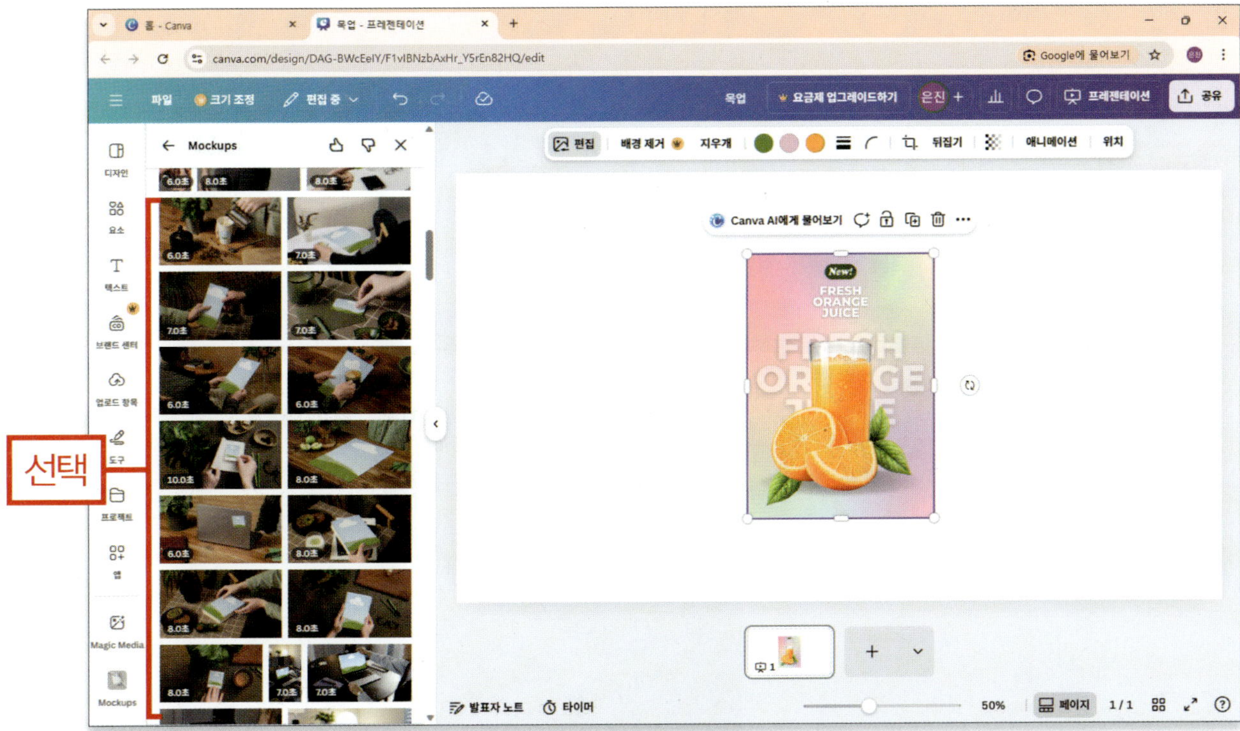

04 선택한 동영상이 적용되어 목업이 완성됩니다.

조금 더 **배우기**

■ **목업 이미지 배치 및 편집 옵션**

• **채우기** : 프레임이나 그리드를 빈틈없이 채우며, 일부 이미지가 잘릴 수 있습니다.
• **맞춤** : 이미지 전체가 보이도록 맞추며, 여백이 생길 수 있습니다.
• **스마트 자르기** : 사진에서 중요한 부분을 자동으로 중심에 맞춰 잘라줍니다.
• **이미지 분리하기** : 프레임이나 목업에서 이미지를 분리해 원래 상태로 되돌립니다.

05 [크기 조절 핸들]을 이용해 영상의 크기를 페이지에 맞게 확대합니다. 화면 오른쪽 아래의 [전체 화면 프레젠테이션]을 클릭해 영상을 전체 화면으로 확인한 뒤 영상 파일로 저장합니다.

컬렉션 보기를 활용하여 인스타그램 게시물 만들기

캔바의 컬렉션 보기 기능은 특정 주제나 스타일에 맞는 이미지와 요소를 테마별로 묶어 한 번에 확인할 수 있어, 디자인의 분위기를 빠르게 맞추는 데 도움이 됩니다. 비슷한 느낌의 요소를 일일이 찾지 않아도 되어 작업 시간이 줄고, 전체 디자인의 통일감도 쉽게 유지할 수 있습니다. 이 장에서는 컬렉션 보기를 활용해 요소를 선택하고 조합하여 인스타그램 게시물을 완성하는 과정을 배워봅니다.

▌완성 화면 미리 보기

▌여기서 배워요!

텍스트 삽입 / 도형 삽입 / 요소 삽입 / 컬렉션 보기

새 디자인 만들기 및 도형으로 레이아웃 만들기

01 캔바 홈 화면에서 [만들기]를 클릭합니다. '디자인 만들기' 창이 나타나면 [SNS]–[Instagram]을 차례대로 클릭한 뒤 [인스타그램 게시물(정사각형)]을 클릭합니다.

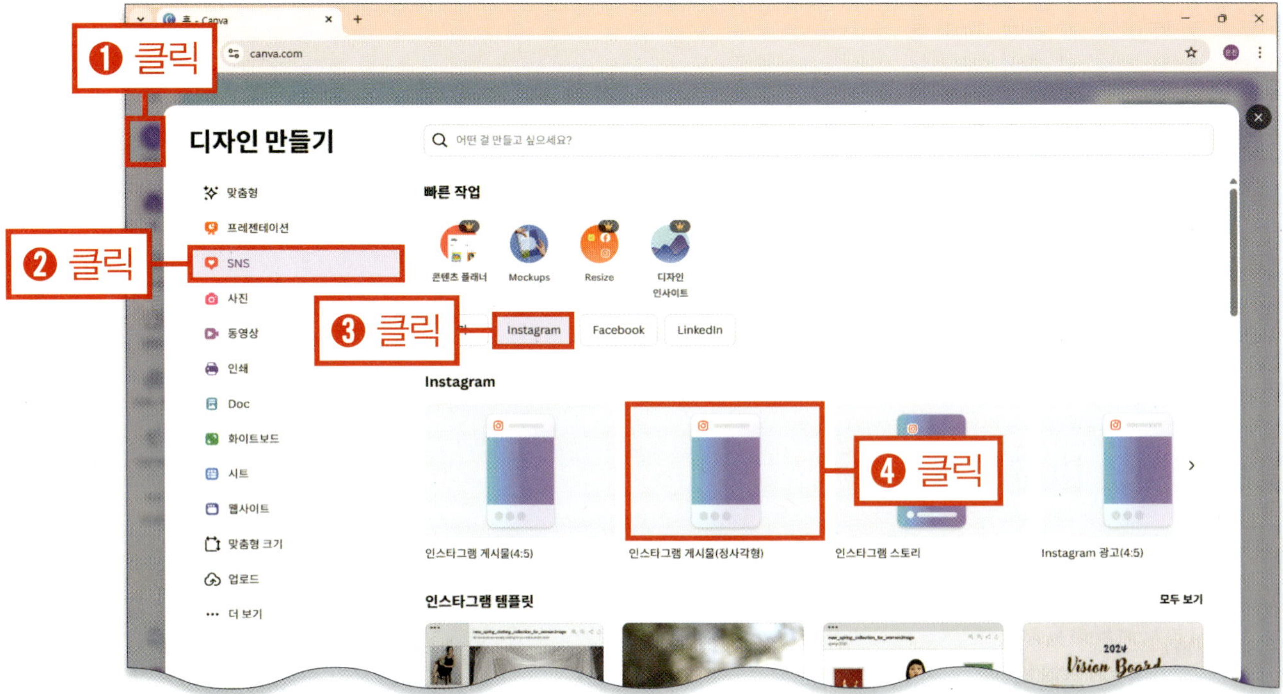

02 디자인 제목을 '이벤트'로 입력합니다. 페이지를 선택한 뒤 상단의 에디터 툴바에서 [배경 색상]을 클릭합니다. [새로운 색상 추가]를 클릭해 원하는 배경색을 지정합니다.

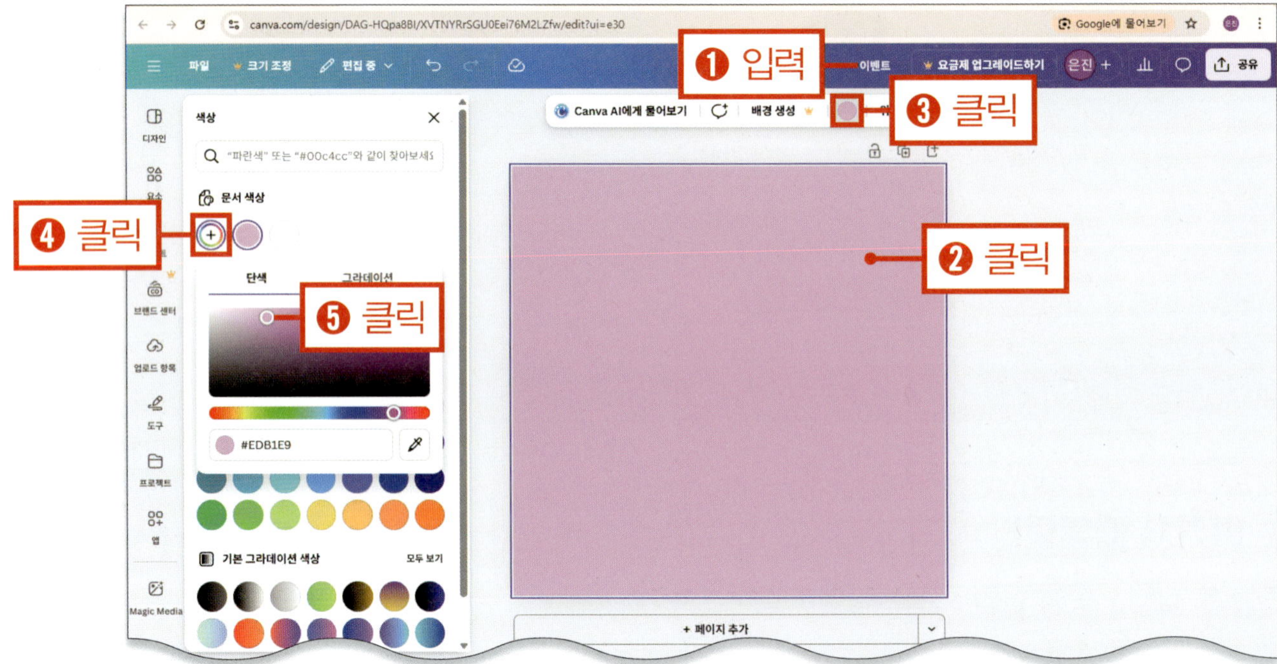

03 페이지 밖의 빈 영역을 클릭한 뒤 단축키 R을 눌러 사각형 도형을 추가합니다. [크기 조절 핸들]을 드래그해 크기를 키웁니다. 에디터 툴바에서 [위치]를 클릭한 뒤 [정렬] 탭의 '페이지에 맞춤'에서 [가운데]를 클릭해 페이지 중앙에 배치합니다.

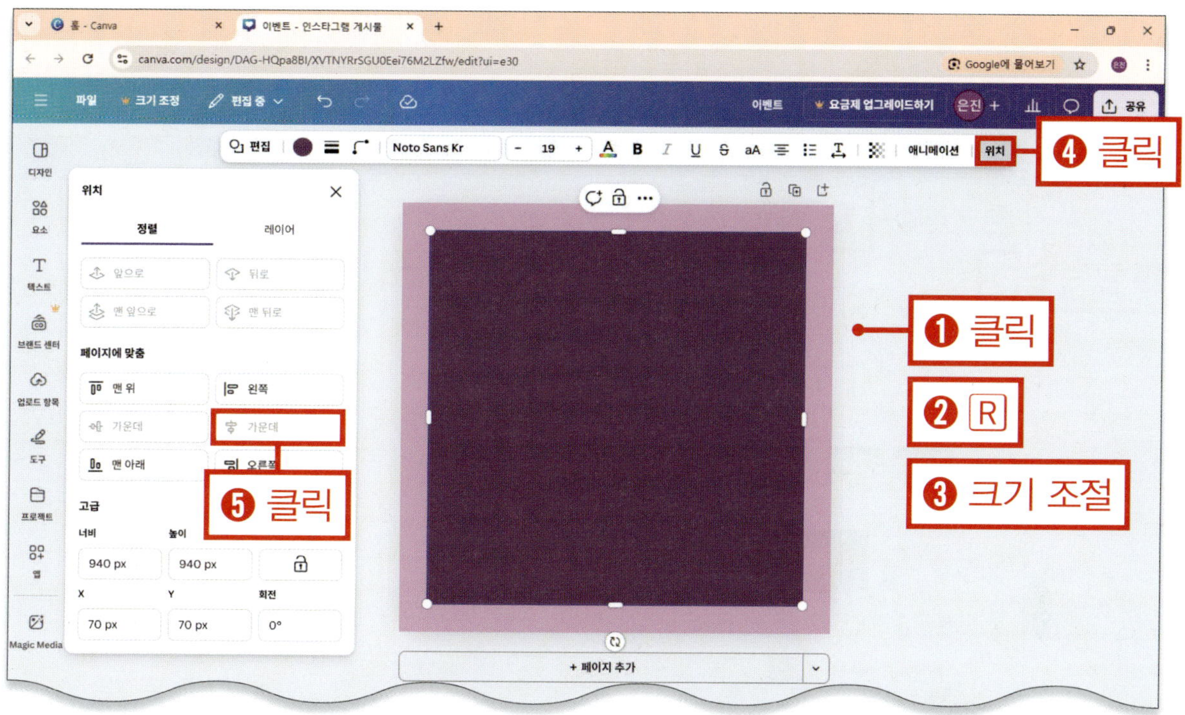

04 도형이 선택된 상태에서 [색상]을 클릭하여 [하얀색]으로 변경합니다. [모서리]를 클릭한 뒤 '모서리 둥글게 만들기' 값에 '25'를 입력합니다. 플로팅 툴바에서 [잠금]을 클릭해 도형이 움직이지 않도록 설정합니다.

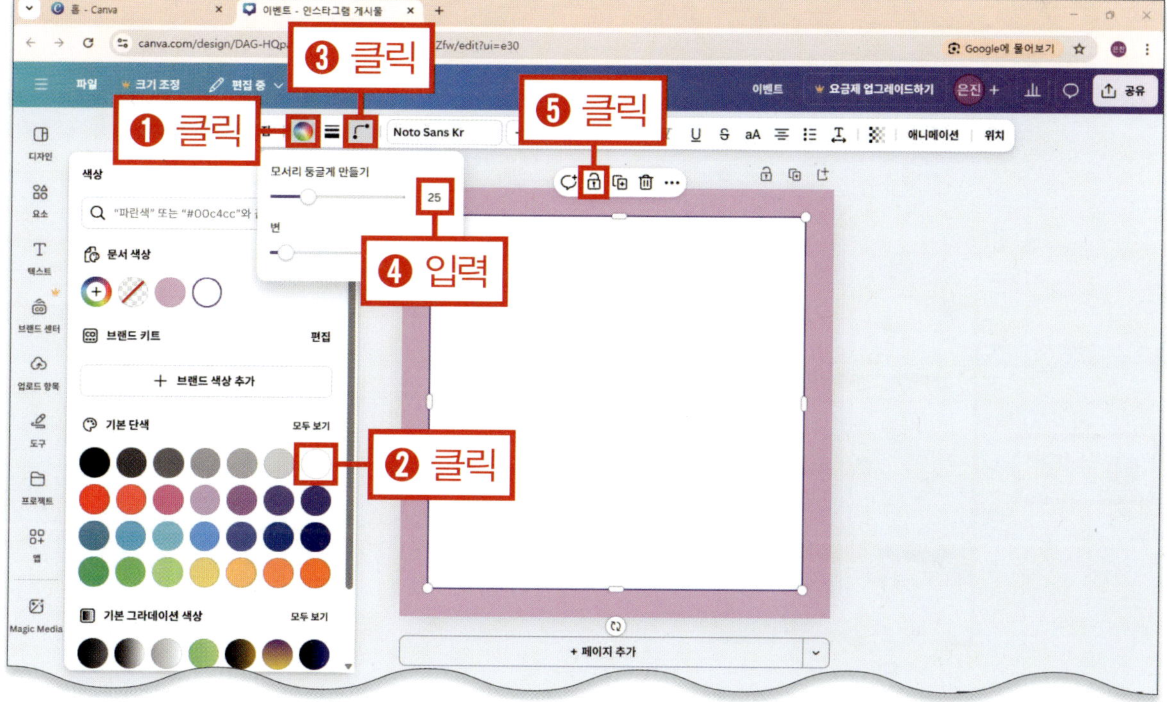

주요 그래픽 요소 배치하기

01 사이드 패널에서 [요소]를 클릭한 뒤 검색창에 '리본 배너'를 검색합니다. 검색 결과에서 '그래픽'의 [모두 보기]를 클릭합니다.

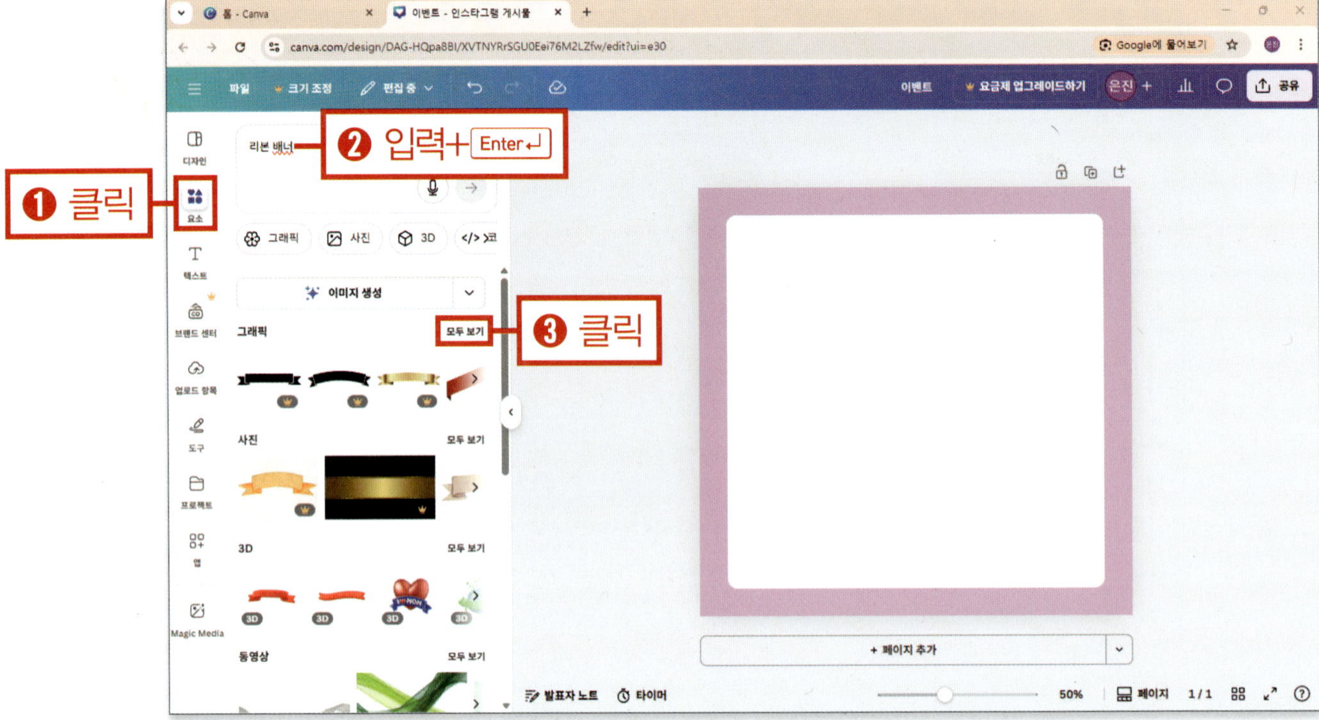

02 마음에 드는 리본 배너 요소를 선택해 삽입한 뒤 [크기 조절 핸들]을 드래그해 크기를 조절하고 페이지 상단으로 드래그하여 배치합니다.

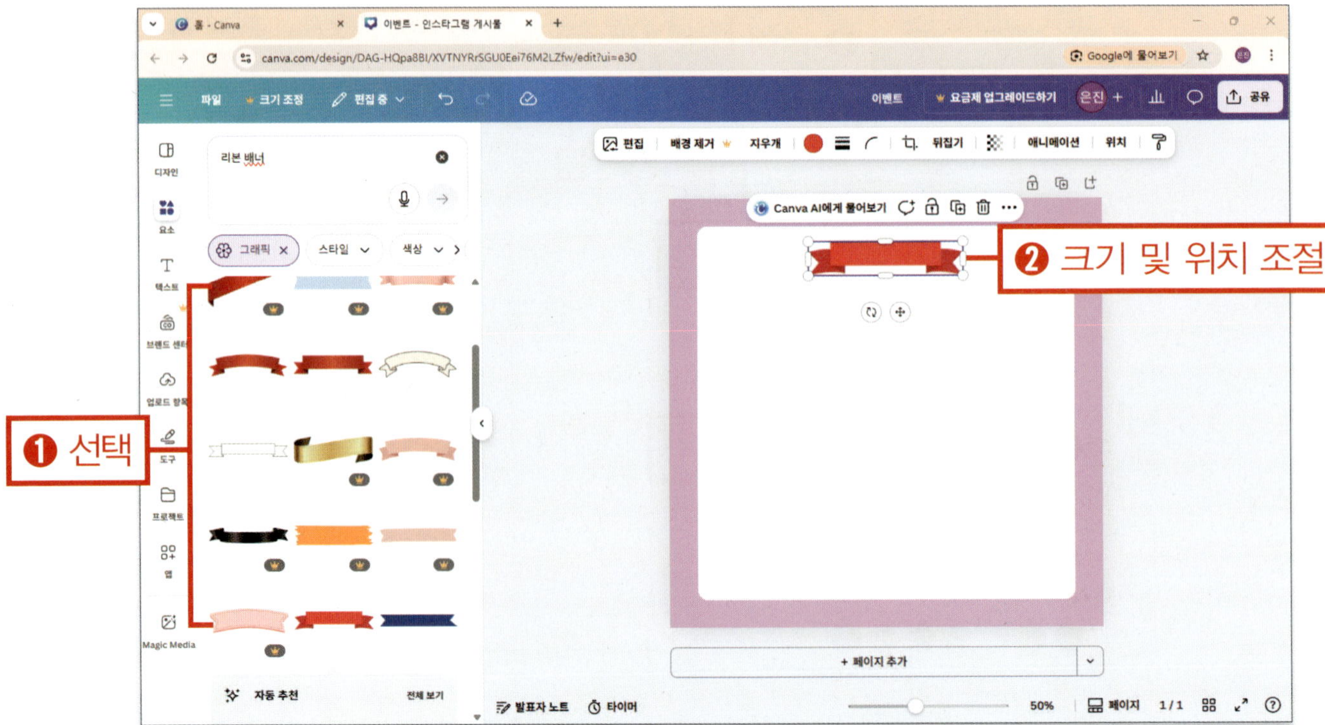

03 요소 검색창에 '선물 상자'를 검색하고 원하는 이미지를 선택해 삽입합니다. [크기 조절 핸들]을 드래그해 크기를 조절하고 페이지 중앙 쪽으로 드래그하여 배치합니다.

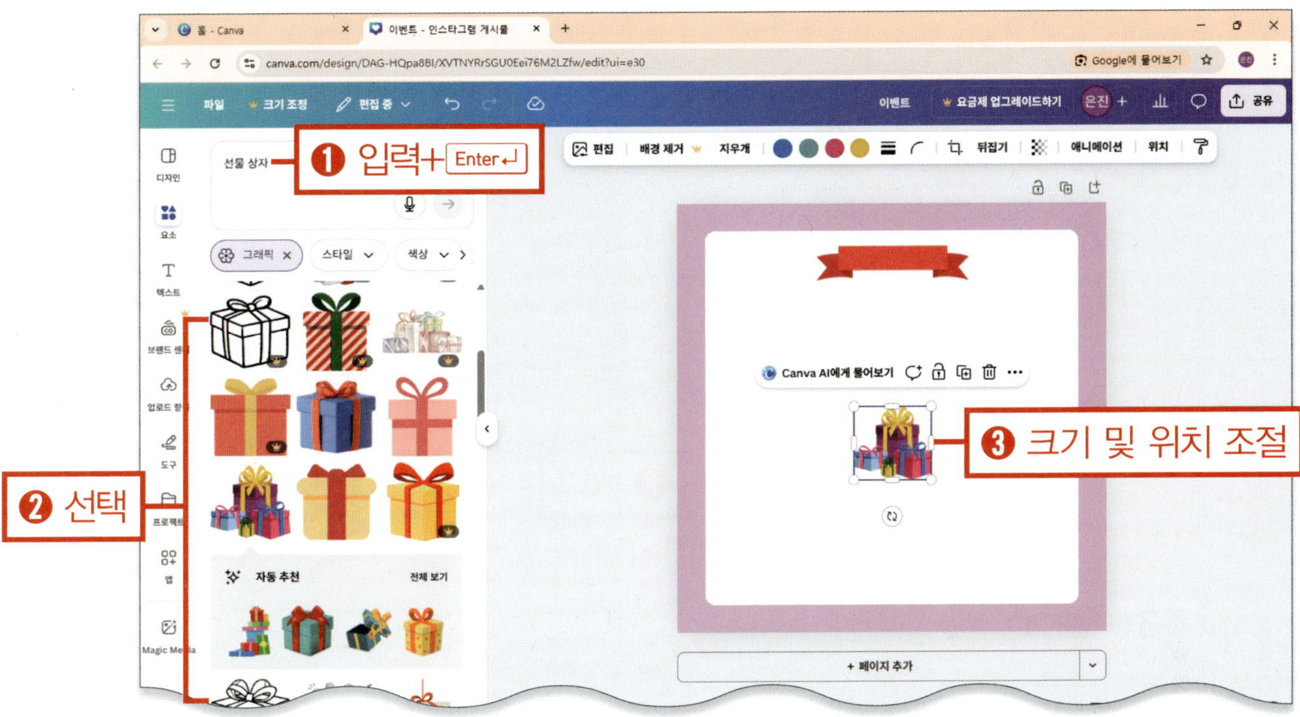

STEP 03　컬렉션 보기를 활용해 요소 삽입하기

01 다시 요소 검색창에 '대문자 E'를 검색하여 원하는 'E' 요소를 삽입합니다. 크기를 조절한 뒤 상단에 배치합니다.

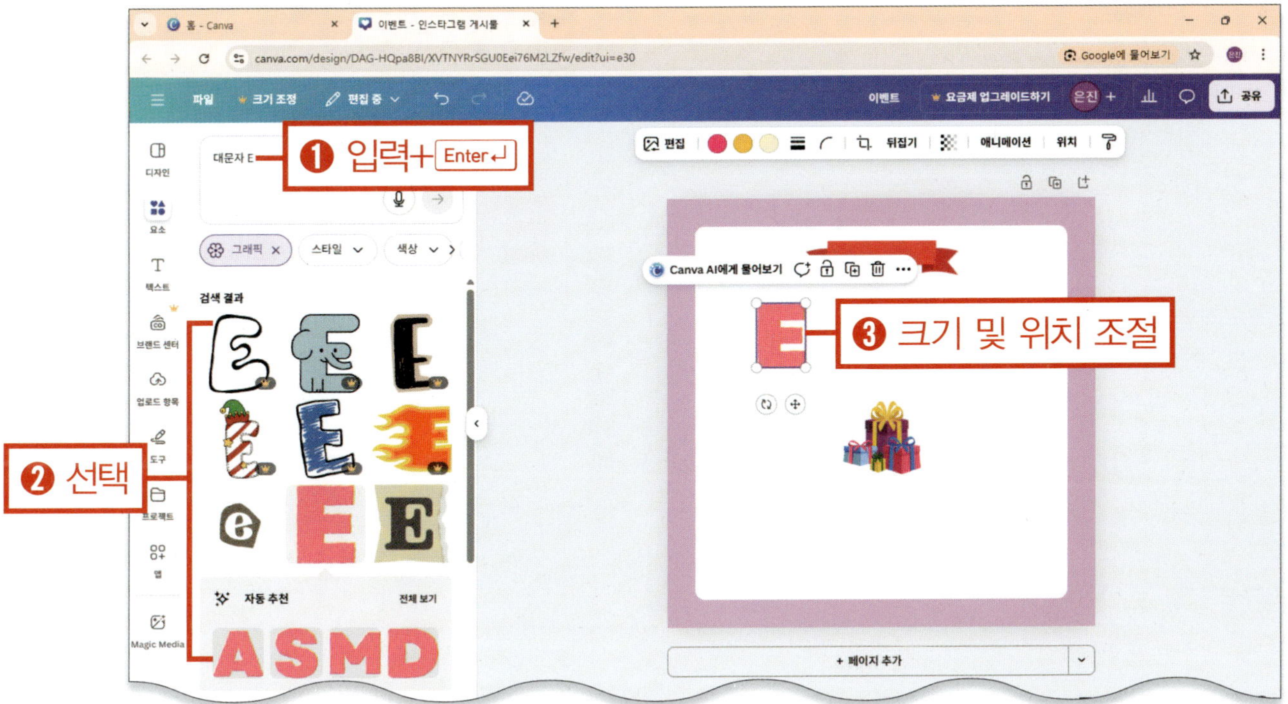

02 삽입한 'E' 요소 위에 마우스를 올린 다음 [더보기]( ) 버튼을 클릭한 뒤 [컬렉션 보기]를 선택합니다.

> **조금 더 배우기**
>
> • **[지금과 비슷한 이미지 더 보기]** : 선택한 이미지와 유사한 스타일이나 분위기의 이미지를 추천해 주는 기능
> • **[컬렉션 보기]** : 특정 주제나 스타일에 맞는 이미지와 요소를 테마별로 묶어 한 번에 보여주는 기능

03 같은 스타일의 알파벳 요소가 화면에 표시되면 [V, E, N, T]를 차례로 찾아 삽입합니다. 아래와 같이 크기를 맞춰 나란히 배치해 'EVENT' 단어를 완성합니다.

04 'EVENT' 글자를 모두 드래그해 선택한 뒤 에디터 툴바에서 [위치]를 클릭합니다. [정렬] 탭에서 [깔끔하게 정리]를 선택합니다. 플로팅 툴바의 [그룹화]를 클릭하고 [가운데]를 클릭해 정렬합니다.

STEP 04 텍스트 입력하여 디자인 마무리하기

01 페이지의 빈 영역을 클릭한 뒤 단축키 T를 눌러 텍스트 상자를 추가합니다. '고객 감사', '이벤트 참여하시고 선물 받아 가세요.', '자세한 정보 보러가기'를 각각 입력한 뒤 적절한 위치에 배치합니다. 각 텍스트를 하나씩 선택해 에디터 툴바의 [텍스트 색상]을 클릭하고 원하는 색을 적용합니다.

조금 더 배우기

사이드 패널에서 [텍스트]를 클릭한 뒤 [텍스트 상자 추가]를 선택해 텍스트를 삽입해도 됩니다.

02 [Shift]를 누른 상태로 페이지 안의 텍스트를 모두 선택합니다. [글꼴]을 클릭하여 [TDTD엠플고딕]을 선택합니다.

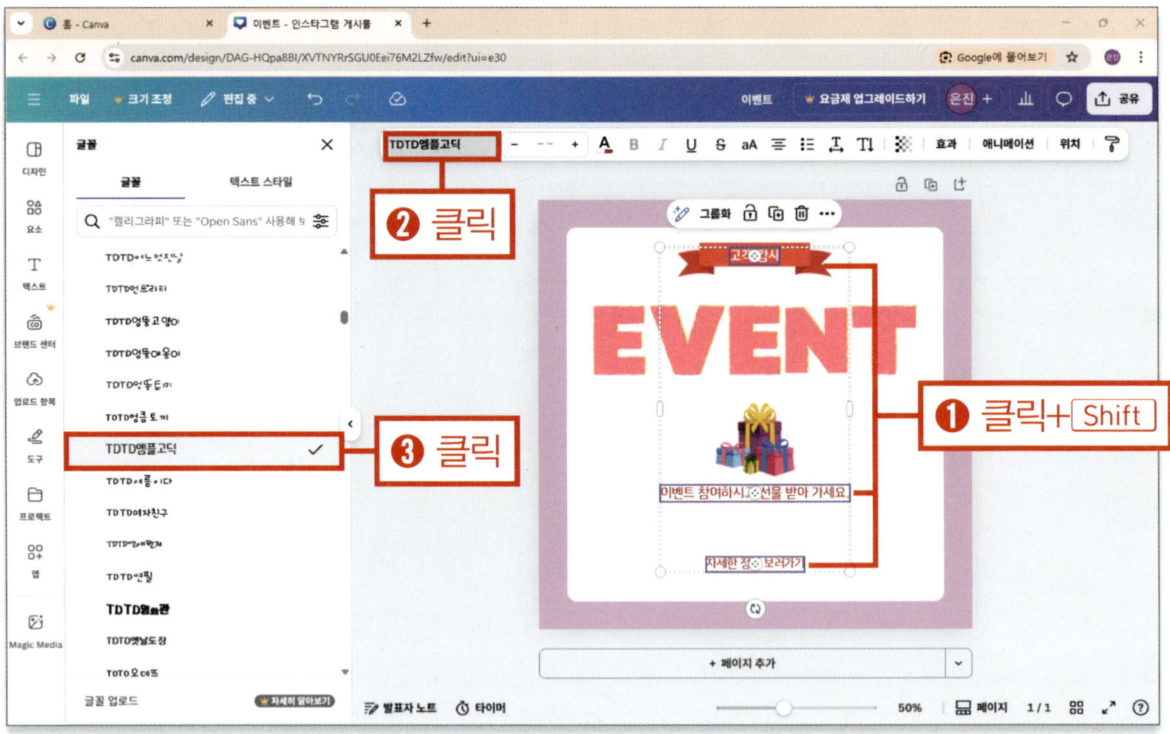

03 [자세한 정보 보러가기] 문구를 선택한 뒤 에디터 툴바에서 [효과]를 클릭합니다. [스타일]에서 [배경]을 선택한 뒤 [색상]을 클릭해 원하는 색을 선택하여 디자인을 완성한 후 저장합니다.

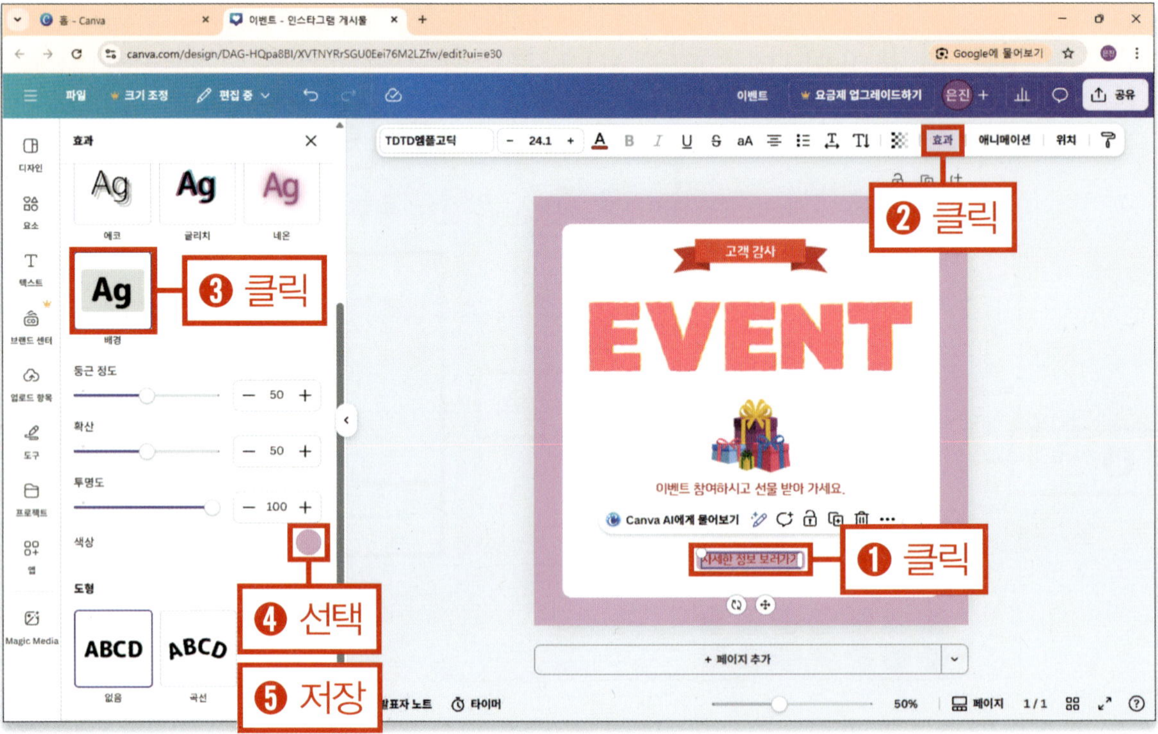

13 | 드로잉 도구를 활용하여 사진을 손그림으로 꾸미기

캔바에는 사진 위에 직접 선을 그리거나 간단한 그림을 더할 수 있는 드로잉 도구가 제공됩니다. 이 도구를 활용하면 사진에 손그림 느낌을 더해 감성적인 분위기로 꾸밀 수 있습니다. 이 장에서는 드로잉 도구를 활용해 사진 위에 손그림을 그리고, 간단한 효과를 적용해 이미지를 꾸미는 방법을 배워봅니다.

▌완성 화면 미리 보기

▌여기서 배워요!

맞춤형 크기 / 파일 업로드 / Draw 도구

 이미지 크기에 맞는 새 디자인 만들기

01 내가 가진 이미지의 크기에 맞춰 디자인을 만들기 위해 캔바 홈 화면에서 [맞춤형 크기]를 클릭합니다.

02 '디자인 만들기' 창이 나타나면 '단위'를 'px'로 변경하고 '가로'에 '1500', '높이'에 '2000'을 입력한 뒤 [새 디자인 만들기]를 클릭합니다.

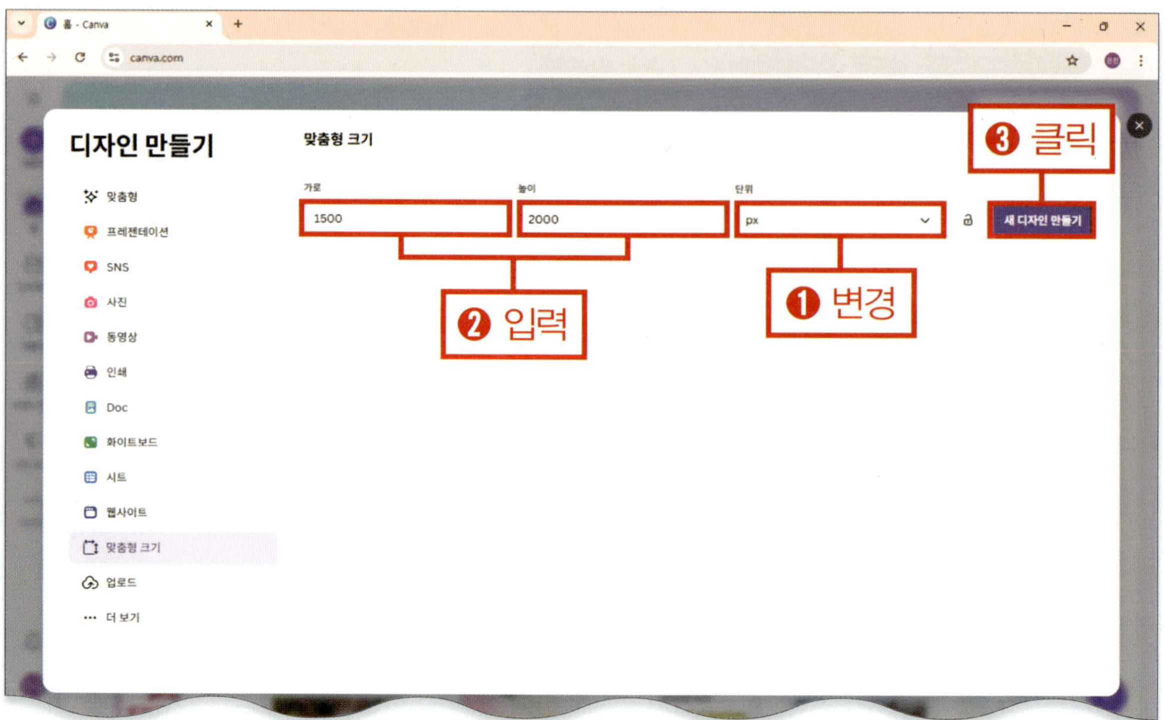

사진 업로드하고 배경으로 설정하기

01 디자인 제목을 '손그림'으로 입력합니다. 사이드 패널에서 [업로드 항목]–[파일 업로드]를 차례대로 클릭합니다. [예제파일]–[13장] 폴더에서 [경주여행.jpg] 파일을 선택하고 [열기]를 클릭합니다.

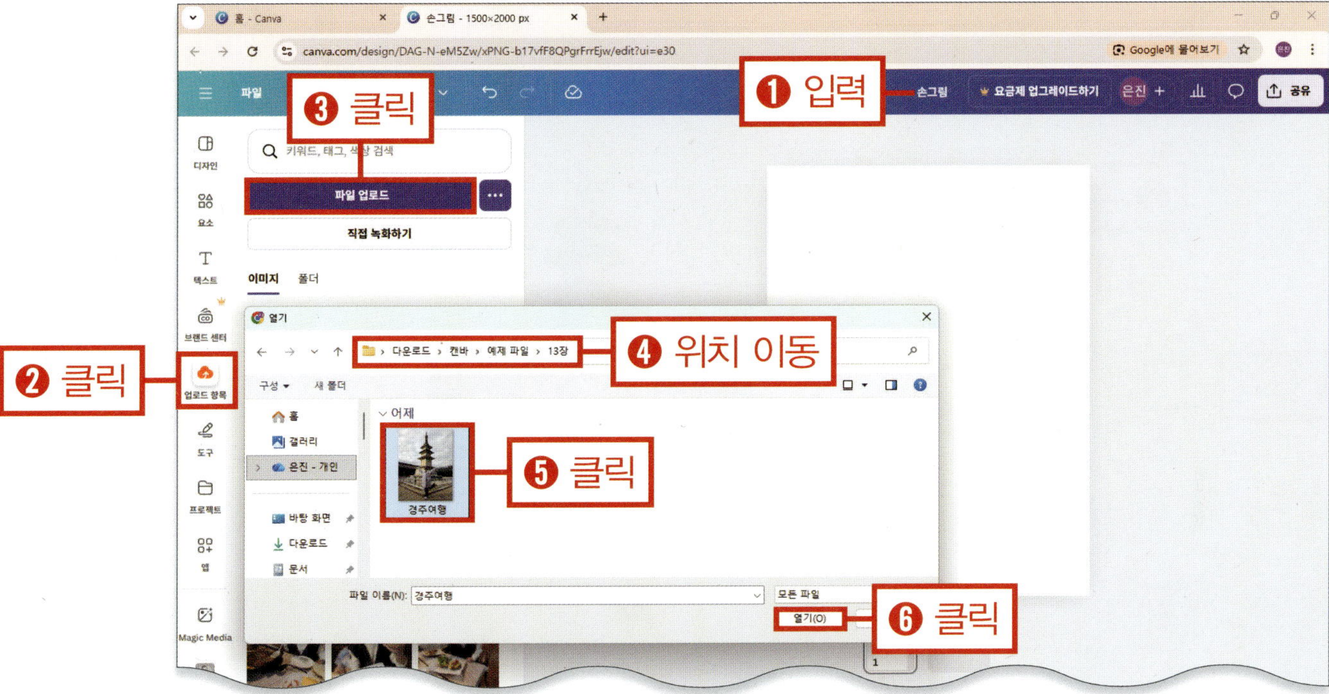

02 업로드된 이미지를 클릭해 페이지에 삽입한 뒤 마우스 오른쪽 버튼을 클릭하여 [이미지를 배경으로 설정]을 클릭합니다.

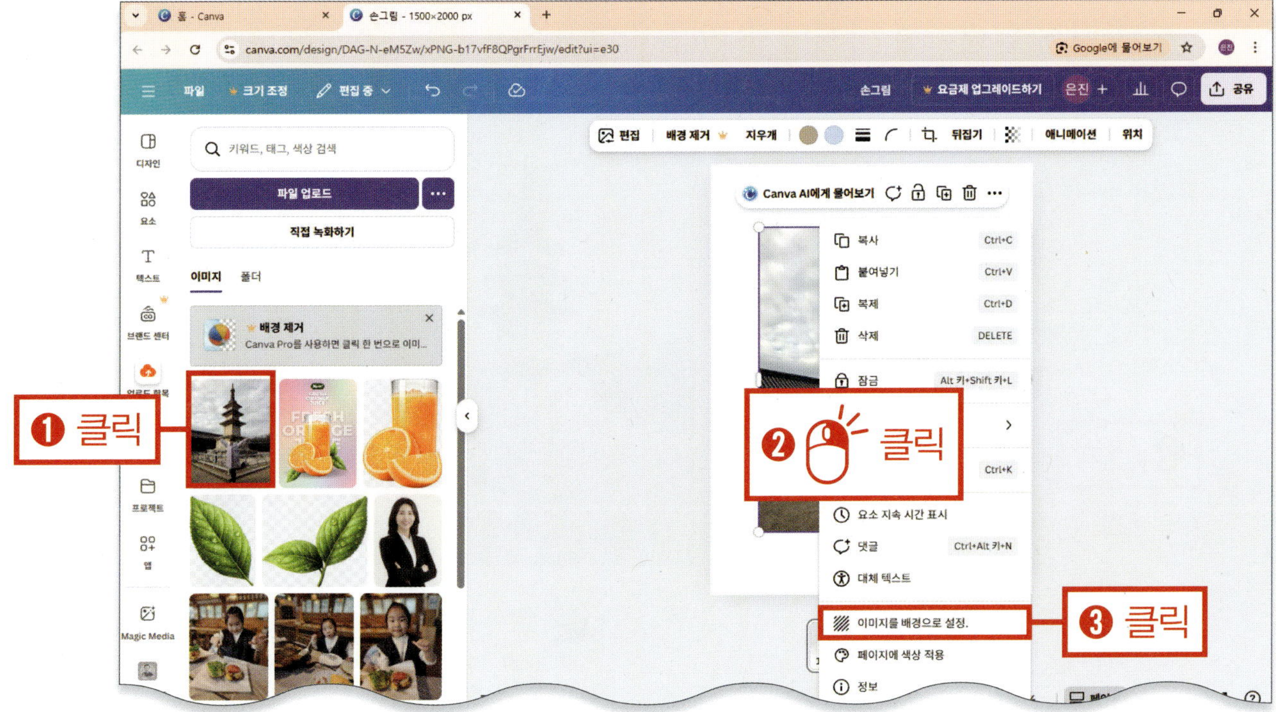

드로잉 도구로 손그림 그리기

01 사이드 패널에서 [도구]를 클릭한 뒤 [Draw]를 선택합니다. [펜]을 선택하고 [색상]을 클릭해 [하얀색]을 지정합니다.

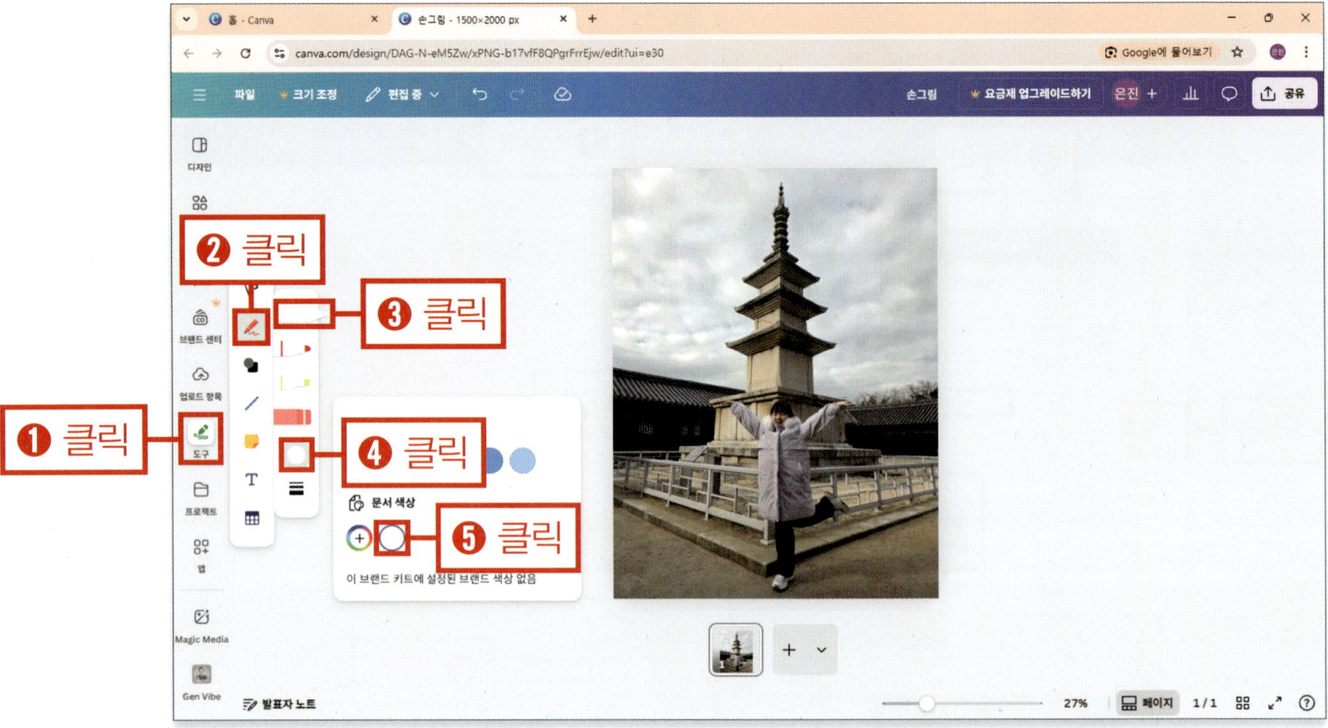

02 페이지 위에서 마우스를 누른 상태로 드래그해 선을 그립니다. 마우스를 떼면 하나의 선이 완성되며 같은 방법으로 여러 번 그려 사진을 꾸밉니다. 이때 [설정]을 클릭해 [두께]를 조절할 수 있으며, 잘못 그린 부분은 [지우개]를 선택해 클릭하면 삭제할 수 있습니다.

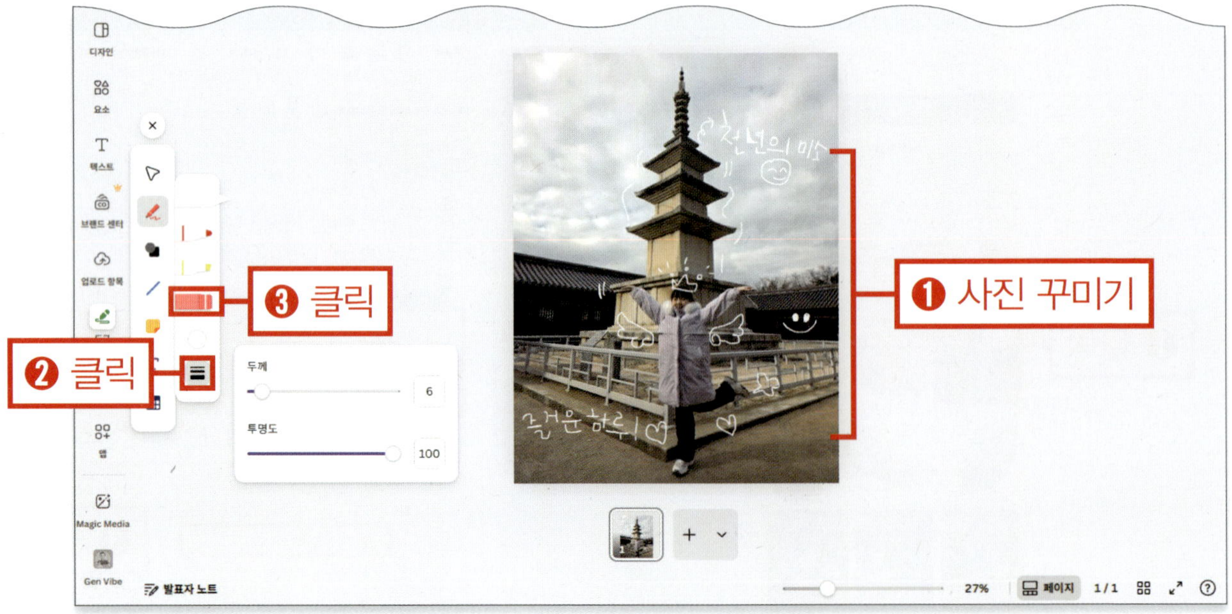

03 손그림을 모두 그렸다면 [닫기]([×]) 버튼을 클릭해 [도구] 메뉴를 종료합니다.

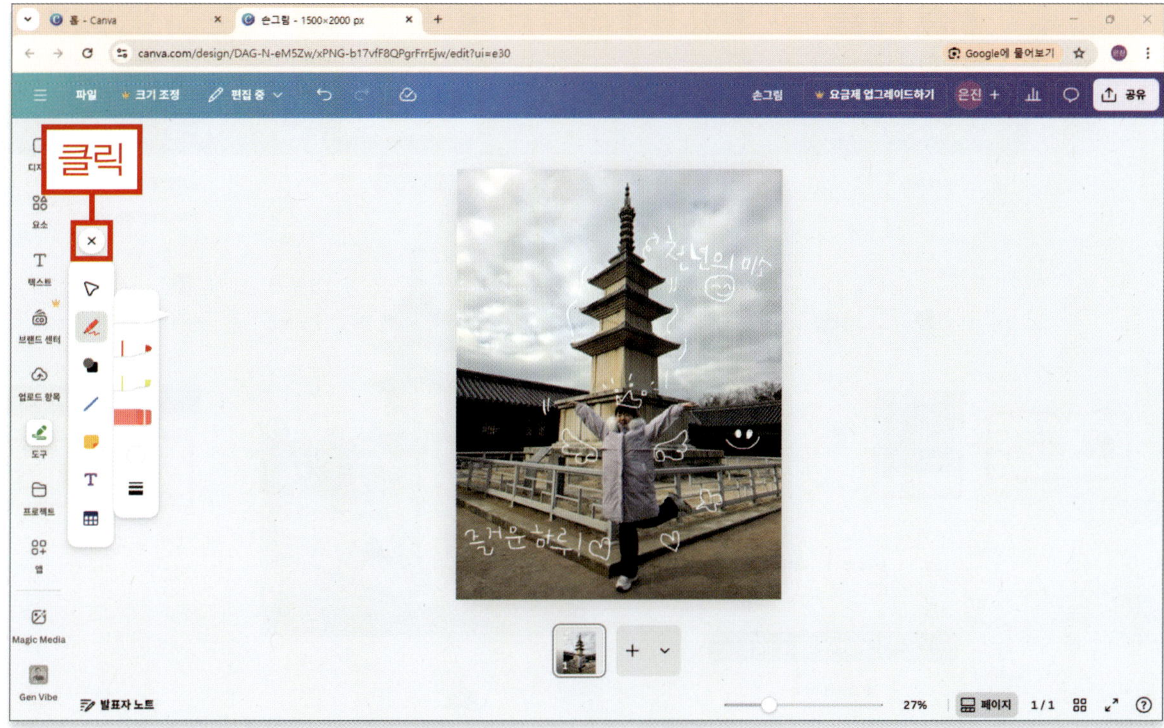

04 페이지 안에 있는 손그림 요소를 드래그하여 모두 선택한 뒤 플로팅 툴바에서 [그룹화]를 클릭해 하나의 그룹으로 묶습니다.

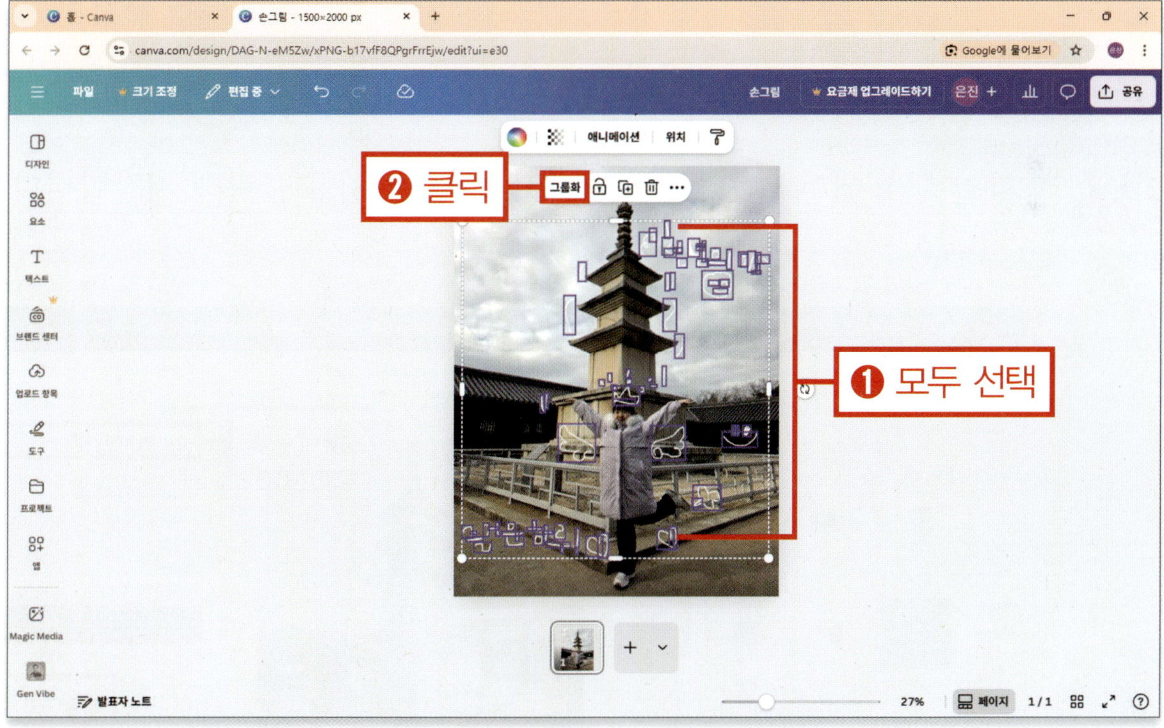

05 에디터 툴바에서 [애니메이션]을 클릭한 뒤 [튕겨주기]를 선택합니다. 완성된 디자인을 저장하기 위해 오른쪽 상단의 [공유]를 클릭한 뒤 [다운로드]를 선택합니다.

조금 더 배우기

페이지 내 요소를 그룹화한 후 애니메이션 효과를 적용하면 [그룹]과 [요소] 두 개의 탭이 나타납니다. [그룹]은 여러 요소에 애니메이션이 한꺼번에 동시에 적용되고 [요소]는 각 요소에 애니메이션이 차례대로 하나씩 적용됩니다.

06 '파일 형식'에서 [MP4]를 선택하고 [다운로드]를 클릭해 저장합니다.

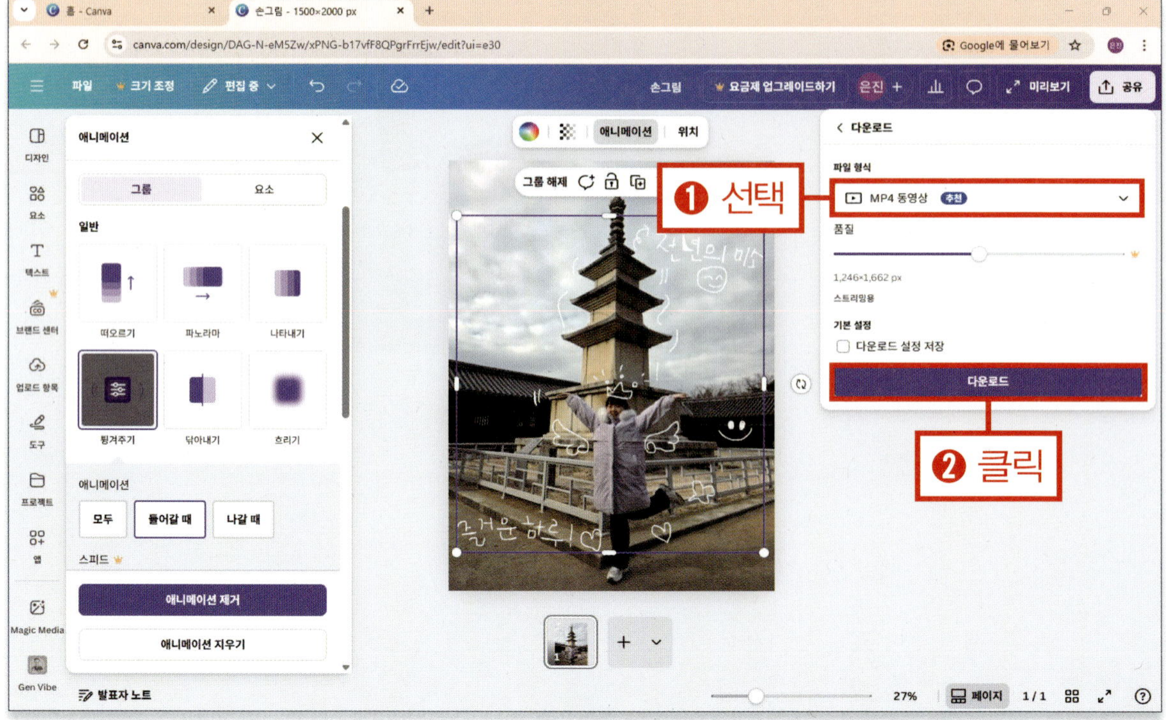

캔바 앱을 활용하여
내 얼굴 이모티콘 만들기

캔바에는 디자인 작업을 더욱 편리하게 도와주는 다양한 앱(App) 기능이 제공됩니다. 이미지 생성, 사진 편집, 영상 효과 등 목적에 따라 앱을 활용하면 복잡한 작업도 간단한 과정으로 완성할 수 있습니다. 이 장에서는 캔바 앱 중 Gen Vibe를 활용해 블로그·카카오톡·SNS 등에서 활용할 수 있는 귀엽고 개성 있는 이모티콘을 만드는 방법을 배워봅니다.

▌완성 화면 미리 보기

▌여기서 배워요!

맞춤형 크기 / 파일 업로드 / Gen Vibe 앱

맞춤형 크기로 새 디자인 만들기

01 캔바 홈 화면에서 [맞춤형 크기]를 클릭합니다.

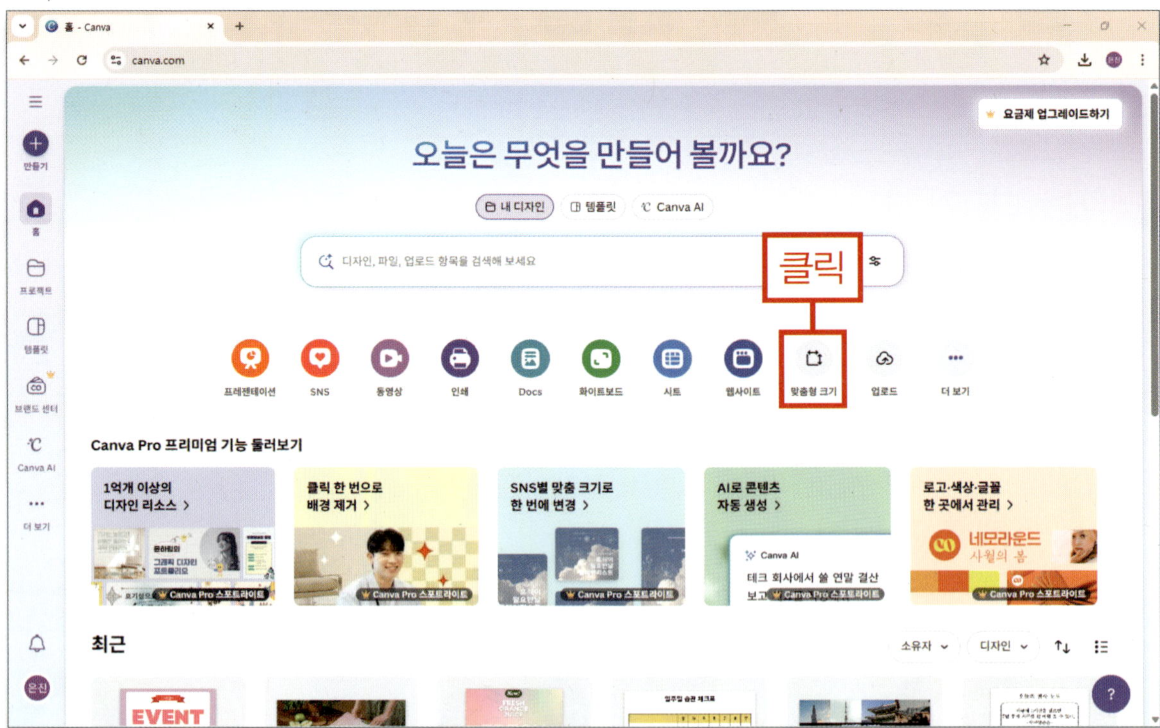

02 '디자인 만들기' 창이 나타나면 '단위'를 'px'로 변경하고 '가로'에 '180', '높이'에 '180'을 입력한 뒤 [새 디자인 만들기]를 클릭합니다.

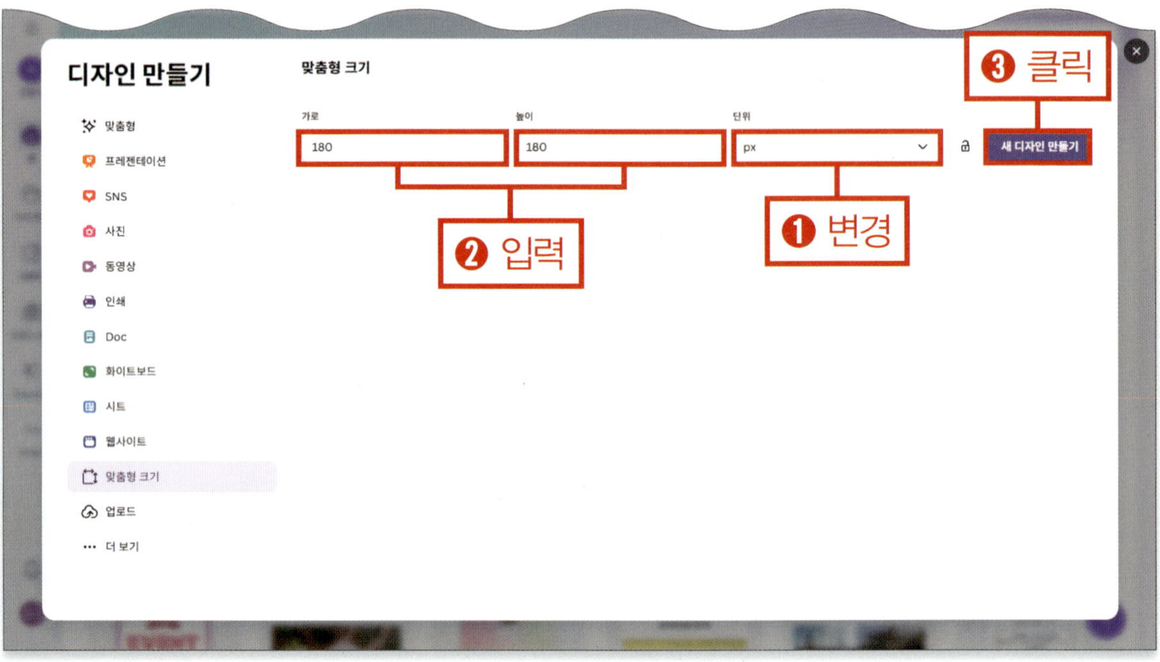

Gen Vibe 앱으로 이모티콘 이미지 생성하기

01 디자인 제목을 '이모티콘'으로 입력합니다. 사이드 패널에서 [앱]을 클릭한 뒤 검색창에 'gen vibe'를 검색합니다. 검색 결과에서 [Gen Vibe] 앱을 클릭합니다.

조금 더 배우기

[Gen Vibe] 앱을 처음 사용하는 경우에는 [열기]를 클릭해야 앱 사용 화면이 활성화됩니다.

02 '업로드된 이미지' 아래에 있는 [삭제](🗑) 버튼을 클릭해 기존에 입력된 이미지를 제거합니다.

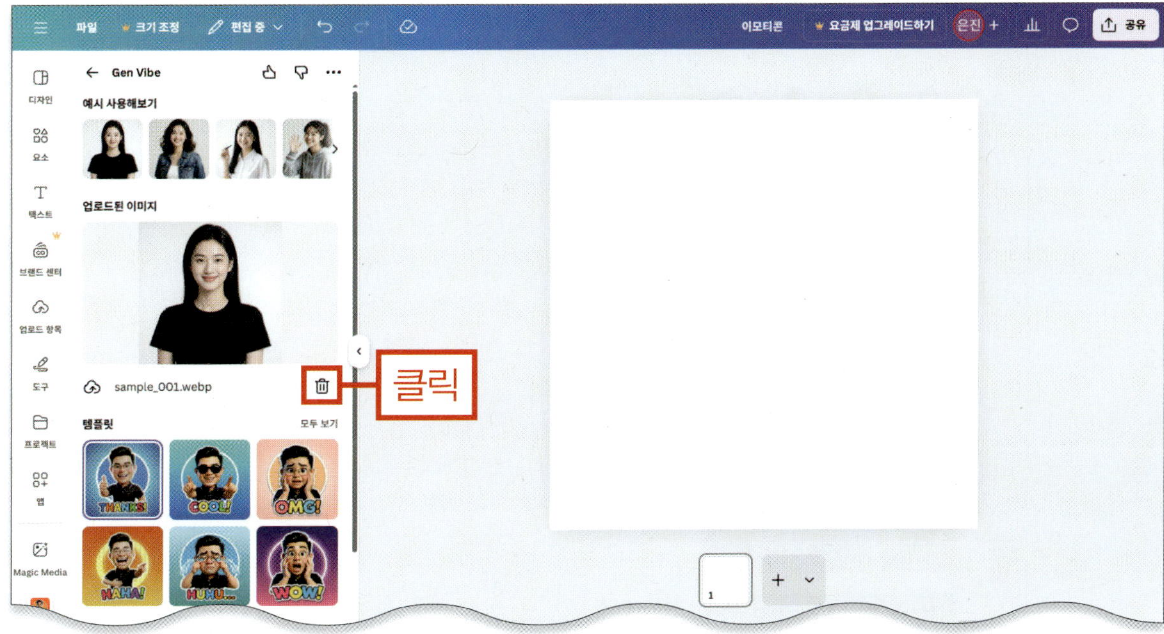

03 '이미지를 업로드하거나 디자인에서 선택하세요' 아래의 [파일 선택하기] 버튼을 클릭합니다. [예제파일]–[14장] 폴더에서 [프로필 사진.png] 파일을 선택하고 [열기]를 클릭합니다.

> ### 조금 더 배우기
>
> 예제 이미지 대신 내 프로필 사진을 불러와 작업하면 이모티콘이 실제 활용 상황에 더 잘 어울립니다. 이때는 정면을 바라보는 상반신 사진을 사용하는 것이 좋습니다.

04 '템플릿' 옆의 [모두 보기]를 클릭합니다.

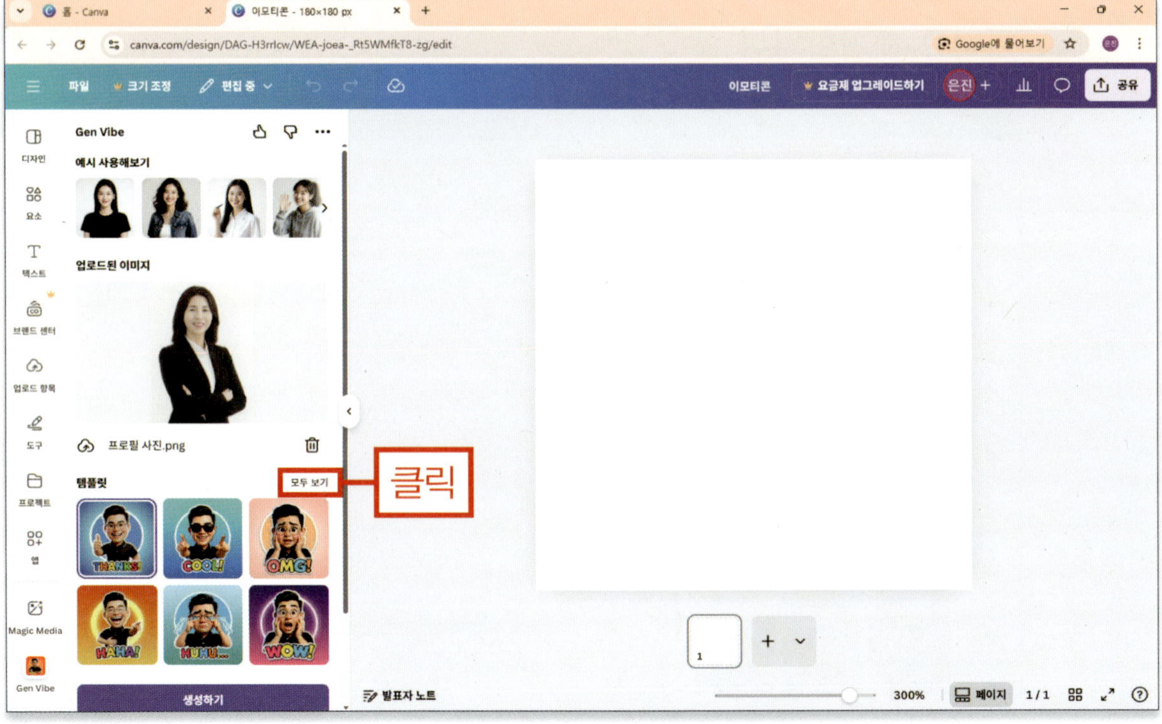

05

[모든 템플릿] 탭에서 만들고 싶은 템플릿 이미지를 찾아 클릭합니다.

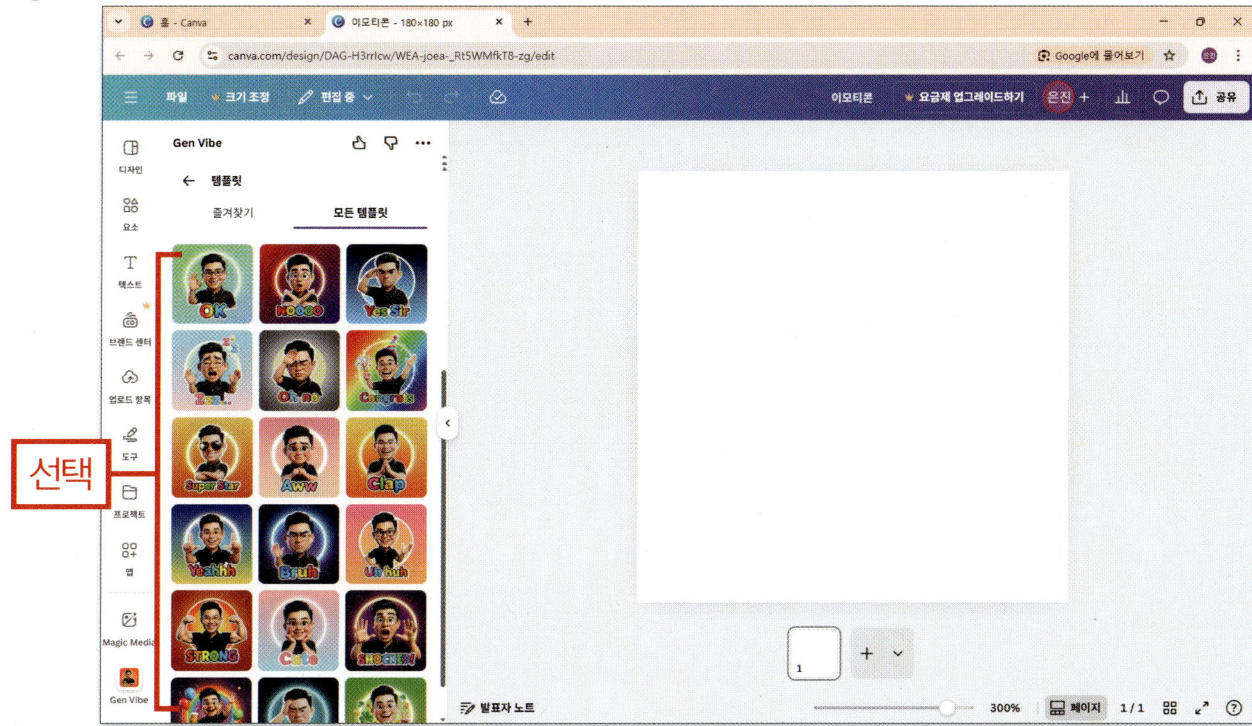

06

[생성하기]를 클릭해 이미지를 생성합니다.

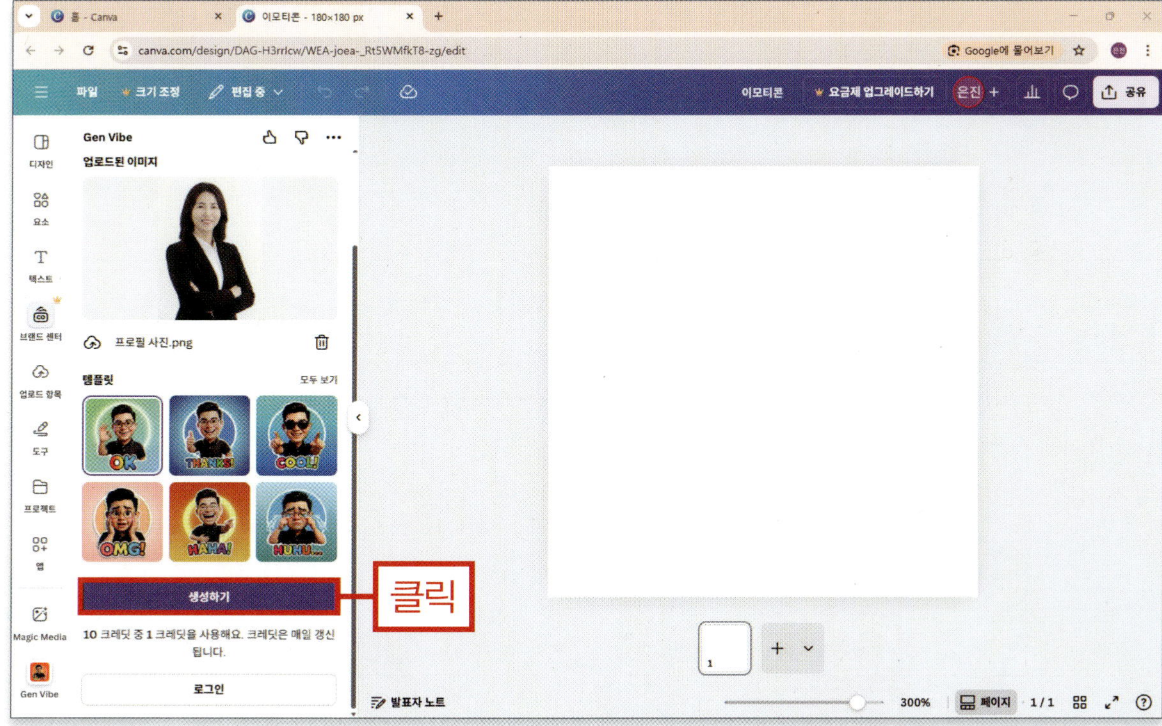

07 이미지 생성이 완료되면 [디자인에 추가]를 클릭해 페이지에 이미지를 삽입합니다. 마우스 오른쪽 버튼을 클릭하고 [이미지를 배경으로 설정]을 선택합니다.

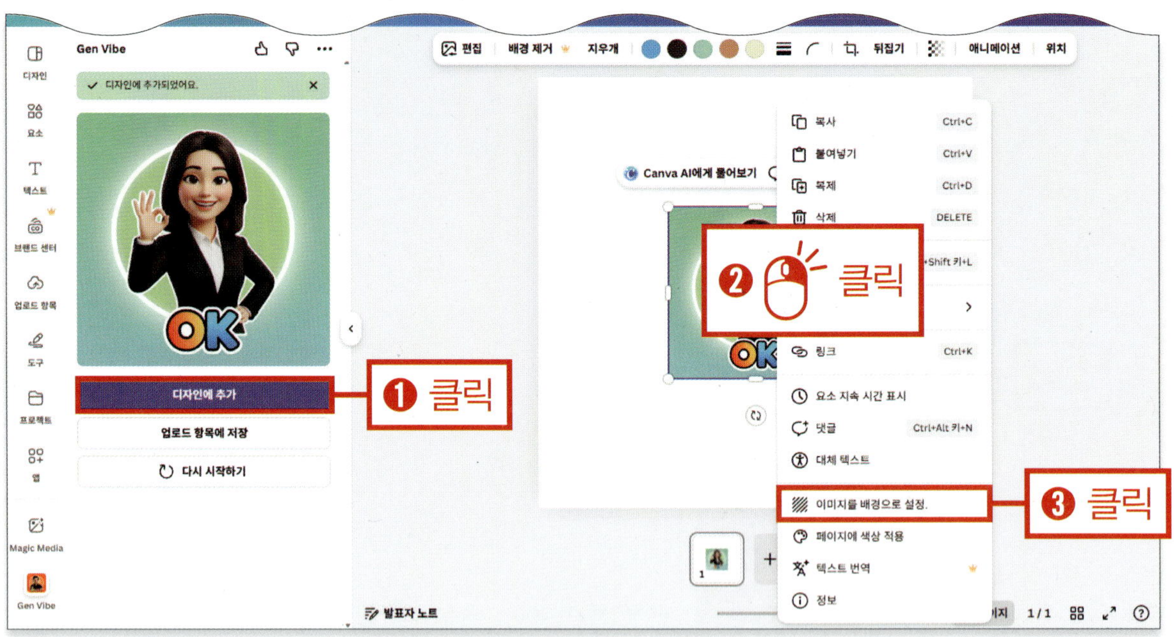

08 [페이지 추가] 버튼을 클릭해 새 페이지를 만듭니다. [다시 시작하기]를 클릭하고 6번부터 9번까지의 과정을 반복해 여러 개의 이모티콘 이미지를 생성한 뒤 저장합니다.

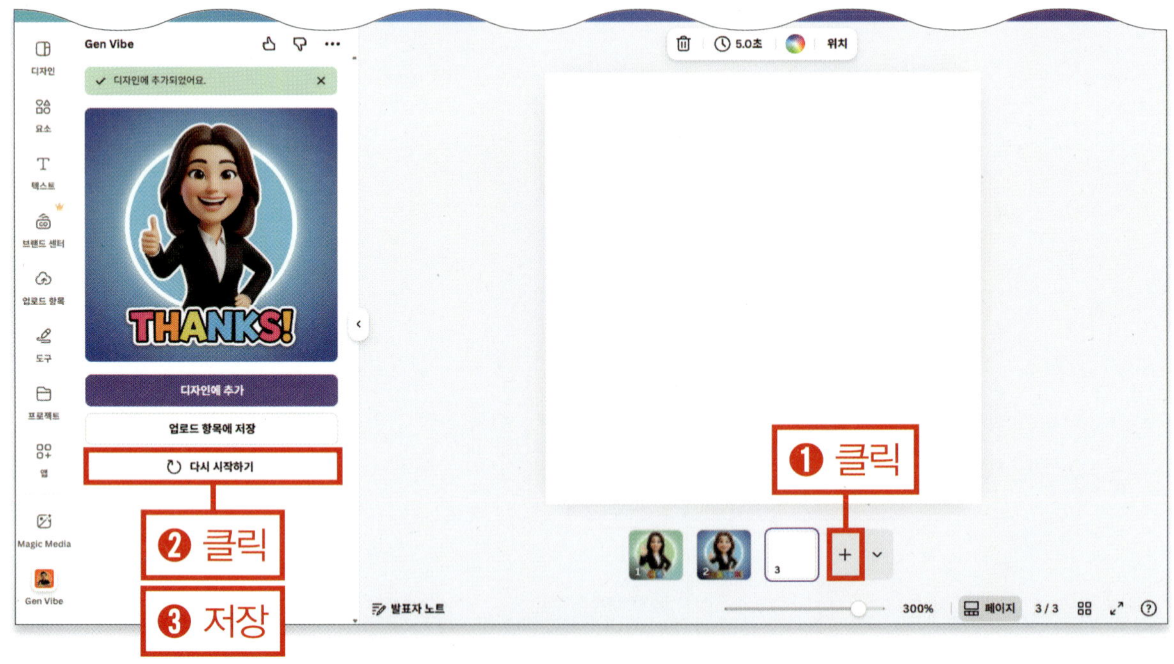

조금 더 배우기

[Gen Vibe] 앱은 매일 5크레딧이 제공되며, 이미지 1장을 생성할 때 1크레딧이 소모됩니다. 캔바 앱 중에는 무료로 사용할 수 있는 앱도 많지만, 사용 횟수에 제한이 있는 앱도 있으므로 사용 전 크레딧을 확인하는 것이 좋습니다. 또한 크레딧 제공 횟수와 사용 조건은 앱 정책에 따라 변경될 수 있습니다.

페이지 복제와 전환 효과를 활용하여 꽃말 영상 만들기

페이지 복제 기능을 활용하면 동일한 화면 구성을 반복해서 만들 수 있어 영상 제작 과정이 한결 간단해집니다. 여기에 전환 효과를 적용하면 페이지 사이가 자연스럽게 이어져, 초보자도 부담 없이 완성도 있는 영상을 만들 수 있습니다. 이 장에서는 페이지 복제와 전환 효과를 활용해 꽃말 영상을 만드는 방법을 배워봅니다.

▌완성 화면 미리 보기

▌여기서 배워요!

파일 업로드 / 페이지 복제 / 전환 효과 추가 / 오디오 추가

 동영상 편집기 설정 및 새 영상 만들기

01 캔바 홈 화면에서 왼쪽 아래의 프로필 이미지를 클릭한 뒤 [설정]을 클릭합니다.

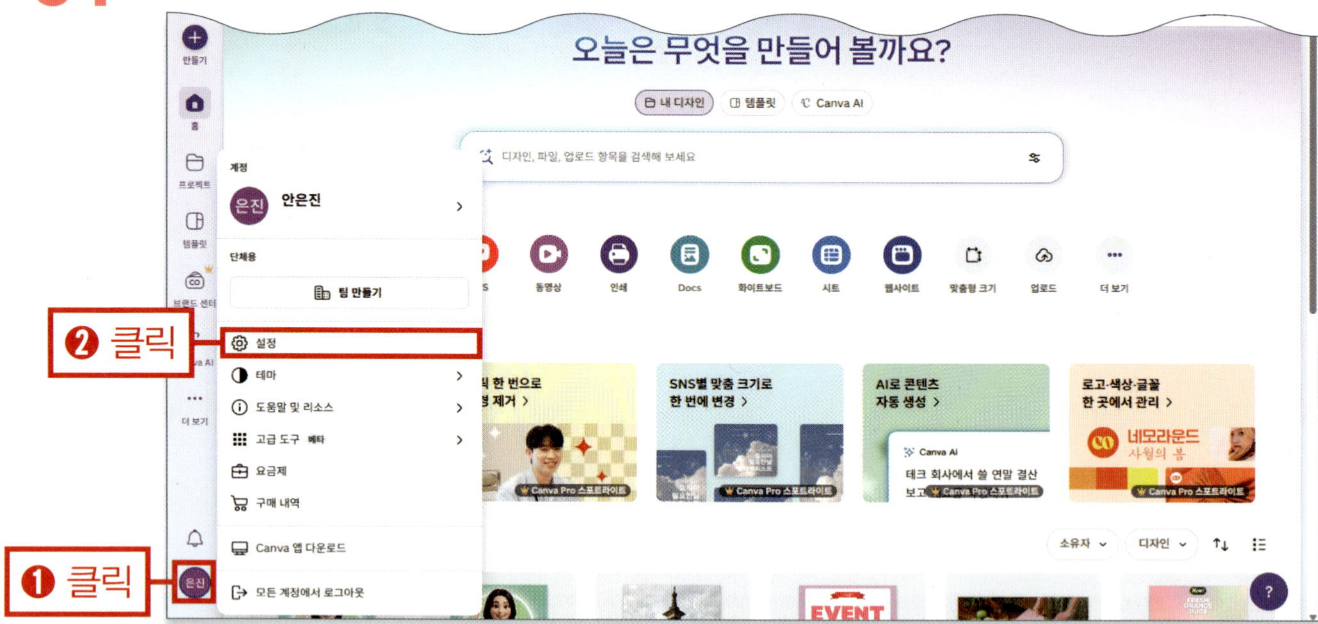

02 '새로운 멀티 트랙 동영상 편집기(베타) 사용' 옆의 [활성화]()를 클릭하여 [비활성화]()합니다.

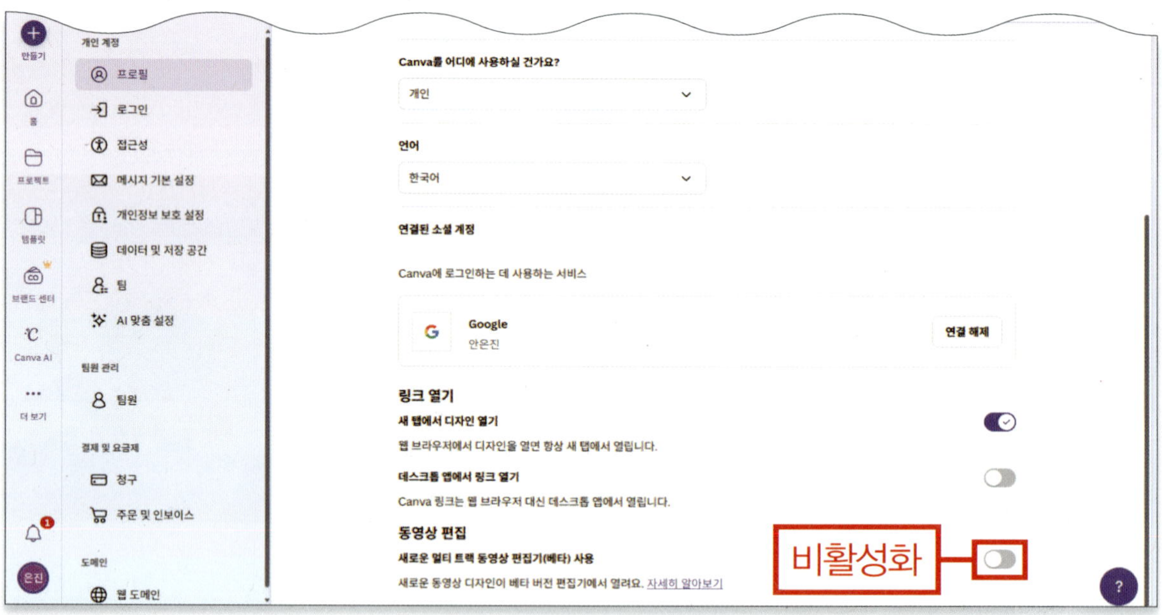

조금 더 배우기

캔바에는 새로운 타임라인 기반 동영상 편집기가 제공되고 있지만, 이 장에서는 페이지 단위로 장면을 구성하는 기존 편집기를 사용합니다. 기존 편집기는 각 장면을 페이지처럼 관리할 수 있어 페이지 복제와 전환 효과를 활용한 영상 제작에 더 적합합니다. 따라서 예전 방식의 편집기를 사용하기 위해 해당 옵션을 비활성화합니다.

03 홈 화면 왼쪽 상단의 [만들기]를 클릭합니다. '디자인 만들기' 창이 나타나면 [동영상]을 클릭한 뒤 [동영상(가로형)]을 클릭합니다.

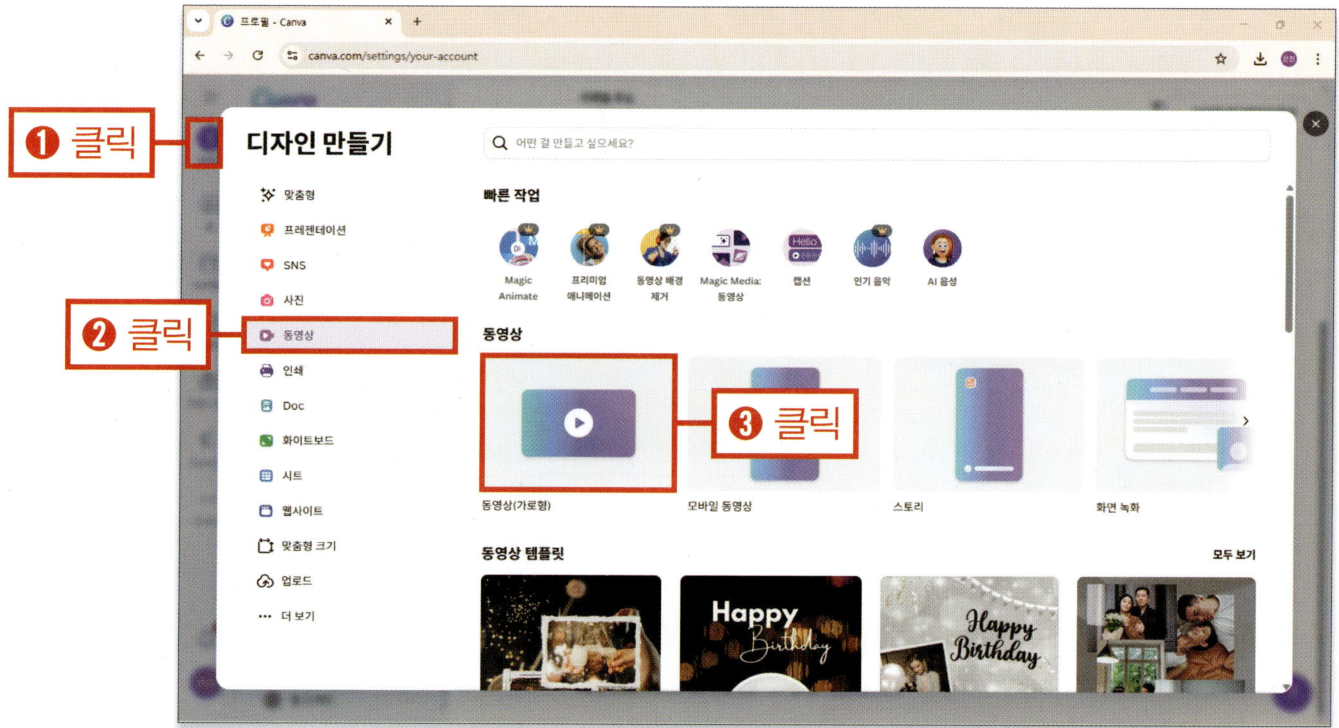

04 디자인 제목을 '꽃말 영상'으로 입력합니다. 배경색을 지정하기 위해 페이지를 클릭한 뒤 상단의 에디터 툴바에서 [배경 색상]을 클릭하고 [새로운 색상 추가]를 선택해 원하는 색을 지정합니다.

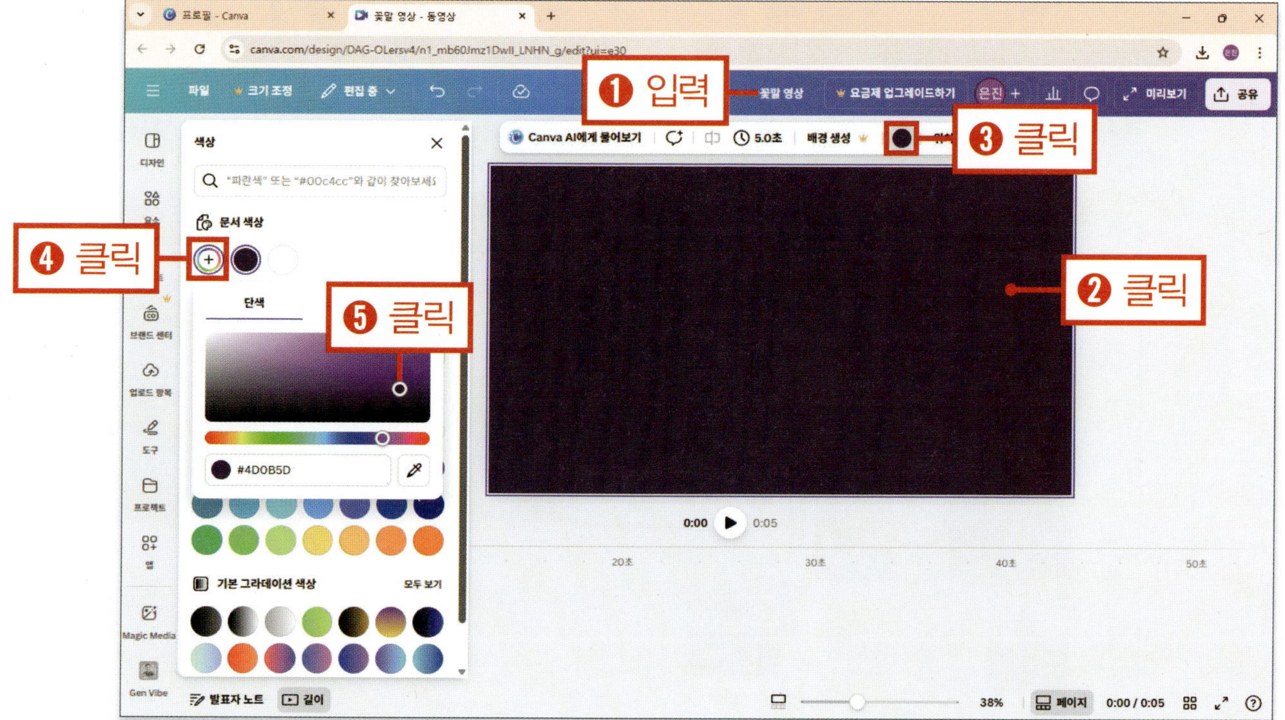

이미지 업로드 및 기본 화면 구성하기

01 [업로드 항목]을 클릭한 뒤 [파일 업로드]를 선택합니다. [예제파일]–[15장] 폴더에서 [장미.png]를 클릭한 뒤 Shift 를 누른 상태로 [해바라기.png]를 클릭하여 모두 선택한 다음 [열기]를 클릭합니다.

02 업로드한 4개의 이미지를 각각 클릭하여 페이지에 삽입한 뒤 아래와 같이 크기를 줄이고 '장미 → 카네이션 → 코스모스 → 해바라기' 순으로 배치합니다.

03 4개의 이미지를 모두 드래그해 선택한 뒤 [위치]를 클릭합니다. [정렬] 탭의 '고르게 띄우기'에서 [깔끔하게 정리]를 클릭한 다음 플로팅 툴바에서 [그룹화]를 클릭합니다.

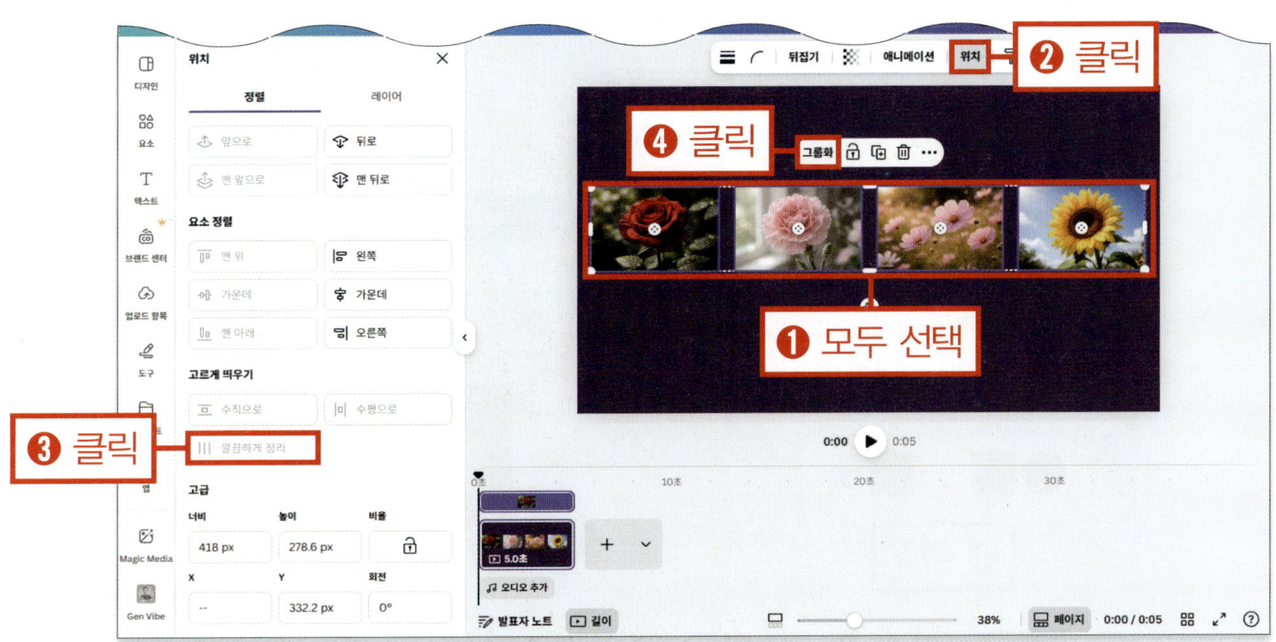

04 화면 아래의 [확대/축소] 슬라이더를 드래그해 화면을 축소한 뒤 그룹화된 이미지의 [크기 조절 핸들]을 드래그해 장미 이미지가 페이지 중앙에 크게 보이도록 확대해 배치합니다. 이어서 사이드 패널에서 [요소]를 클릭하고 [도형]을 선택합니다.

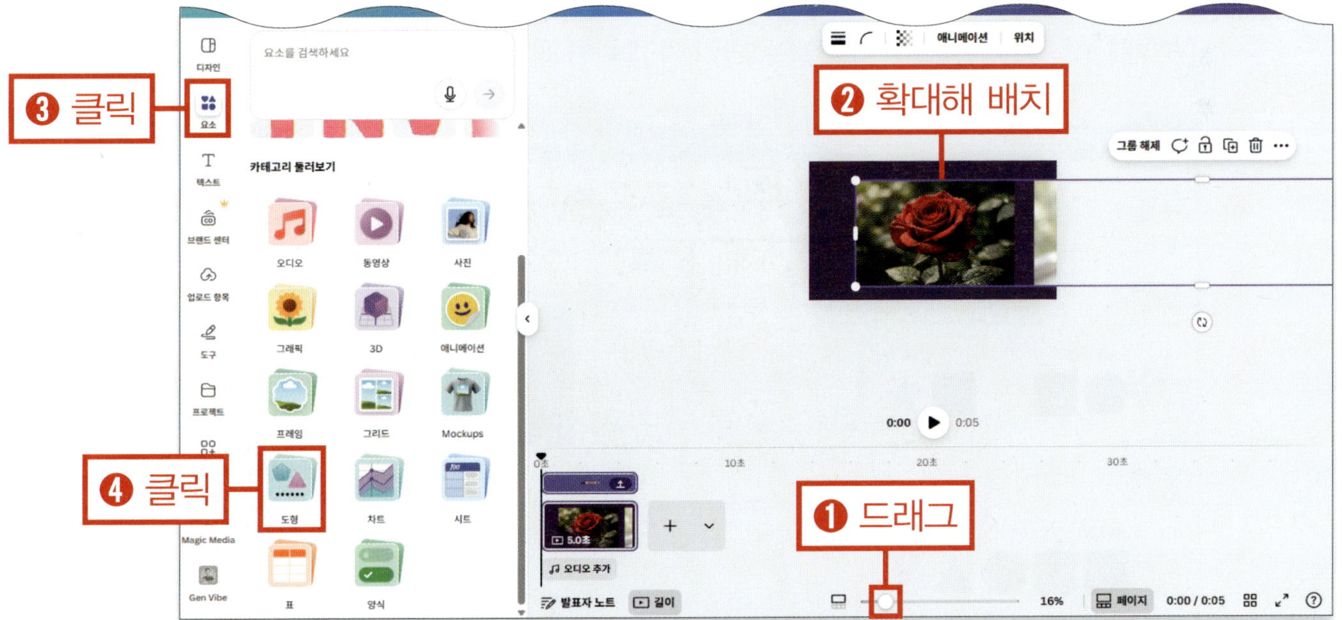

조금 더 배우기

여러 이미지를 크게 이동하거나 확대하는 작업 시 그룹화하지 않은 상태에서 요소가 페이지 밖으로 나가면 이미지가 삭제될 수 있으니 이미지가 그룹화되어 있는지 꼭 확인합니다.

 텍스트와 페이지 복제로 꽃말 장면 만들기

01 '기본 도형'에서 [원] 도형을 클릭해 페이지에 삽입한 뒤 왼쪽 상단에 배치합니다. 이어서 도형 오른쪽 테두리 중간에 있는 측면 [크기 조절 핸들]을 드래그해 페이지 오른쪽 끝까지 늘립니다.

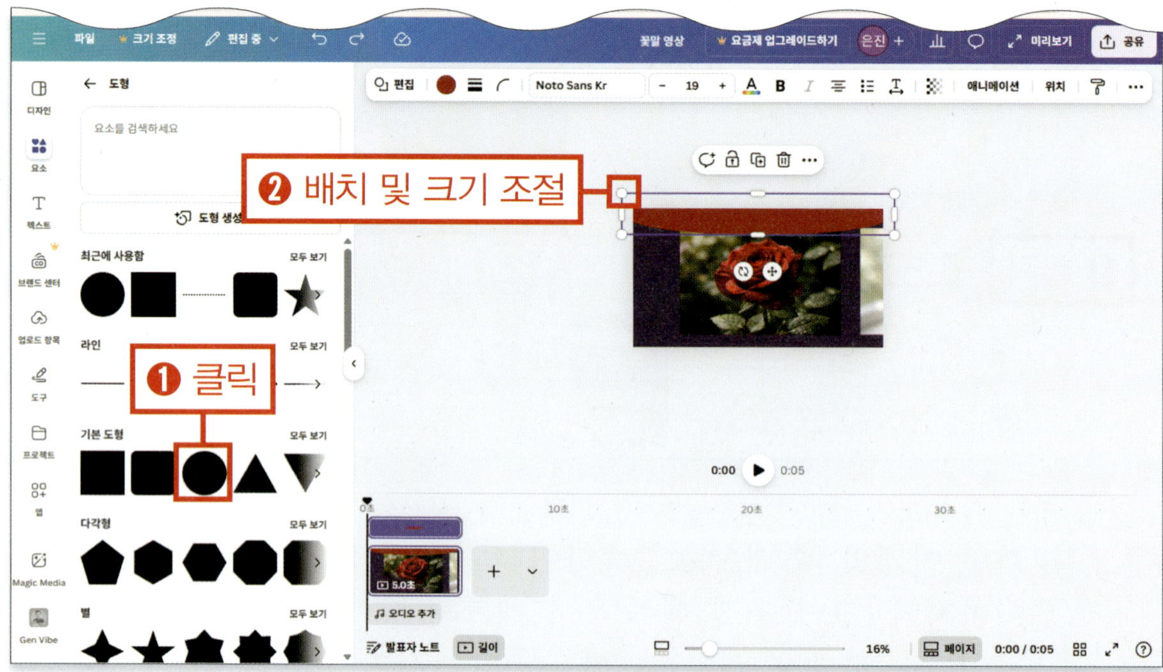

02 [색상]을 클릭해 도형의 색을 배경색과 동일하게 지정합니다. 플로팅 툴바의 [복제] 버튼을 클릭해 도형을 복사한 뒤 아래로 드래그해 이동합니다.

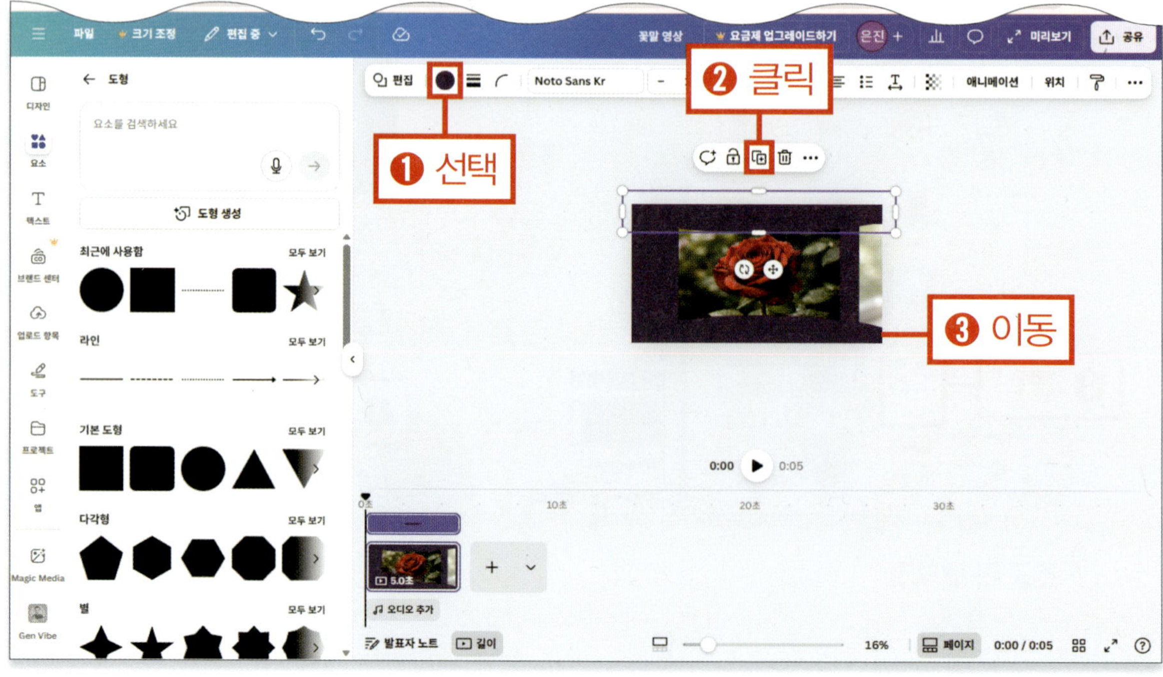

03 [확대/축소] 슬라이더를 드래그해 화면을 확대한 뒤 [텍스트]–[텍스트 상자 추가]를 차례대로 클릭합니다. 상단에 '장미', 하단에 '꽃말 : 사랑, 열정 / 불타는 사랑'을 입력한 뒤 모서리의 [크기 조절 핸들]을 이용해 텍스트 크기를 조절합니다.

04 Shift 를 누른 상태에서 페이지 안의 텍스트를 각각 클릭하여 모두 선택합니다. [글꼴]에서 [TDTD마들렌]을 선택하고 [텍스트 색상]을 클릭해 원하는 색을 지정합니다.

05 화면 하단의 1페이지 섬네일에서 마우스 오른쪽 버튼을 클릭한 뒤 [페이지 복제]를 선택합니다.

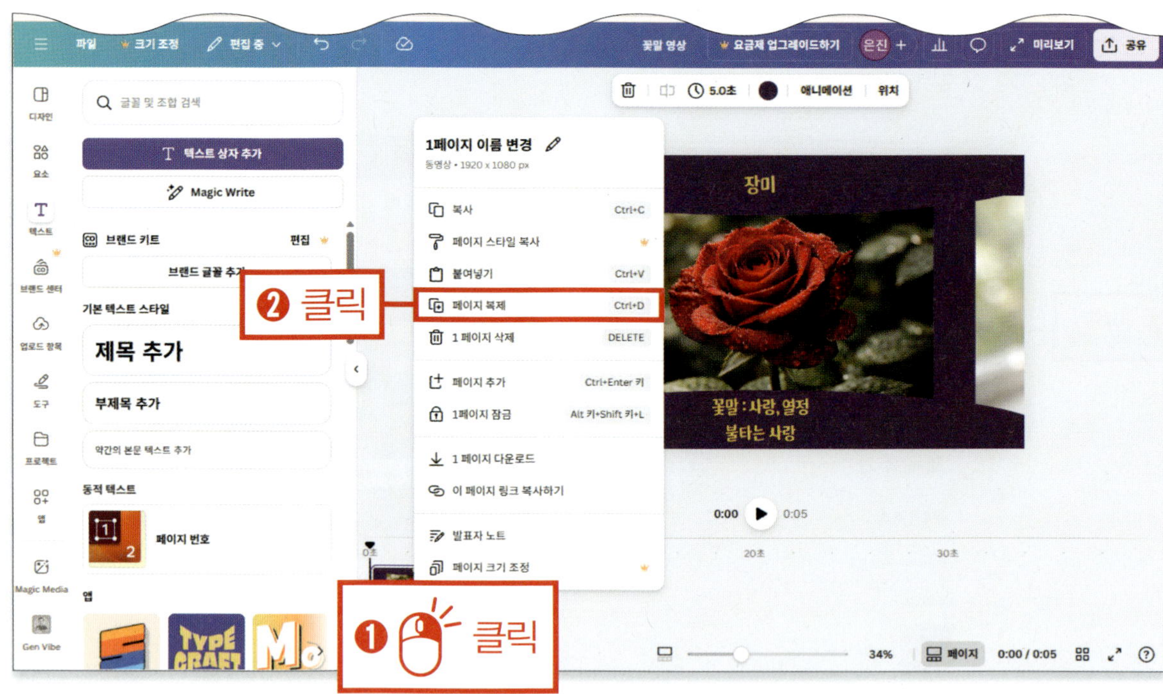

06 2페이지를 클릭한 뒤 [Shift]를 누른 상태에서 그룹화된 이미지를 왼쪽으로 드래그해 페이지 중앙에 카네이션 이미지가 보이도록 위치를 조정합니다. 텍스트를 다음과 같이 수정합니다.

• **상단** : '카네이션'　　　• **하단** : '꽃말 : 감사, 존경/깊은 감사'

🌙 **조금 더 배우기**

[Shift]를 누른 상태로 이동하면 이미지가 위아래로 흔들리지 않고 가로 방향으로만 이동합니다. 여러 페이지에서 같은 구도를 유지해야 할 때 위치가 틀어지는 것을 막아줘 작업이 훨씬 편해집니다.

07 화면 하단의 2페이지 섬네일에서 마우스 오른쪽 버튼을 클릭한 뒤 [페이지 복제]를 선택합니다.

08 3페이지를 클릭한 뒤 Shift 를 누른 상태에서 그룹화된 이미지를 왼쪽으로 드래그해 페이지 중앙에 코스모스 이미지가 보이도록 위치를 조정합니다. 텍스트를 다음과 같이 수정합니다.

- **상단** : '코스모스'   • **하단** : '꽃말 : 순정, 조화/순수한 마음'

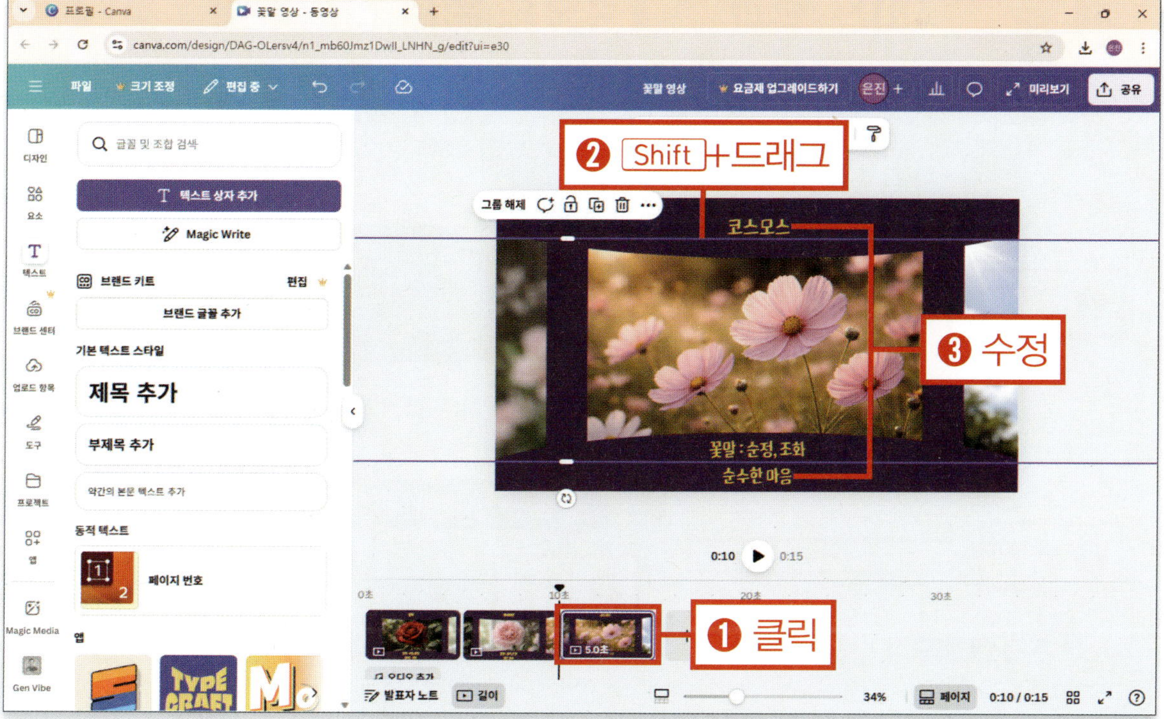

09 같은 방법으로 3페이지를 복제해 4페이지를 추가합니다. 4페이지를 클릭한 뒤 [Shift]를 누른 상태에서 그룹화된 이미지를 왼쪽으로 드래그해 페이지 중앙에 해바라기 이미지가 보이도록 위치를 조정합니다. 텍스트를 다음과 같이 수정합니다.

- **상단** : '해바라기'
- **하단** : '꽃말: 존경, 기다림/변함없는 기다림'

STEP 04 # 전환 효과와 음악으로 영상 완성하기

01 페이지와 페이지 사이에 마우스를 올려 표시되는 [전환 효과 추가] 버튼을 클릭합니다. [일치 요소 이동]을 선택한 뒤 [모든 페이지에 적용]을 클릭합니다.

조금 더 배우기

전환 효과는 페이지와 페이지 사이가 바뀔 때 적용되는 화면 움직임 효과입니다. 일치 요소 이동은 앞뒤 페이지에 같은 요소가 있을 경우 위치나 크기 변화가 자연스럽게 이어지도록 보여주는 전환 효과로, 화면 전환이 끊기지 않고 부드럽게 연결되도록 도와줍니다.

02 페이지 아래의 [오디오 추가] 버튼을 클릭합니다. 검색창 아래 카테고리에서 [행복한]을 클릭한 뒤 [재생](▶) 버튼을 클릭하여 음악을 미리 들어봅니다. 마음에 드는 음악 제목을 클릭해 오디오를 삽입합니다.

03 삽입한 오디오 파일을 클릭한 뒤 에디터 툴바에서 [페이드]를 클릭합니다. '페이드 아웃'에 '1.5'초를 입력해 영상을 완성합니다. 오른쪽 아래의 [미리보기] 버튼으로 확인한 뒤 [MP4] 형식으로 저장합니다.

🔖 **조금 더 배우기**

페이드 아웃은 영상이 끝날 때 소리가 갑자기 끊기지 않고 서서히 줄어들며 마무리되도록 하는 효과입니다.

AI 음성을 활용하여 크리스마스 인사 영상 만들기

캔바에서는 텍스트를 직접 녹음하지 않아도 AI 음성 기능을 활용해 간단하게 나레이션이 들어간 영상을 만들 수 있습니다. 문구만 입력하면 음성이 자동으로 생성되어 인사 영상이나 안내 영상처럼 말이 필요한 콘텐츠를 쉽게 완성할 수 있습니다. 이 장에서는 AI 음성을 활용해 크리스마스 분위기에 어울리는 인사 영상을 만들고, 영상 길이에 맞춰 음성을 조절하는 방법까지 함께 배워봅니다.

▌ 완성 화면 미리 보기

▌ 여기서 배워요!

애니메이션 / 텍스트 입력 / AI 음성 생성

디자인 만들기 및 배경 영상 설정하기

01 홈 화면 왼쪽 상단의 [만들기]를 클릭합니다. '디자인 만들기' 창이 나타나면 [동영상]–[모바일 동영상]을 차례대로 클릭합니다.

02 디자인 제목을 '크리스마스 인사 영상'으로 입력합니다. 사이드 패널에서 [요소]를 클릭한 뒤 요소 검색창에 '크리스마스'를 검색합니다. 검색 결과가 나타나면 '동영상'의 [모두 보기]를 클릭합니다.

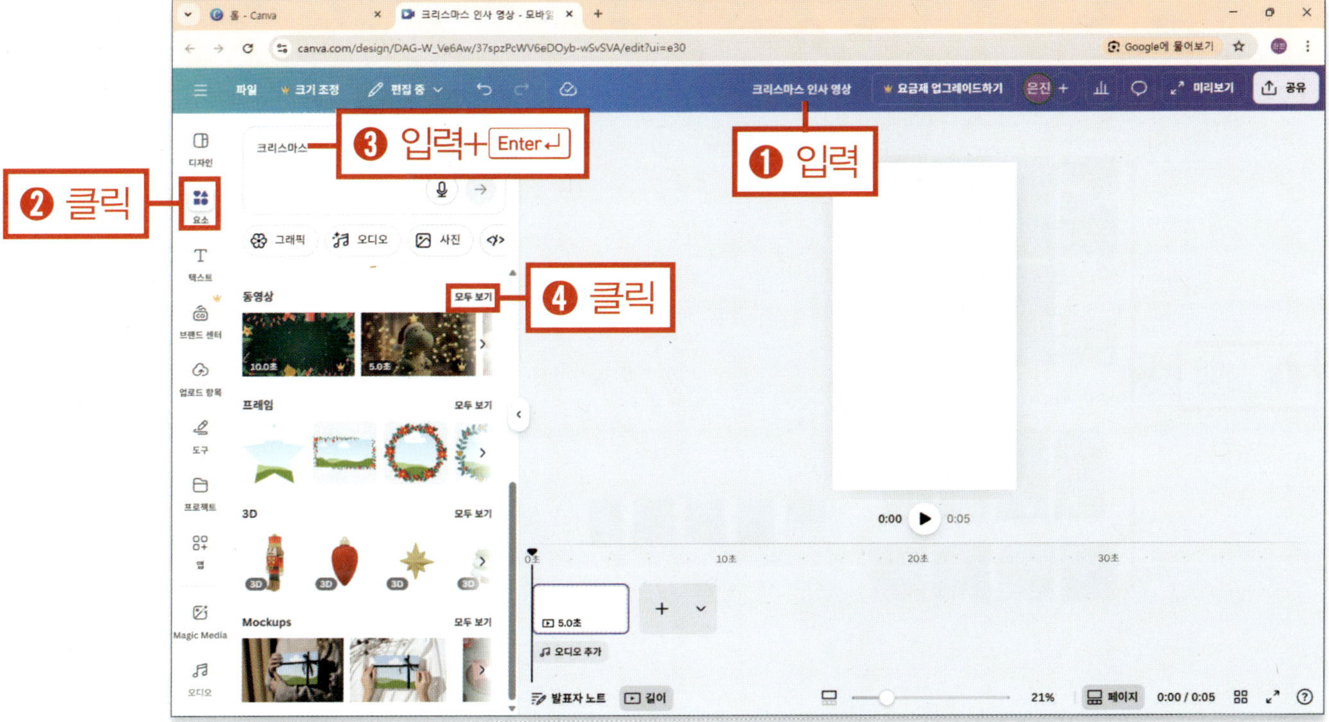

03 카테고리에서 [비율]을 클릭한 뒤 [세로형]을 선택합니다.

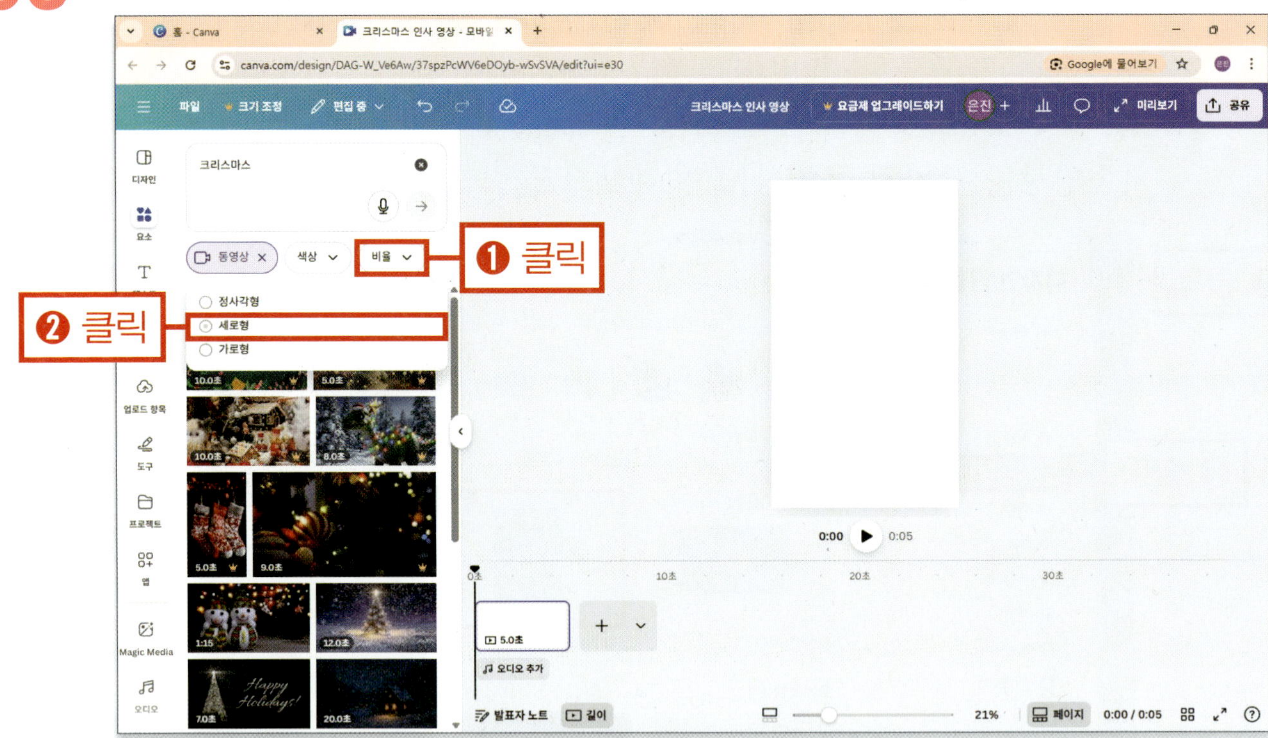

04 원하는 영상을 클릭하여 페이지에 삽입한 뒤 마우스 오른쪽 버튼을 클릭하여 [동영상을 배경으로 설정합니다.]를 클릭합니다. 요소 검색창에 입력된 '크리스마스' 문구 옆의 [닫기](❌) 버튼을 클릭해 검색어를 삭제합니다.

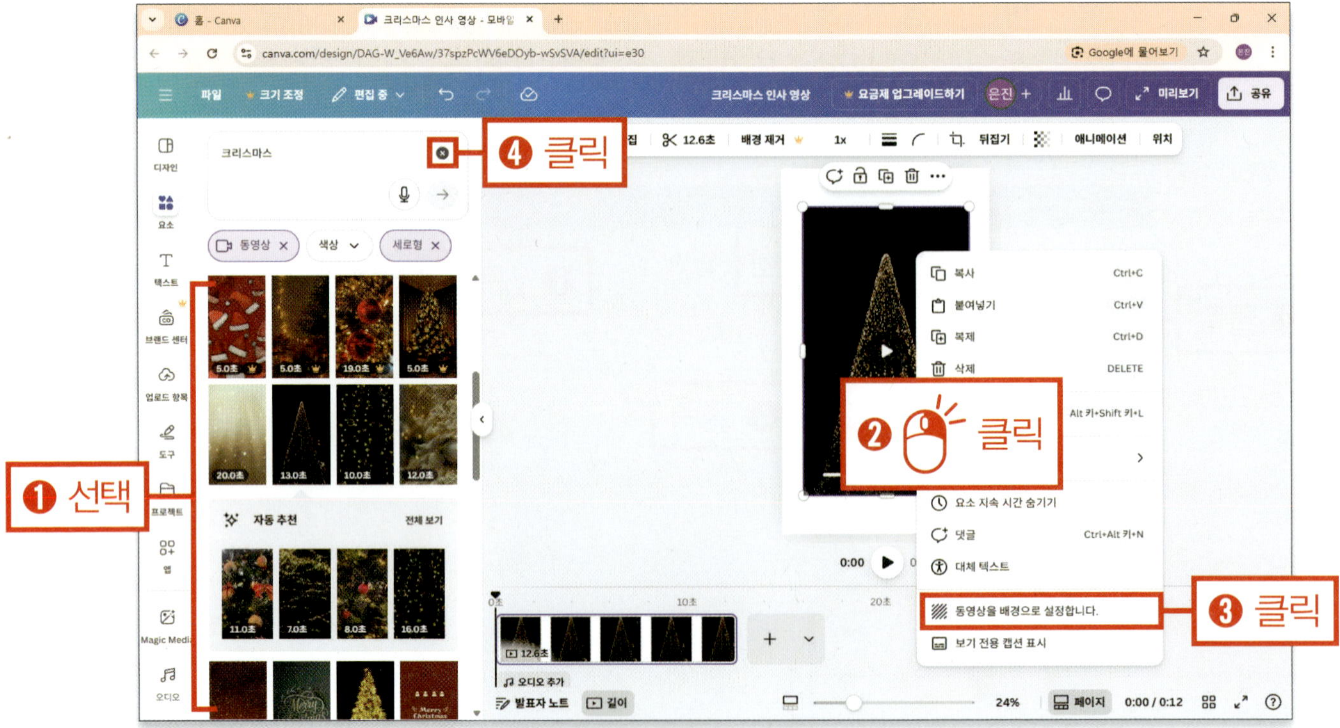

눈 효과와 장식 요소로 화면 꾸미기

01 요소 검색창에 '내리는 눈'을 입력한 뒤 검색 결과에서 '그래픽'의 [모두 보기]를 클릭합니다.

02 카테고리에서 [애니메이션]을 클릭한 뒤 다시 한 번 [애니메이션]을 클릭합니다.

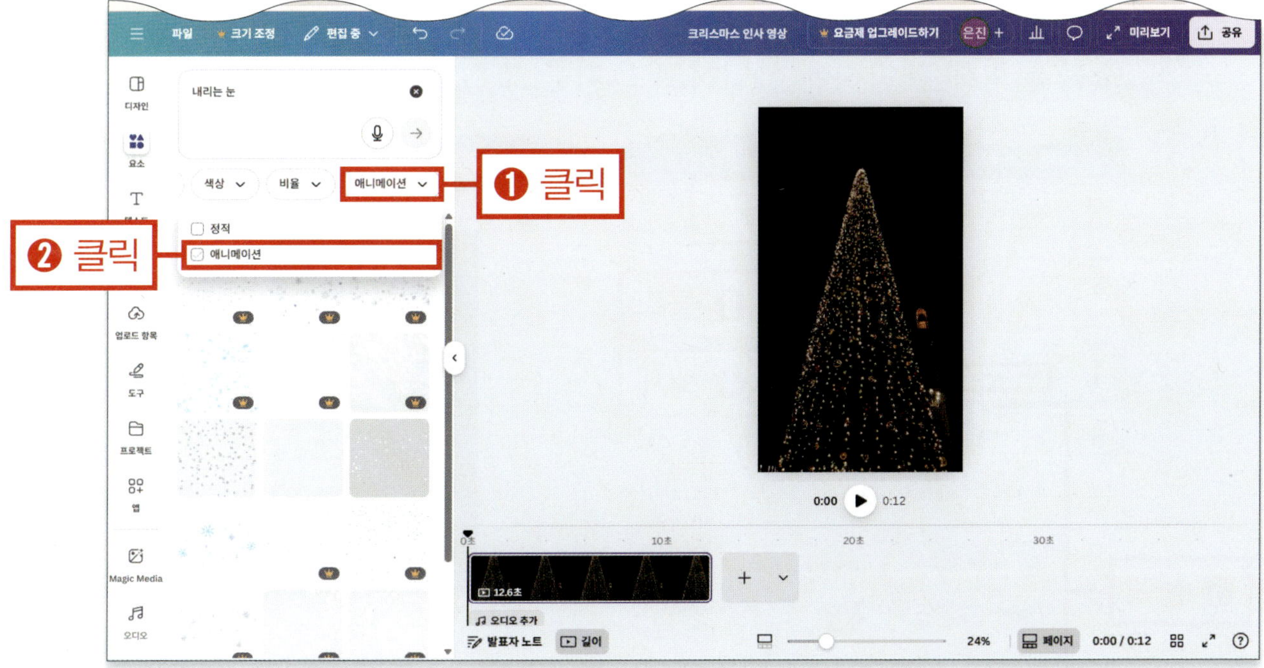

03 원하는 움직이는 요소를 선택하여 페이지에 삽입한 뒤 [크기 조절 핸들]을 드래그해 화면에 꽉 차게 맞춥니다. [투명도]를 클릭해 '30'을 입력합니다.

조금 더 배우기

눈 효과를 여러 개 복제해 겹쳐 배치하면 더 풍성한 연출이 가능합니다.

04 눈 내리는 애니메이션 요소가 움직이지 않도록 [잠금](🔒) 버튼을 클릭합니다. 요소 검색창에 '메리 크리스마스'를 검색한 뒤 [애니메이션] 카테고리를 클릭합니다. 목록에서 [애니메이션]을 클릭해 체크를 해제합니다. 원하는 요소를 클릭해 페이지에 삽입하고 크기를 조절해 상단에 배치합니다.

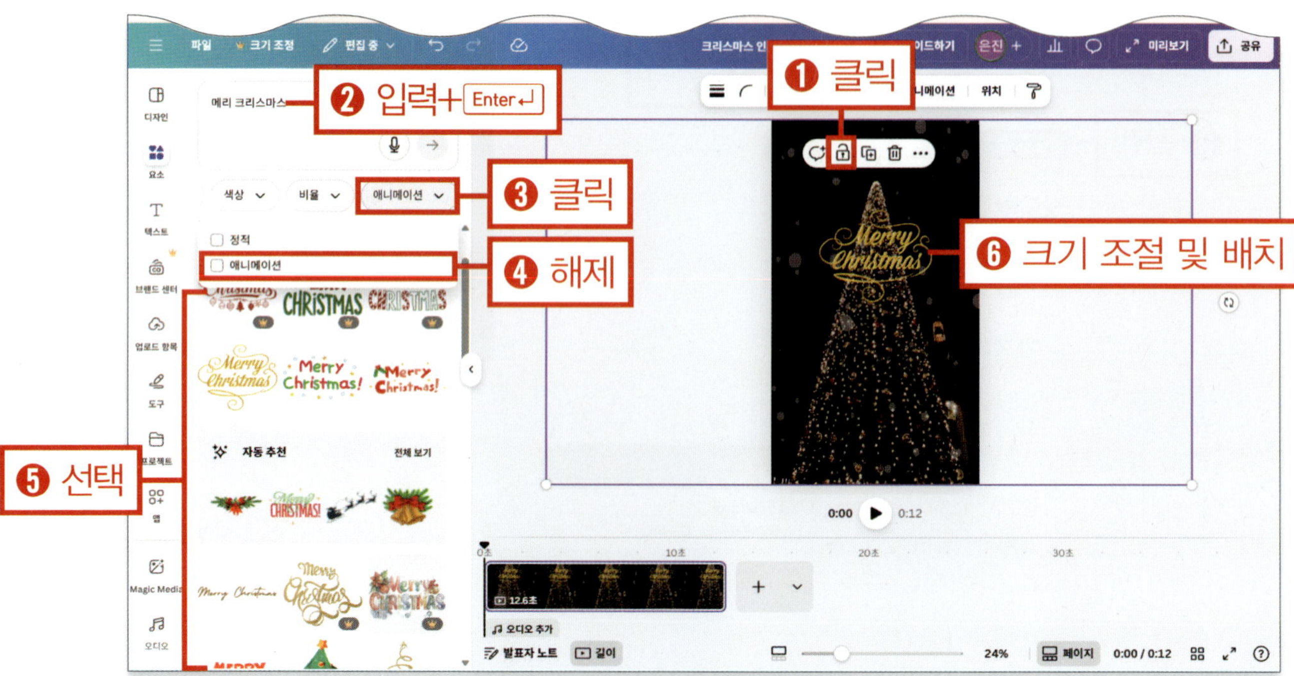

05 요소 검색창에 '크리스마스 장식'을 입력한 뒤 원하는 요소를 삽입하고 크기를 조절해 페이지를 꾸밉니다.

 인사 문구 입력하기

01 페이지 밖의 빈 영역을 클릭한 뒤 단축키 T를 눌러 텍스트 상자를 추가합니다. '올해의 아름다운 마무리와 다가올 새해의 축복을 기원합니다.'를 입력한 뒤 에디터 툴바에서 [글꼴]을 클릭해 [TDTD귀여워귀여워]를 선택합니다.

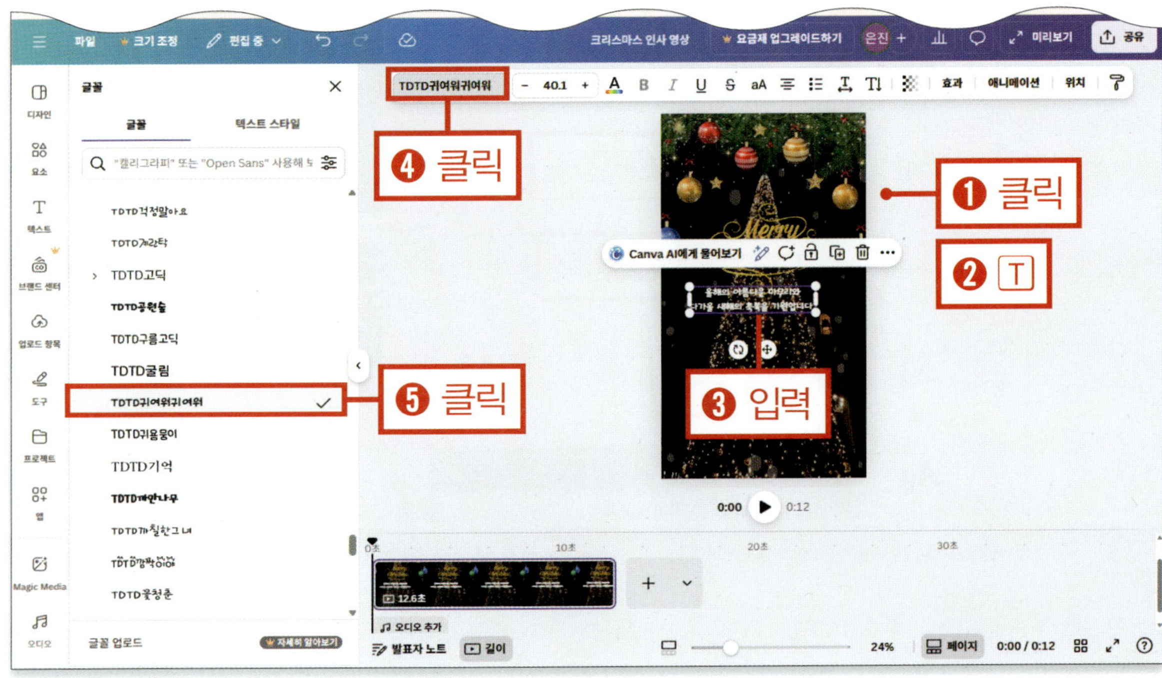

02 텍스트 상자의 크기를 조절하고 원하는 위치에 배치합니다. [텍스트 색상]을 클릭해 디자인에 어울리는 색을 적용합니다.

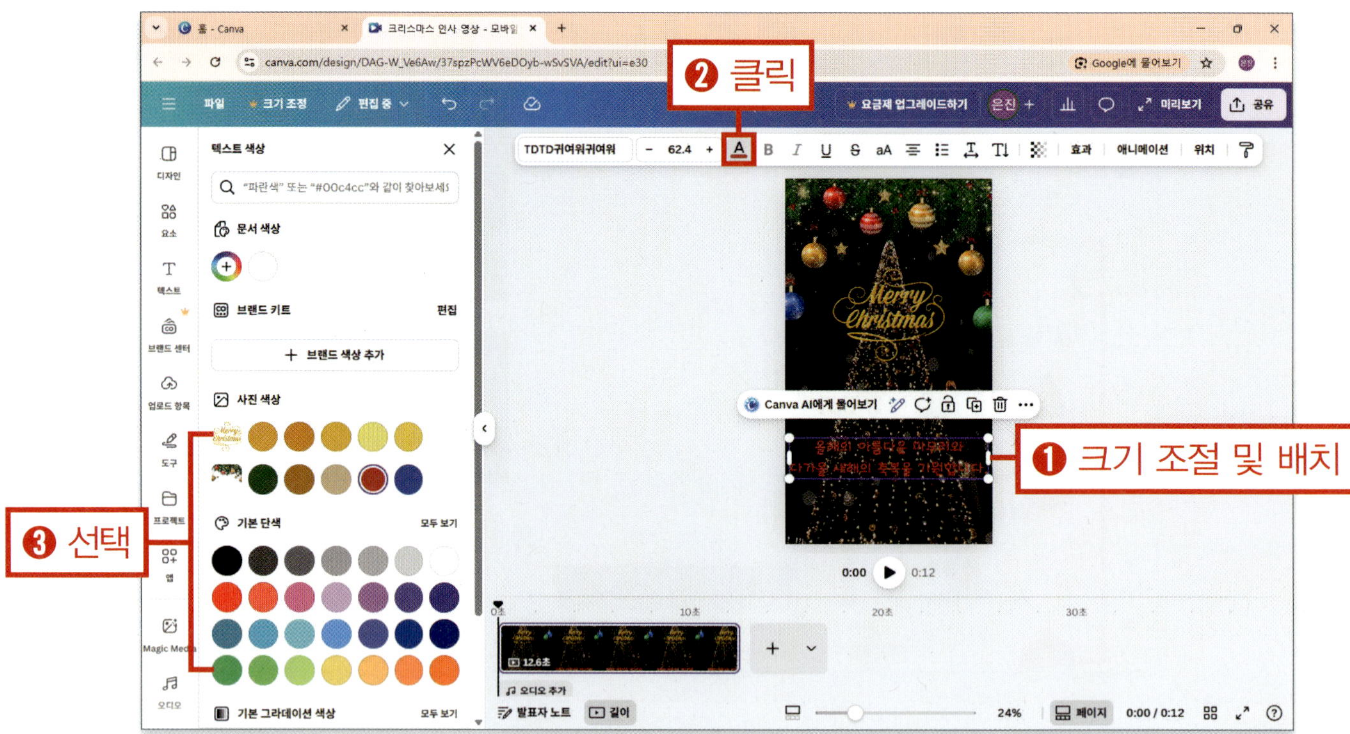

03 [효과]를 클릭한 뒤 [테두리]를 클릭합니다. '두께'에 '100'을 입력하고 [색상]을 클릭해 원하는 테두리 색을 지정합니다.

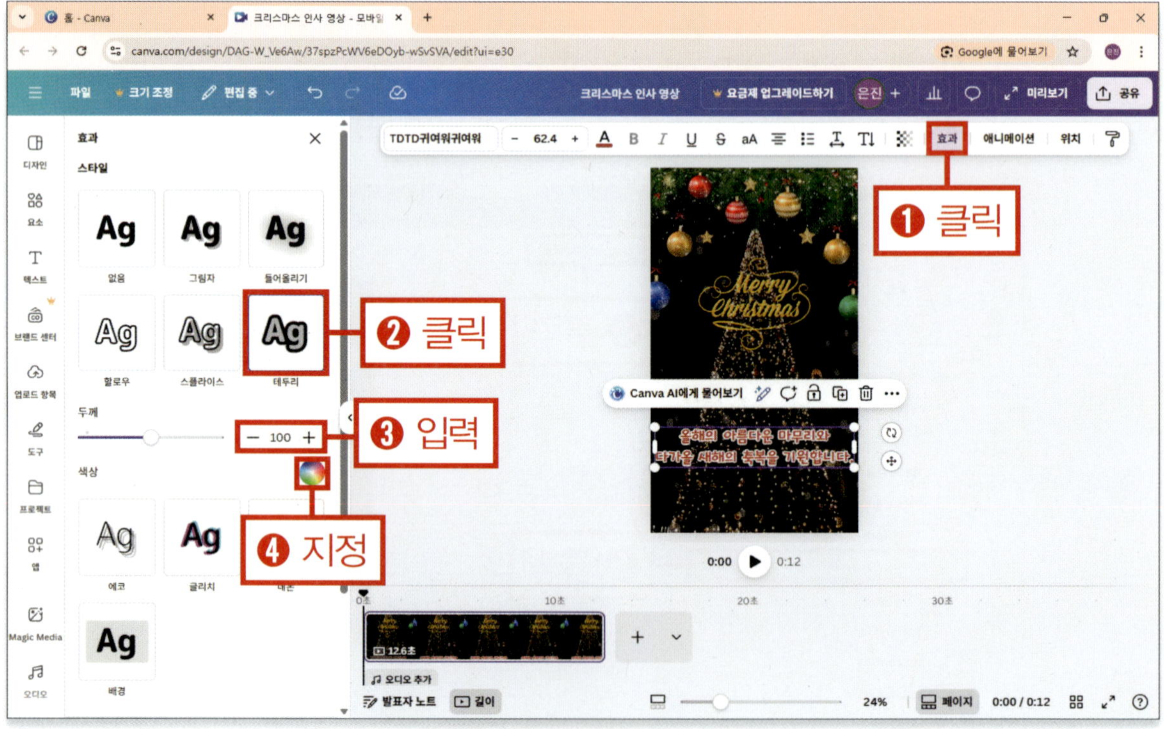

04 텍스트가 선택된 상태에서 에디터 툴바의 [애니메이션]을 클릭해 원하는 효과를 적용합니다.
(**예** 내려오기)

STEP 04　AI 음성 넣고 길이 맞춰 완성하기

01 하단 타임라인에서 재생 헤드를 드래그해 제일 왼쪽에 위치시킨 다음 [오디오 추가]를 클릭합니다. [AI 음성 생성]을 클릭합니다.

02 '텍스트 입력' 란에 페이지에 입력한 문구를 그대로 입력합니다. 음성 목록에서 [민준] 또는 [유나]를 선택한 뒤 [AI 음성 생성]을 클릭합니다.

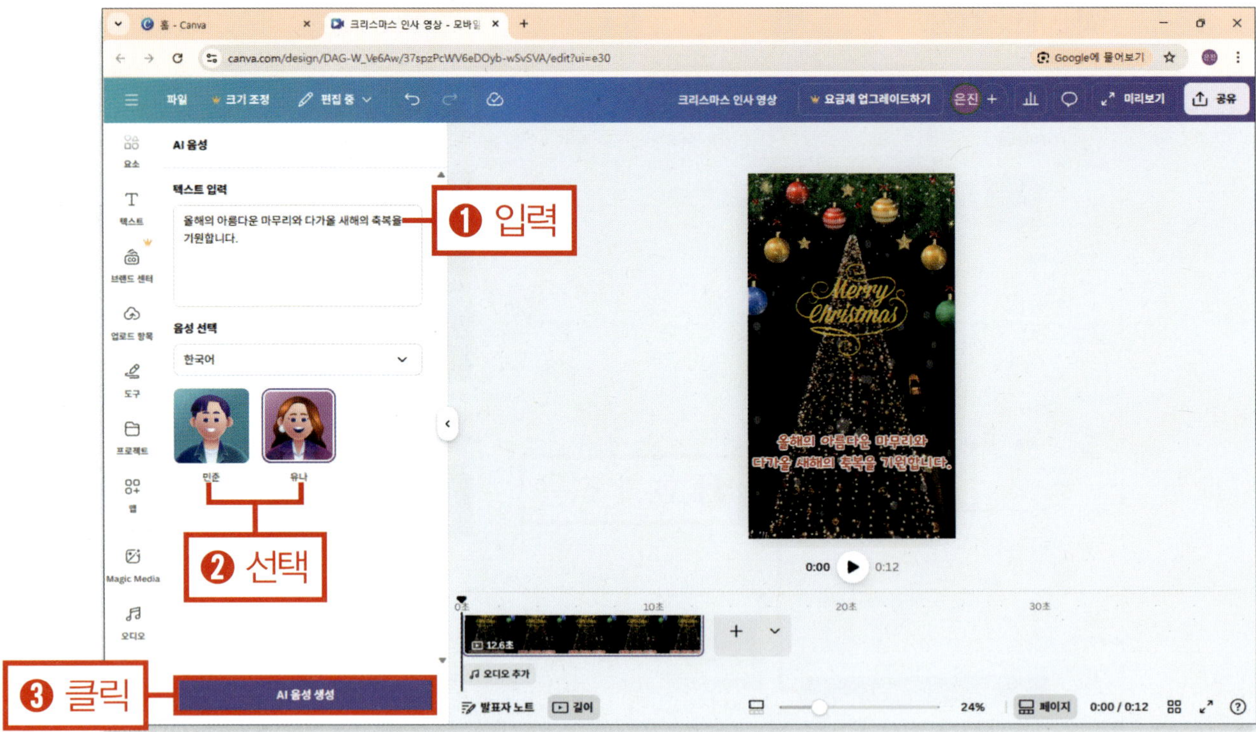

03 타임라인의 영상 섬네일 아래에 AI 음성이 삽입됩니다. 영상 길이가 AI 음성보다 길 경우, 하단 타임라인에서 영상을 선택한 뒤 끝부분에 나타나는 [좌우 화살표]를 왼쪽으로 드래그해 음성 길이에 맞게 조절한 후 영상을 저장합니다.

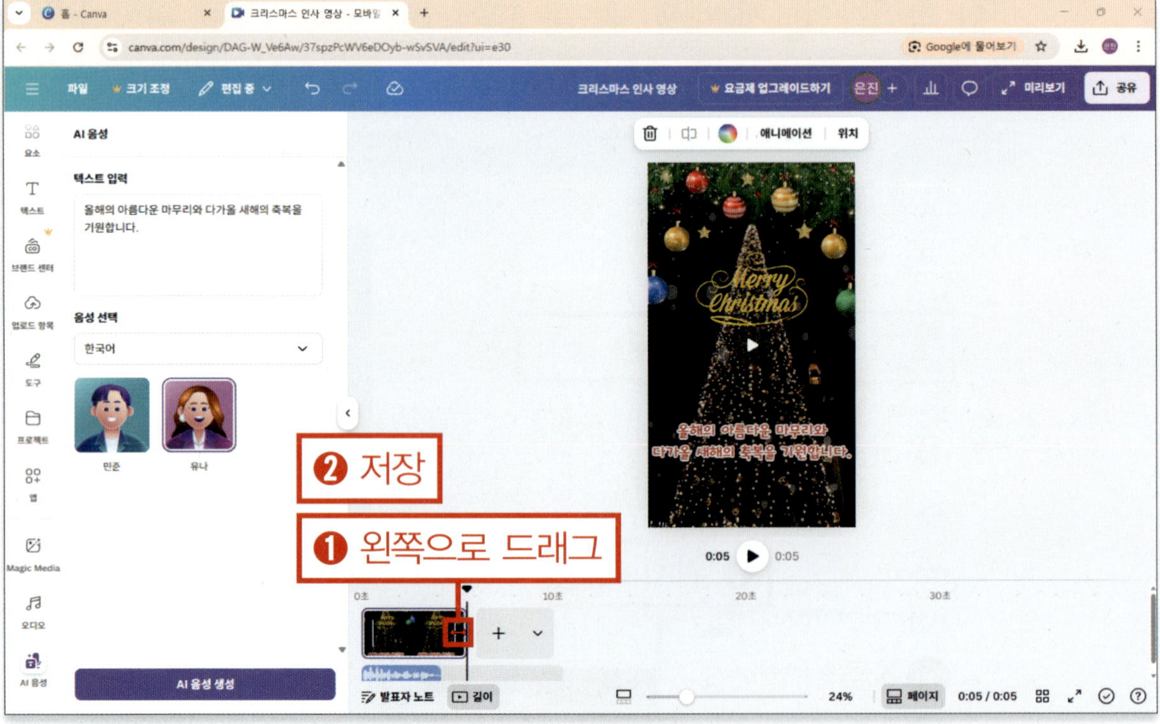

17 | AI 기능을 활용하여 시화 만들기

Canva에는 글쓰기와 이미지 생성을 도와주는 다양한 AI 기능이 제공되어, 아이디어 구상부터 디자인 완성까지의 작업 과정을 한결 수월하게 만들어줍니다. 이 장에서는 Canva에 제공되는 다양한 AI 기능을 활용해 시화를 만드는 방법을 배워봅니다.

▌완성 화면 미리 보기

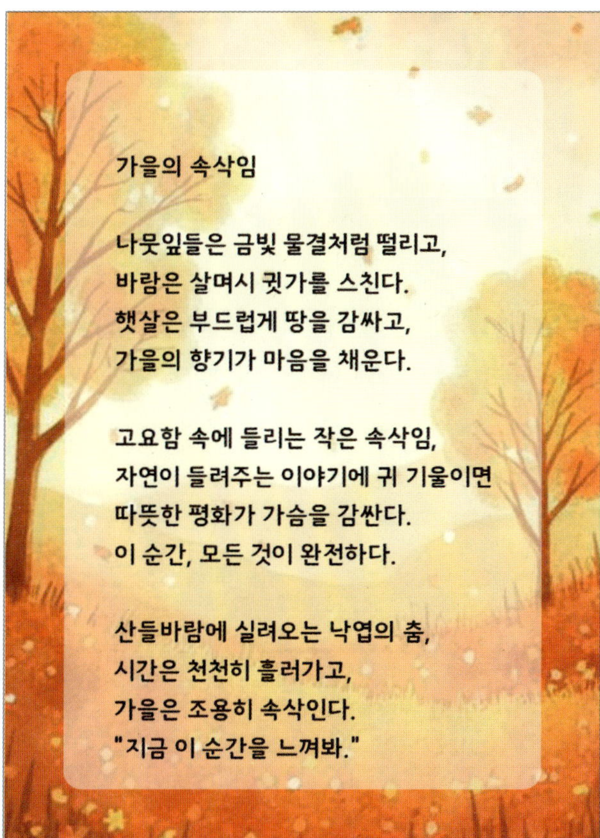

▌여기서 배워요!

Magic Write / Canva AI에게 물어보기 / Magic Media

맞춤형 크기로 새 디자인 만들기

01 캔바 홈 화면에서 [맞춤형 크기]를 클릭합니다.

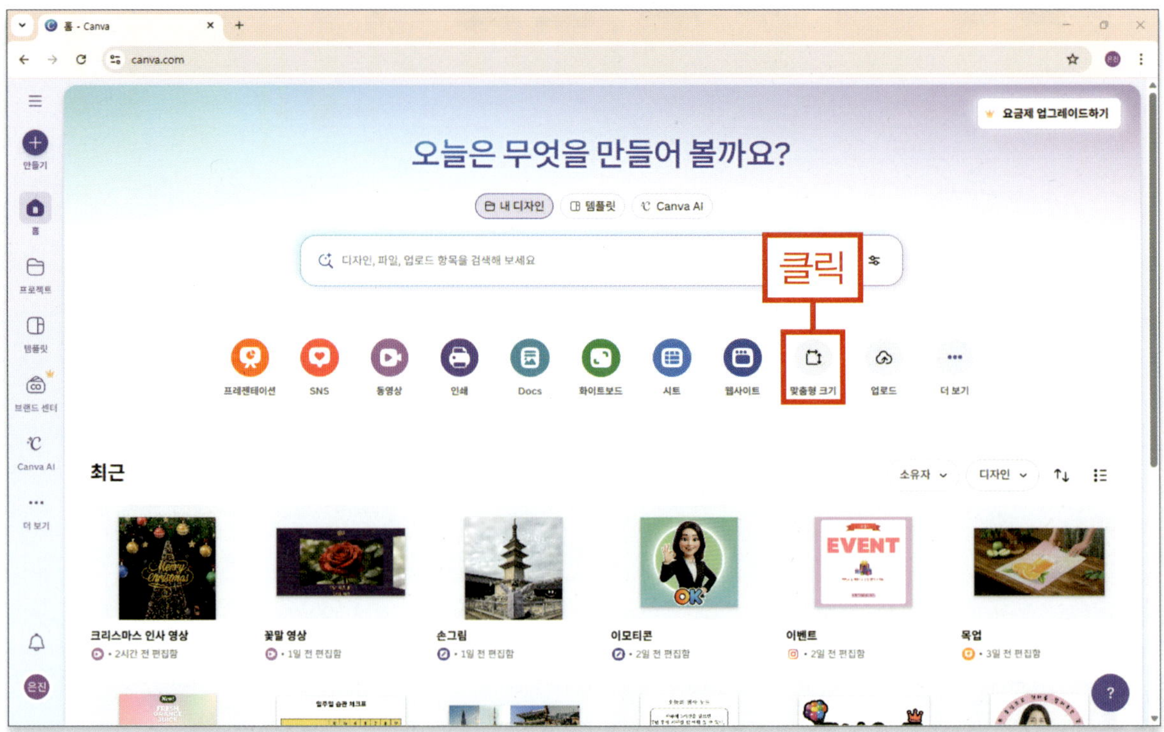

02 '디자인 만들기' 창이 나타나면 '단위'를 'mm'로 변경하고 '가로'에 '210', '높이'에 '297'을 입력한 뒤 [새 디자인 만들기]를 클릭합니다.

Magic Write로 시 작성하기

01 디자인 제목을 '시화'로 입력한 뒤 키보드에서 ⑦를 누릅니다. 빠른 작업창이
나타나면 [Magic Write]를 클릭합니다.

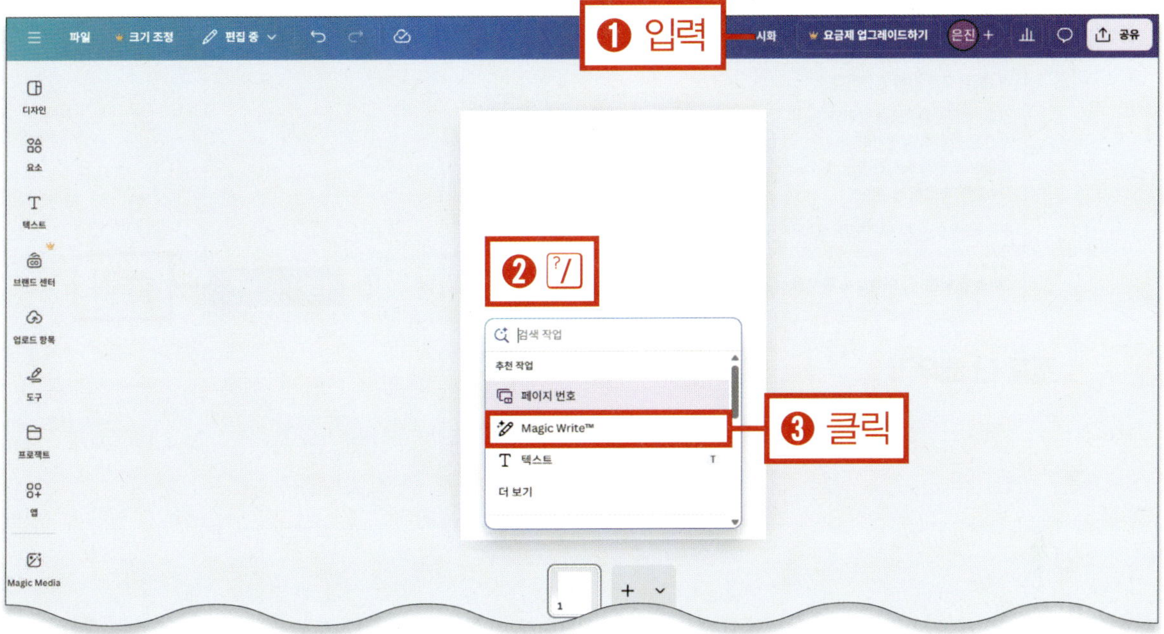

조금 더 배우기

빠른 작업은 ⑦를 누르면 열리는 창으로, 원하는 요소나 기능을 바로 검색해 추가할 수 있는 기능
입니다. 필요한 기능을 빠르게 찾고 즉시 실행할 수 있도록 도와줍니다.

02 프롬프트 입력란에 '고요한 가을 풍경을 담은 시를 써줘. 잔잔하고 따뜻한
느낌으로, 제목도 함께 만들어줘.'를 입력한 뒤 [제출하기](→) 버튼을 클릭
합니다.

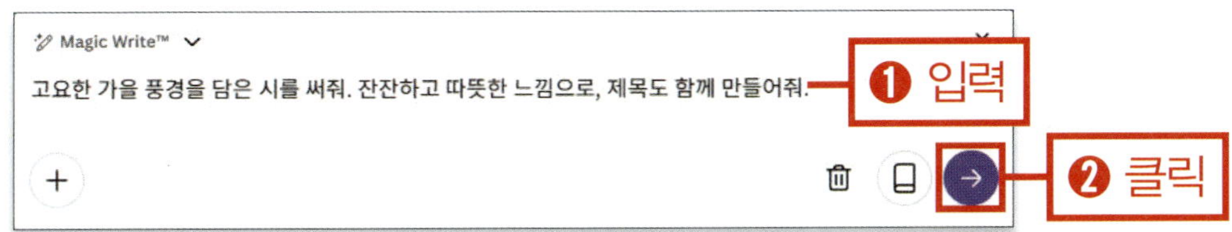

조금 더 배우기

Magic Write는 입력한 글이나 선택한 텍스트를 바탕으로 문장 생성, 요약, 다듬기, 문법 · 맞춤법 수
정, 톤 변경 등을 도와주는 AI 기능입니다. 글쓰기 시간을 줄이고 더 쉽게 완성도 높은 문장을 만들 수
있습니다.

03 시가 생성되면 [삽입]을 클릭해 페이지에 추가합니다.

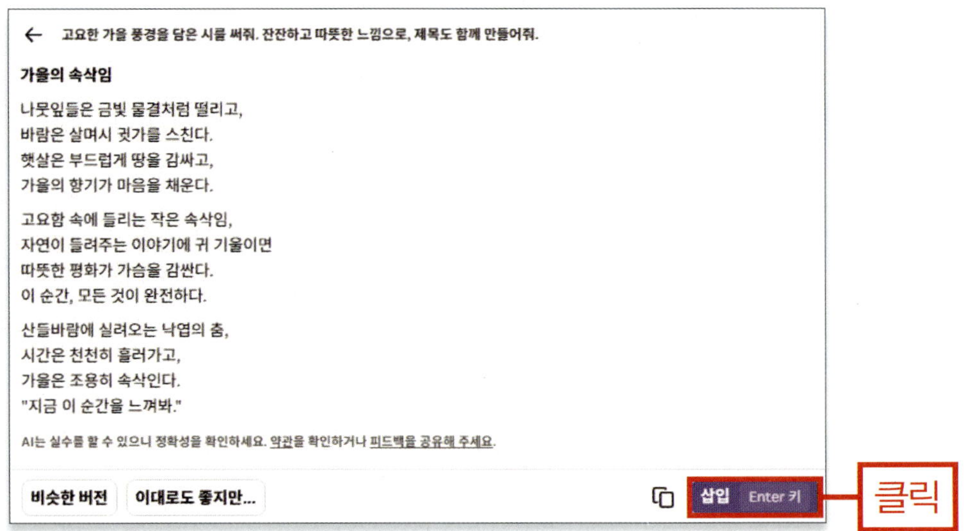

조금 더 배우기

생성된 결과가 마음에 들지 않으면 [이대로도 좋지만...]을 클릭해 '분위기를 더 따뜻하게', '문장을 짧게'와 같이 수정하고 싶은 내용을 입력한 뒤 [생성하기]를 클릭합니다.

04 페이지에 삽입된 시에서 제목과 각 연이 구분되도록 필요한 위치마다 Enter↵를 눌러 줄바꿈을 추가합니다. 이후 에디터 툴바의 [글꼴]을 클릭해 [TDTD 갬성명조]를 선택합니다.

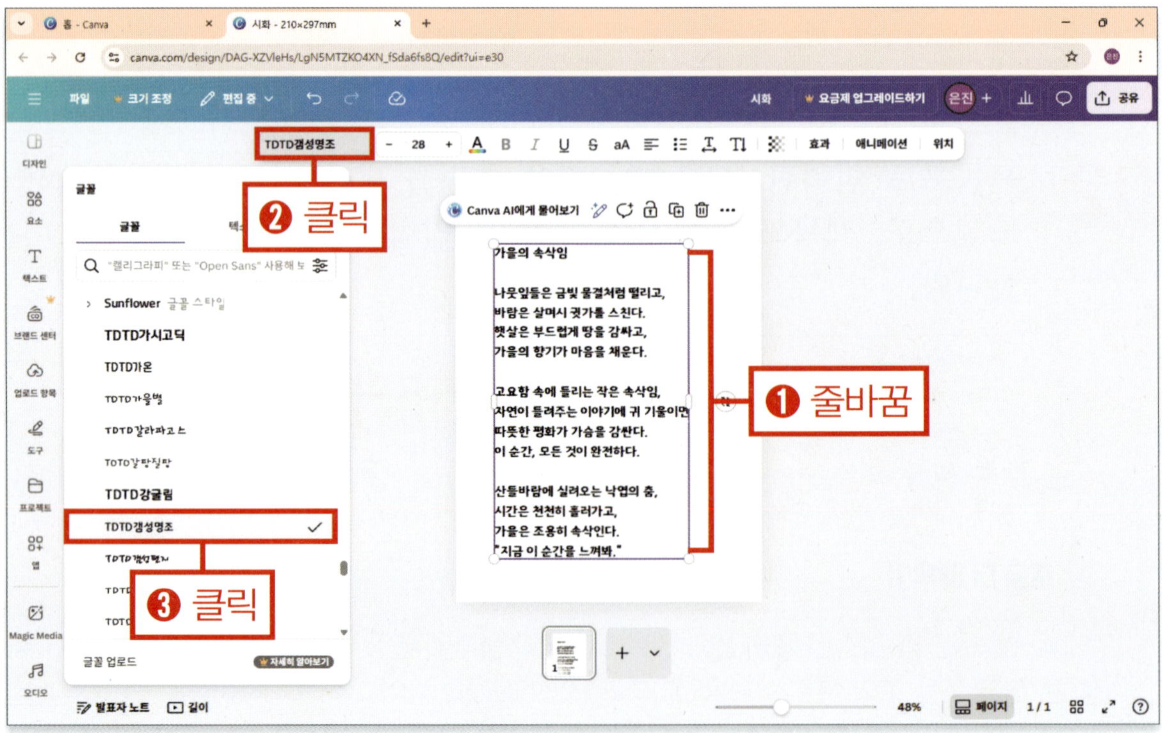

AI로 이미지 프롬프트 만들기

01 텍스트가 선택된 상태에서 플로팅 툴바의 [Canva AI에게 물어보기]를 클릭합니다.

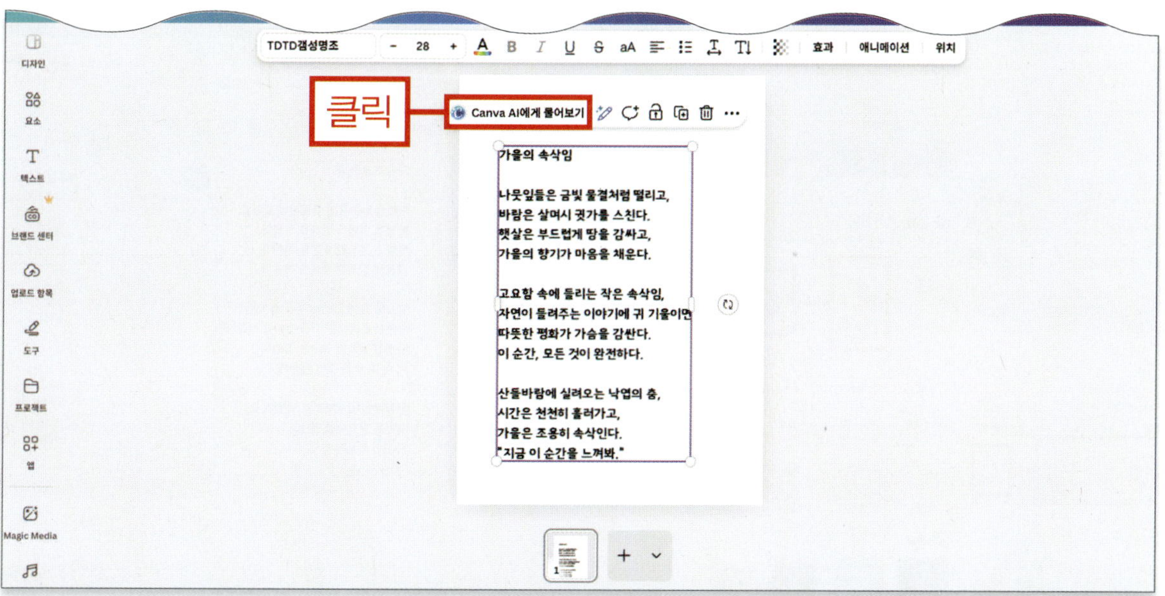

조금 더 배우기

Canva AI에게 물어보기는 디자인 작업 중 궁금한 점이나 요청을 입력하면 AI가 디자인 조언, 이미지 생성, 텍스트 개선 등 다양한 도움을 바로 제안해 주는 기능입니다. 디자인을 더 쉽고 빠르게 완성할 수 있도록 도와줍니다. 다만, 일부 기능에는 월별 사용량 제한이 있을 수 있습니다.

02 '이 시에 어울리는 이미지를 생성할 수 있도록 Magic Media용 이미지 프롬프트를 작성해줘.'라고 입력한 뒤 [댓글 제출하기](↑) 버튼을 클릭합니다.

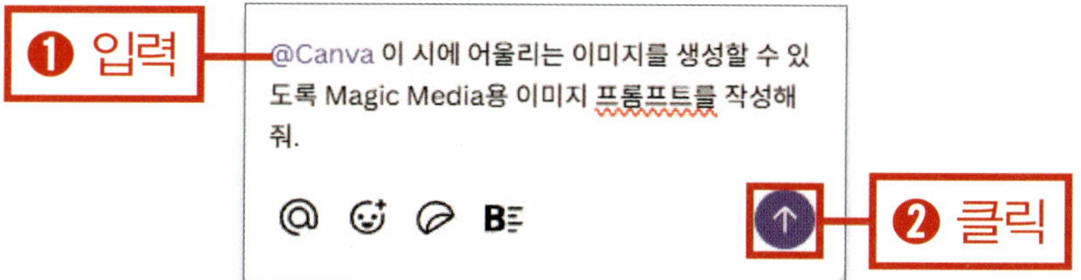

03 이미지 프롬프트가 생성되면 마음에 드는 프롬프트 옆의 [복사](🗗) 버튼을 클릭한 뒤 'Canva AI에게 물어보기' 창을 닫습니다. 이어서 사이드 패널에서 [앱]을 클릭하고 [Magic Media]를 선택합니다.

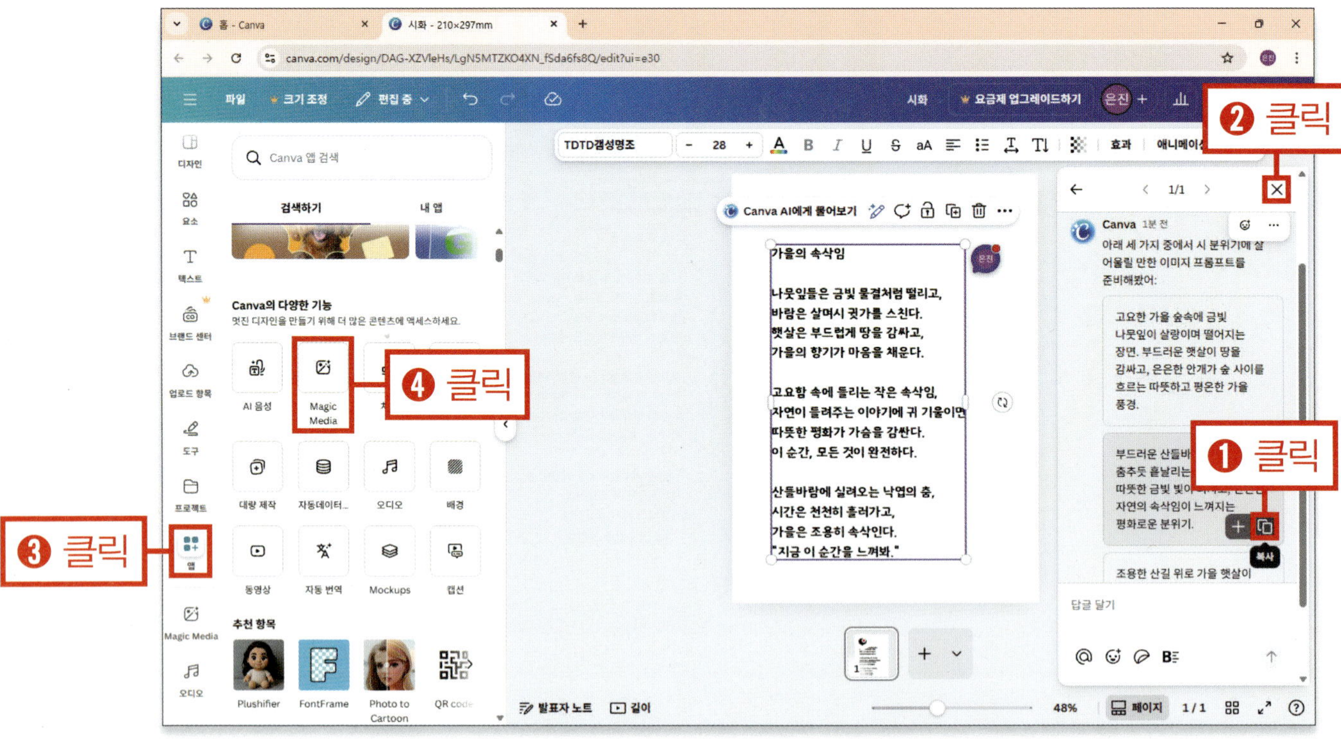

STEP 04 Magic Media로 이미지 생성하고 레이아웃 완성하기

01 [이미지] 탭의 프롬프트 입력창에 Ctrl+V를 눌러 프롬프트를 붙여 넣습니다. [스타일]을 클릭한 뒤 [수채화]를 선택합니다. [레이아웃]에서 [세로형]을 선택한 뒤 [이미지 생성]을 클릭합니다.

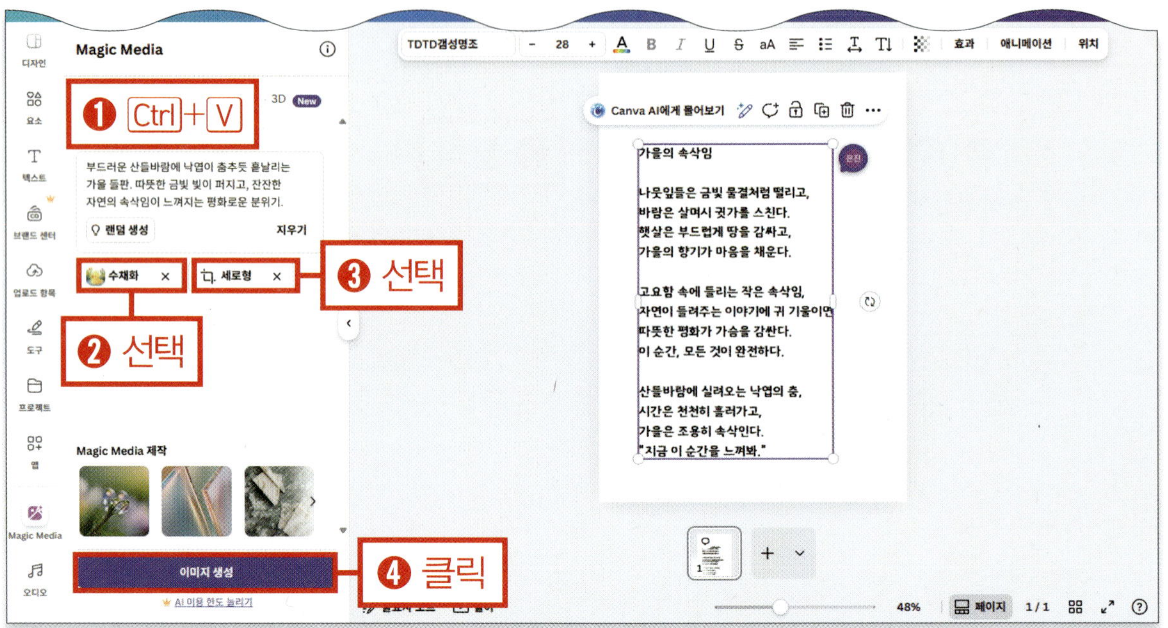

02 4개의 이미지가 생성되면 마음에 드는 이미지를 클릭해 페이지에 삽입합니다. 삽입된 이미지 위에 마우스 오른쪽 버튼을 클릭한 뒤 [이미지를 배경으로 설정]을 선택합니다.

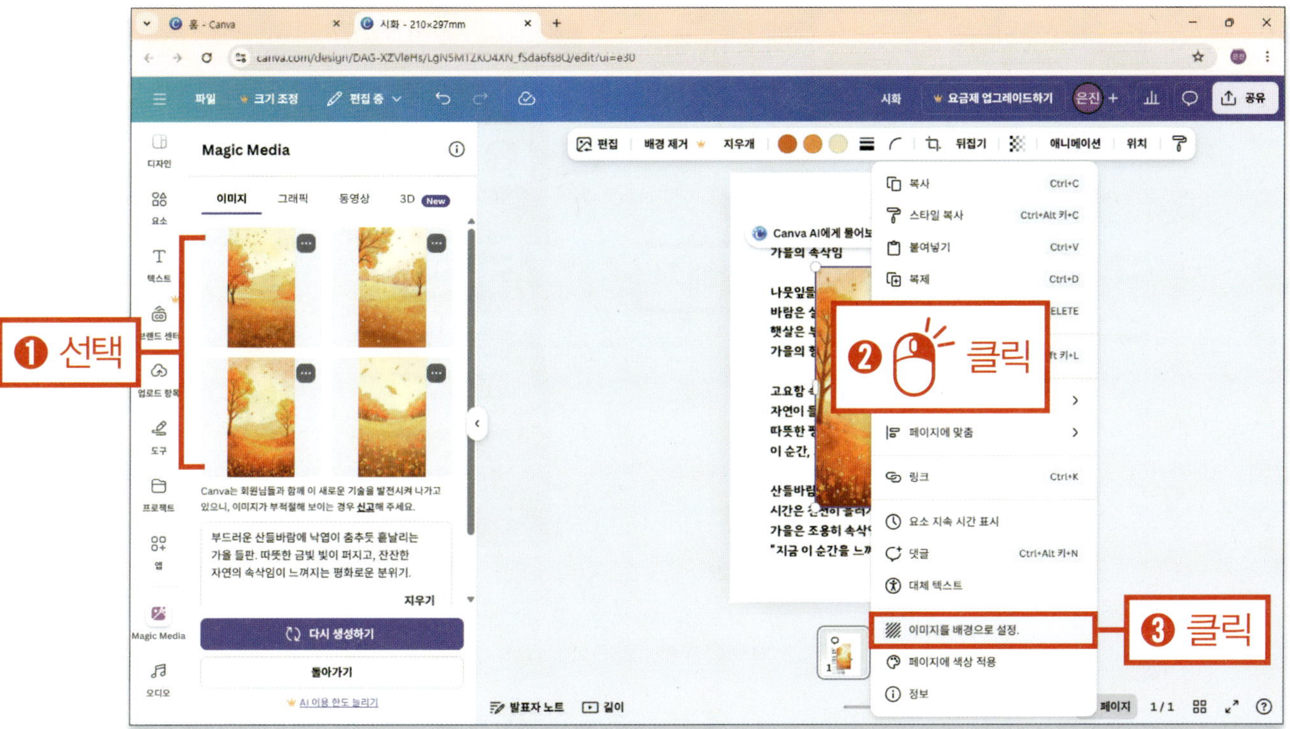

03 페이지 밖의 빈 영역을 클릭한 뒤 단축키 R을 눌러 사각형을 페이지에 삽입합니다. 시를 전체로 다 가릴 정도로 크기를 확대한 다음 [색상]에서 [하얀색]을 선택합니다. [투명도]를 클릭하여 '50'을 입력합니다.

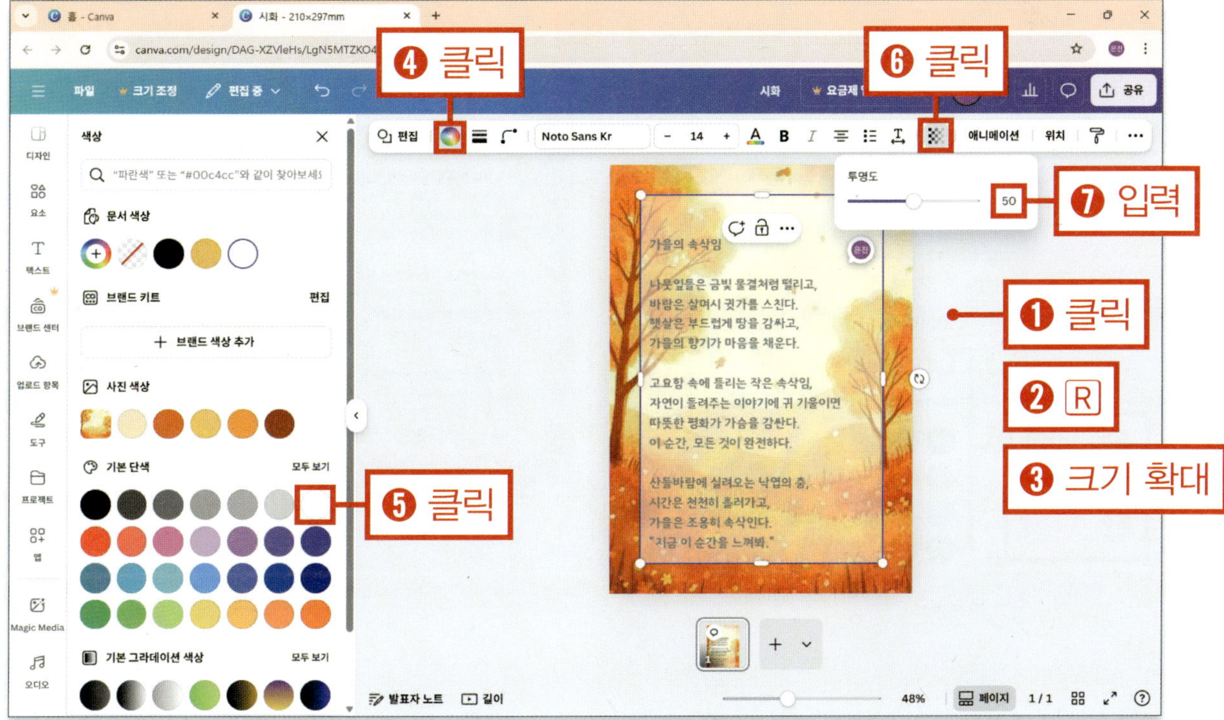

04 [모서리]를 클릭해 '모서리 둥글게 만들기'에 '25'를 입력합니다. [위치]를 클릭한 뒤 [레이어] 탭에서 도형을 텍스트 아래로 드래그해 배치합니다.

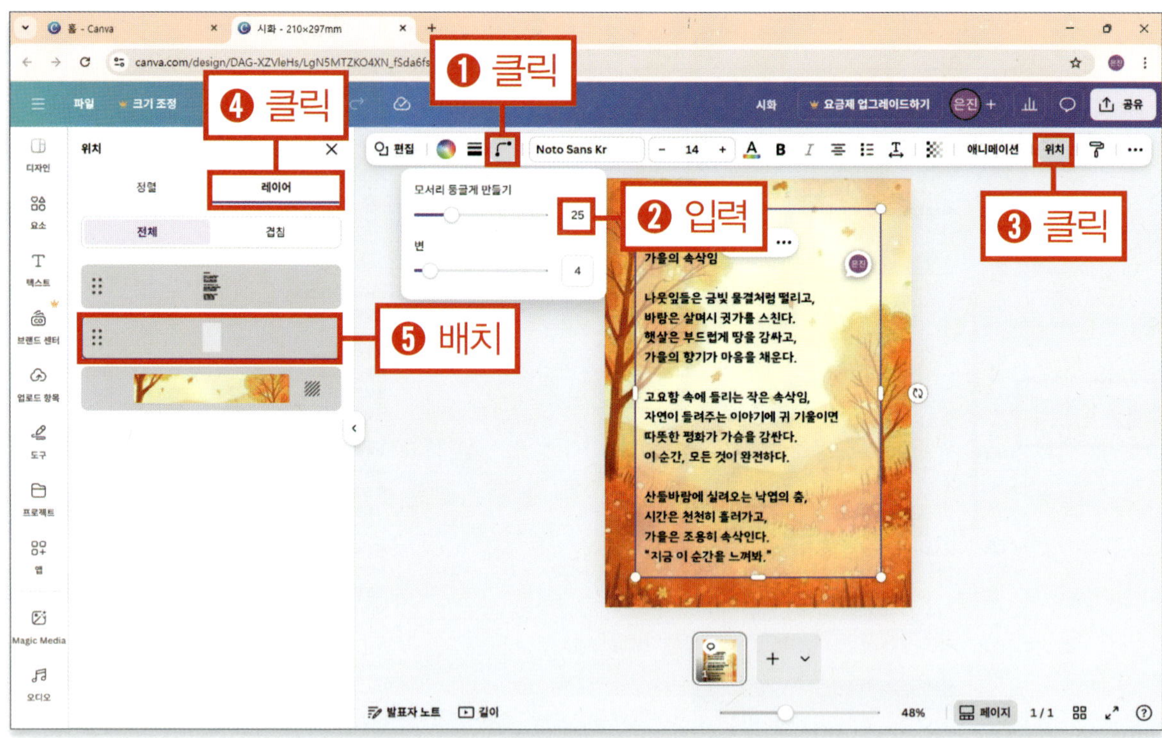

05 텍스트를 선택한 뒤 [텍스트 색상]을 클릭해 원하는 색을 지정하여 시화를 완성한 후 저장합니다.

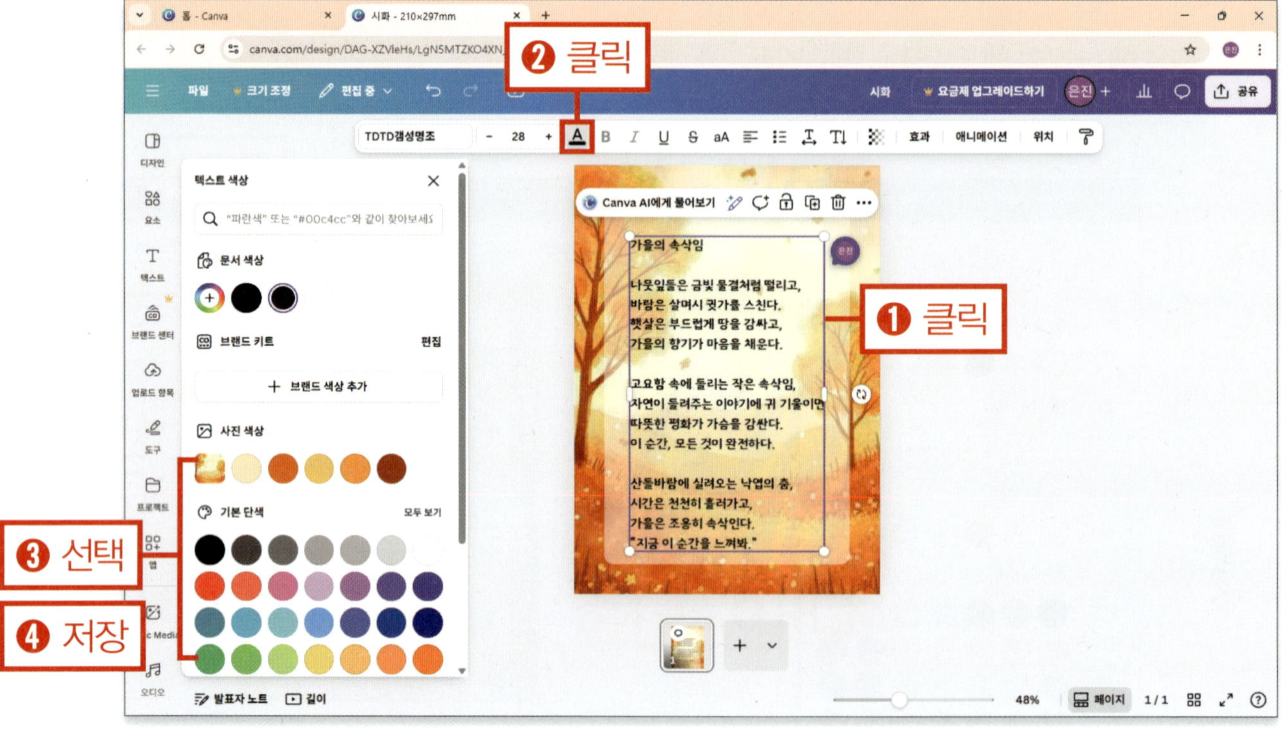

18

캡션 기능을 활용하여 자동 자막 만들기

캔바에는 영상 속 음성을 자동으로 인식해 자막을 만들어 주는 캡션 기능이 제공됩니다. 이 기능을 활용하면 자막을 하나하나 입력하지 않아도 영상 내용에 맞는 텍스트를 빠르게 생성할 수 있으며, 글꼴·위치·배경 효과까지 함께 조정할 수 있어 완성도 높은 자막을 만들 수 있습니다. 이 장에서는 캡션 기능을 활용해 영상에 자동 자막을 생성하고, 보기 좋은 형태로 수정·정리하는 방법을 배워봅니다.

▮ 완성 화면 미리 보기

▮ 여기서 배워요!

캡션 생성

디자인 만들기 및 영상 삽입하기

01 홈 화면 왼쪽 상단의 [만들기]를 클릭합니다. '디자인 만들기' 창이 나타나면 [동영상]–[모바일 동영상]을 차례대로 클릭합니다.

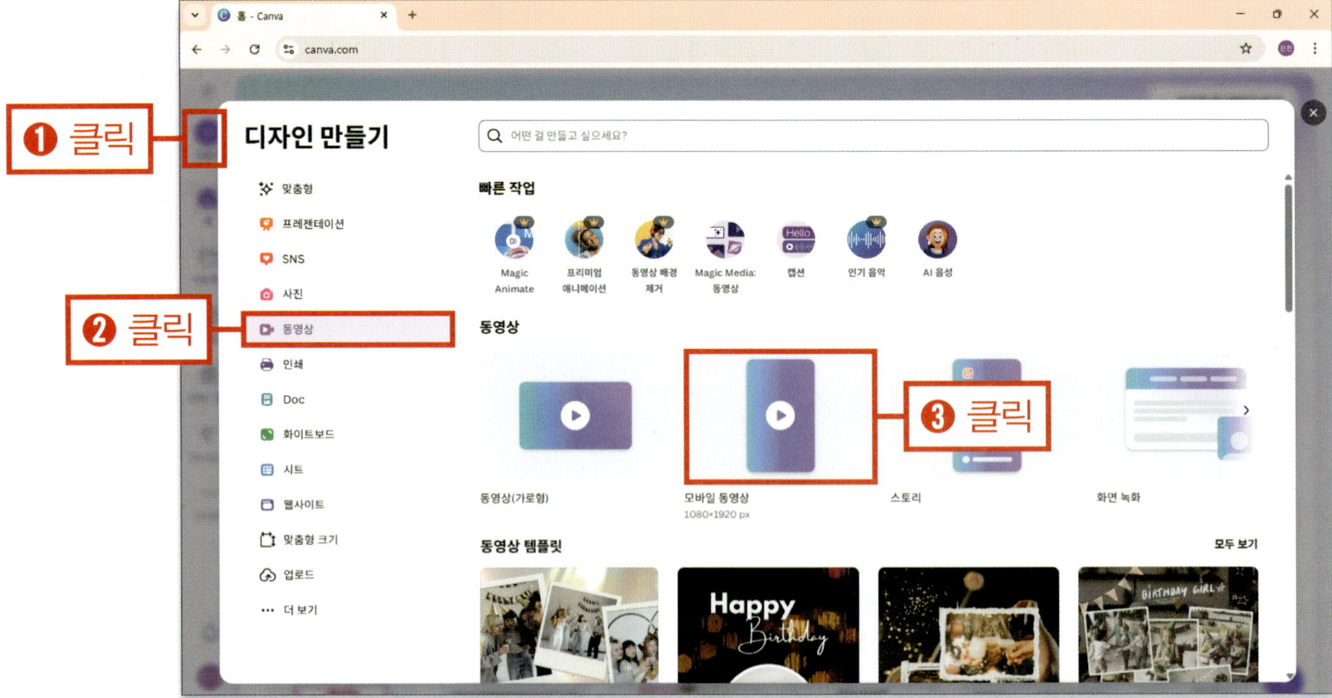

02 디자인 제목을 '자막'으로 입력합니다. 사이드 패널에서 [업로드 항목]을 클릭한 뒤 [파일 업로드]를 선택합니다. [예제파일]–[18장] 폴더에서 [영상.mp4]를 선택하고 [열기]를 클릭합니다.

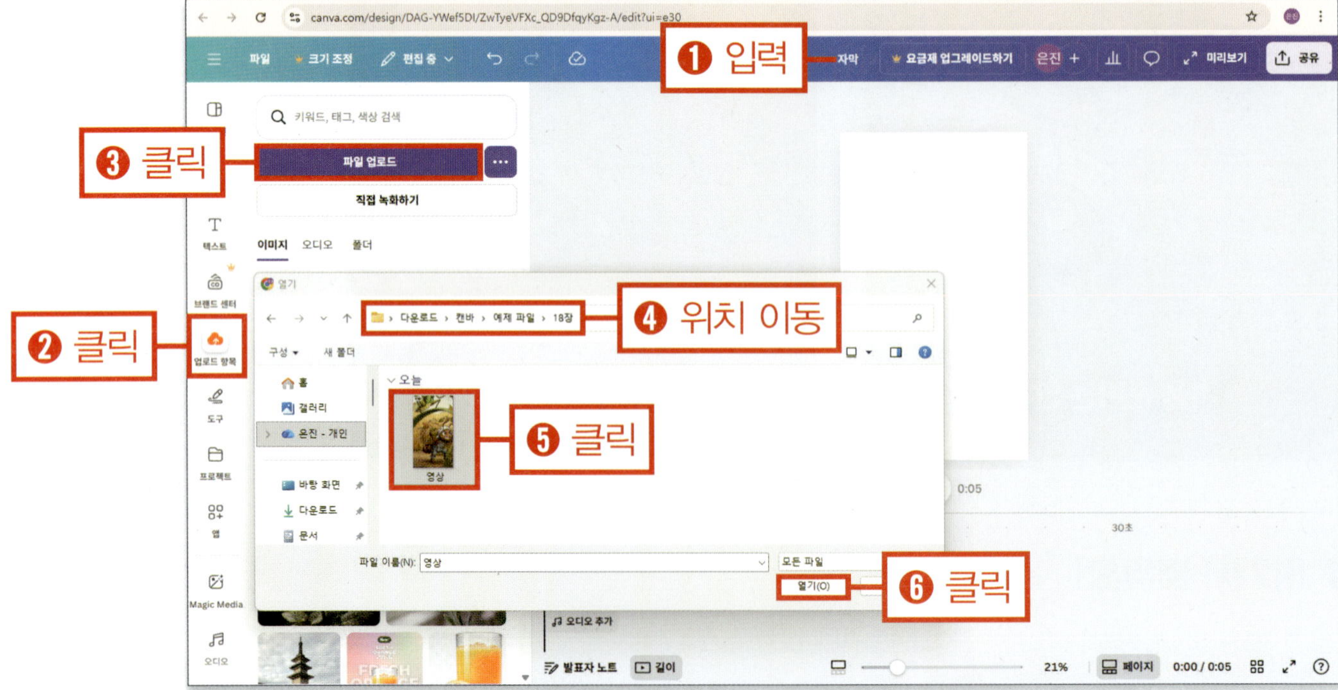

03 업로드한 영상을 클릭해 페이지에 삽입한 뒤 마우스 오른쪽 버튼을 클릭하여 [동영상을 배경으로 설정]을 선택합니다.

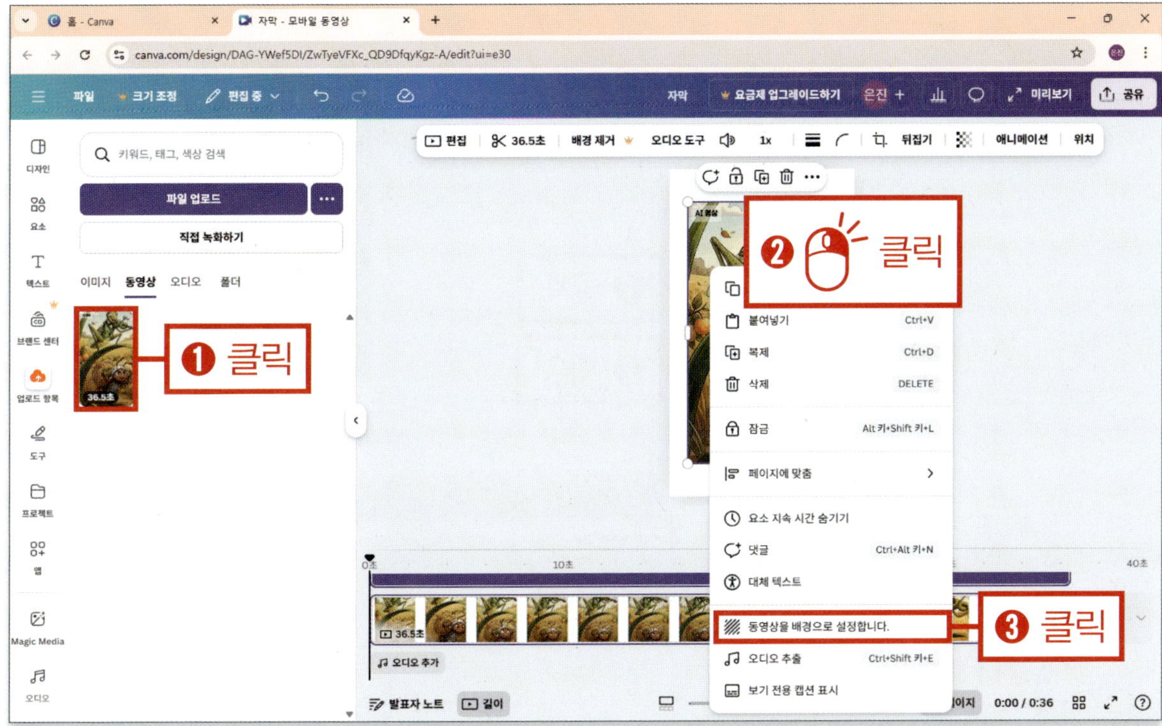

 캡션 자동 생성하기

01 사이드 패널에서 [텍스트]를 클릭한 뒤 [자동 자막]을 선택합니다.

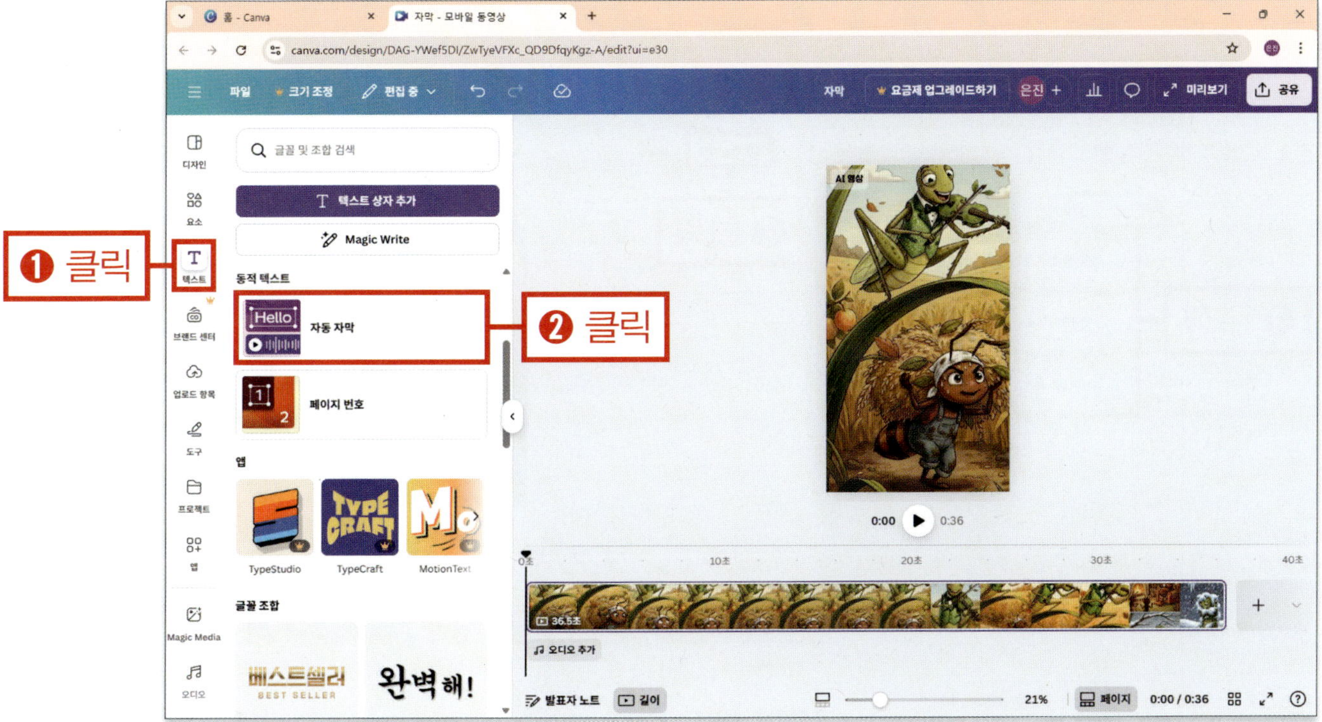

02 '음성이 포함된 동영상 선택'에서 [영상.mp4]가 선택되어 있는지 확인한 다음 [캡션 생성]을 클릭합니다.

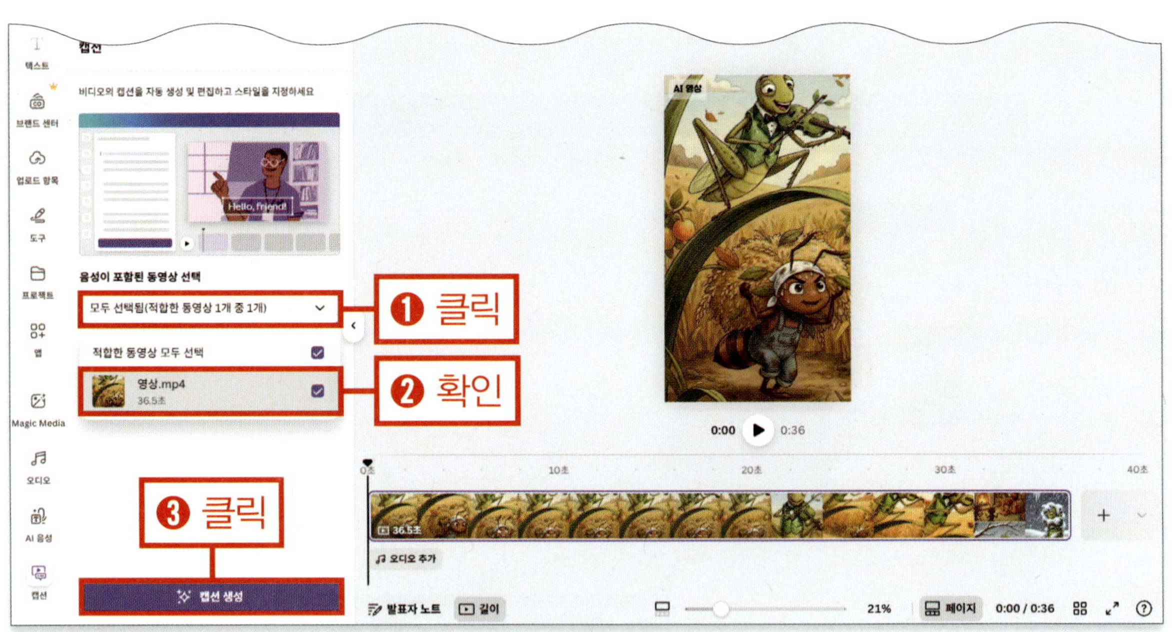

> 🔖 **조금 더 배우기**
>
> 페이지에 삽입된 영상이 여러 개일 경우 '음성이 포함된 동영상 선택'을 클릭해 캡션을 적용할 영상을 직접 선택할 수 있습니다.

03 영상을 재생하며 캡션이 제대로 생성되었는지 확인합니다. 오타나 수정이 필요한 부분이 있다면 에디터 툴바에서 [자동 자막]을 클릭해 내용을 직접 수정합니다.

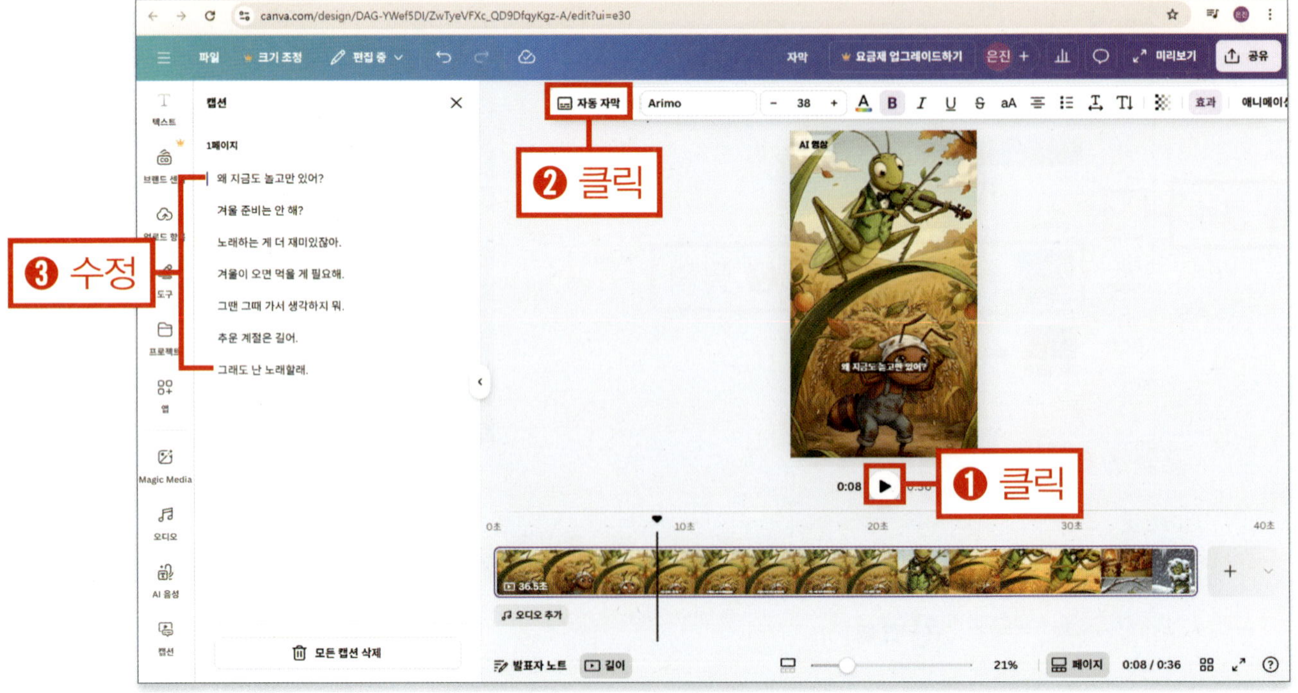

자막 스타일 설정하기

01 생성된 캡션을 드래그해 원하는 위치로 이동합니다. 에디터 툴바의 [글꼴]을 클릭하여 [210디딤고딕]을 선택합니다. [크기 조절 핸들]을 이용해 원하는 크기로 조절합니다.

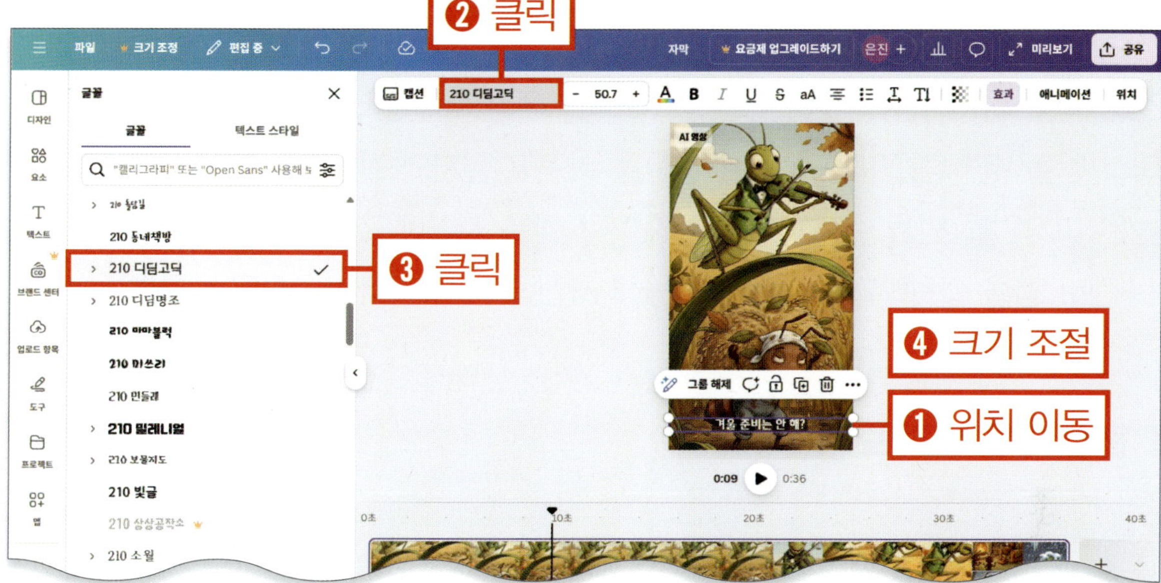

02 에디터 툴바에서 [효과]를 클릭한 뒤 [배경]의 '둥근 정도', '확산', '투명도'를 조절해 자막 스타일을 설정하고 자막 편집을 마친 후 저장합니다.

조금 더 배우기

- 둥근 정도: 배경 모서리를 얼마나 둥글게 표현할지 조절하는 옵션으로, 값이 커질수록 모서리가 더 둥글어집니다.
- 확산: 텍스트를 감싸는 배경이 주변으로 얼마나 넓게 퍼질지를 조절하는 옵션입니다.
- 투명도: 배경의 진하기를 조절하는 옵션으로, 값이 낮을수록 더 투명하게 보입니다.

캔바 앱으로 템플릿을 활용한 사진 콜라주 만들기

캔바 앱을 설치하면 컴퓨터가 없어도 스마트폰만으로 언제든 디자인 작업을 할 수 있습니다. 미리 만들어진 템플릿을 활용해 사진을 바꾸고 글자와 색상을 수정하는 것만으로도 완성도 높은 디자인을 만들 수 있어, 이동 중이나 짧은 시간에도 작업하기에 편리합니다. 이 장에서는 캔바 앱을 설치하고 템플릿을 활용해 사진 콜라주 디자인을 만드는 방법을 배워봅니다.

▌완성 화면 미리 보기

▌여기서 배워요!

Canva 앱 설치 / 사진 교체 / 텍스트 수정

캔바 앱 설치하고 로그인하기

01 휴대폰에서 [Play 스토어]를 실행합니다. [검색]을 터치한 뒤 '캔바'를 입력해 검색합니다. 검색 결과에서 [Canva] 앱을 찾아 [설치]를 누른 뒤 설치가 완료되면 [열기]를 터치해 실행합니다.

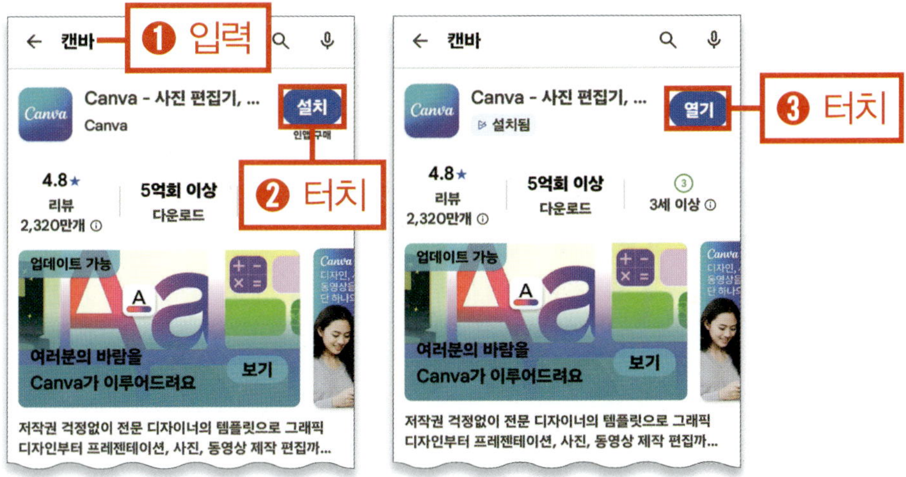

02 'Canva 이용 약관' 화면이 나타나면 [모든 쿠키 허용]을 터치합니다. [다음 모든 항목에 동의합니다.]를 터치해 체크한 뒤 [동의 및 계속하기]를 터치합니다. [Google로 계속하기]를 터치해 PC에서 사용하던 구글 계정으로 로그인합니다.

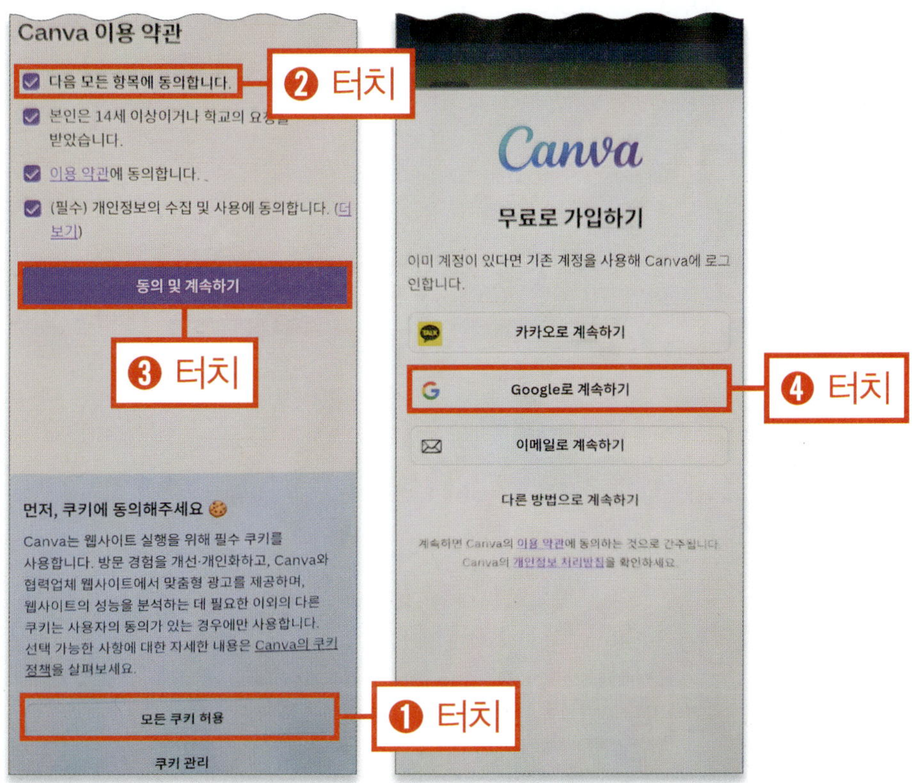

 템플릿으로 사진 콜라주 디자인 만들기

01 캔바 화면 하단에서 [만들기]를 터치합니다. 템플릿 검색창에 '사진 콜라주'를 입력한 뒤 검색합니다.

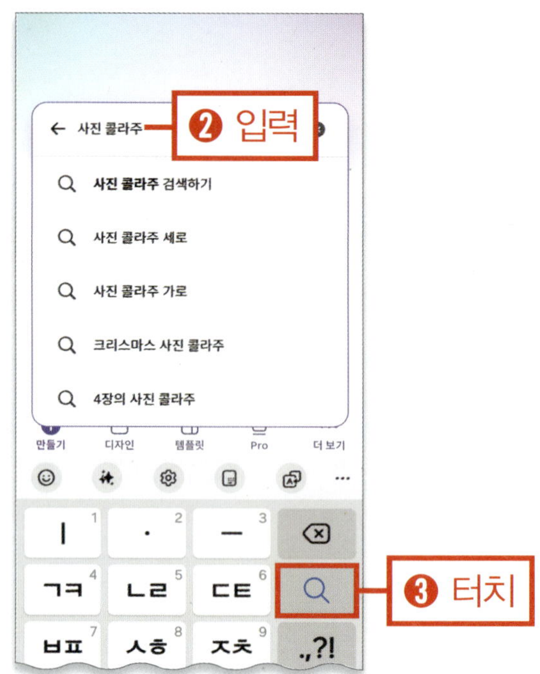

02 검색 결과에서 디자인에 사용할 템플릿을 터치합니다. 이미지를 교체하기 위해 사진을 터치해 선택한 다음 하단의 [바꾸기]를 터치합니다.

03 사진 접근 권한을 묻는 화면이 나타나면 [모두 허용]을 터치합니다. 디자인
에 사용할 사진을 선택하면 이미지가 교체되어 표시됩니다.

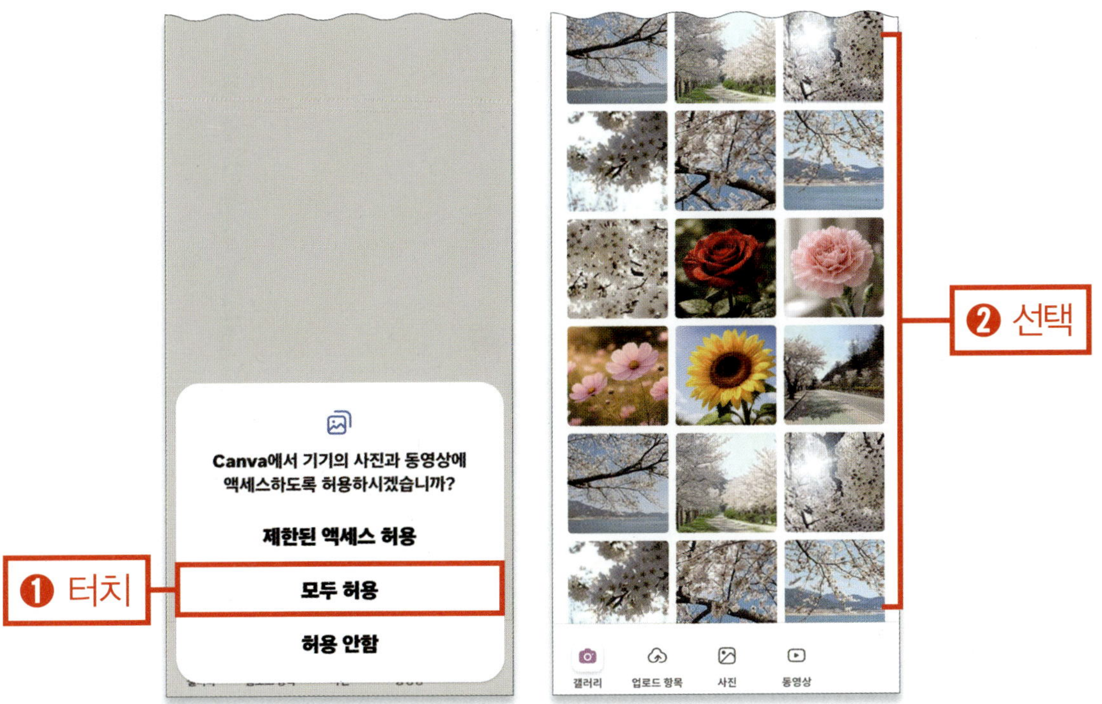

04 같은 방법으로 디자인에 있는 다른 이미지들도 차례로 선택해 [바꾸기]를 눌
러 내 사진으로 교체한 뒤 [완료](✓) 버튼을 터치합니다. 글자를 수정하기
위해 디자인에 입력된 텍스트 상자를 터치한 뒤 [편집]을 터치합니다.

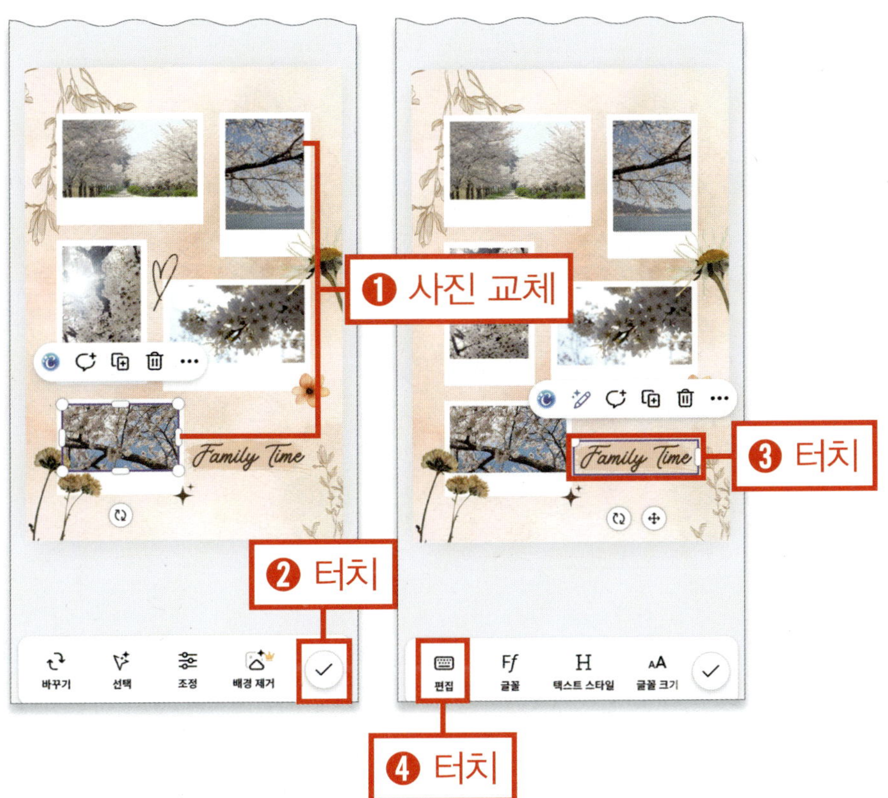

05 수정할 내용을 입력한 뒤 [완료]($\checkmark$) 버튼을 터치합니다. 텍스트 상자가 선택된 상태에서 [글꼴]을 터치한 다음 [펼치기]($\uparrow$) 버튼을 터치합니다.

06 원하는 글꼴을 선택한 뒤 [닫기]($\times$) 버튼을 터치합니다. 글자색을 변경하기 위해 [색상]을 터치합니다.

07 [펼치기]([↑]) 버튼을 터치한 뒤 '사진 색상'에서 추천된 색 중 디자인에 어울리는 색을 선택합니다. [닫기]([×]) 버튼을 터치합니다.

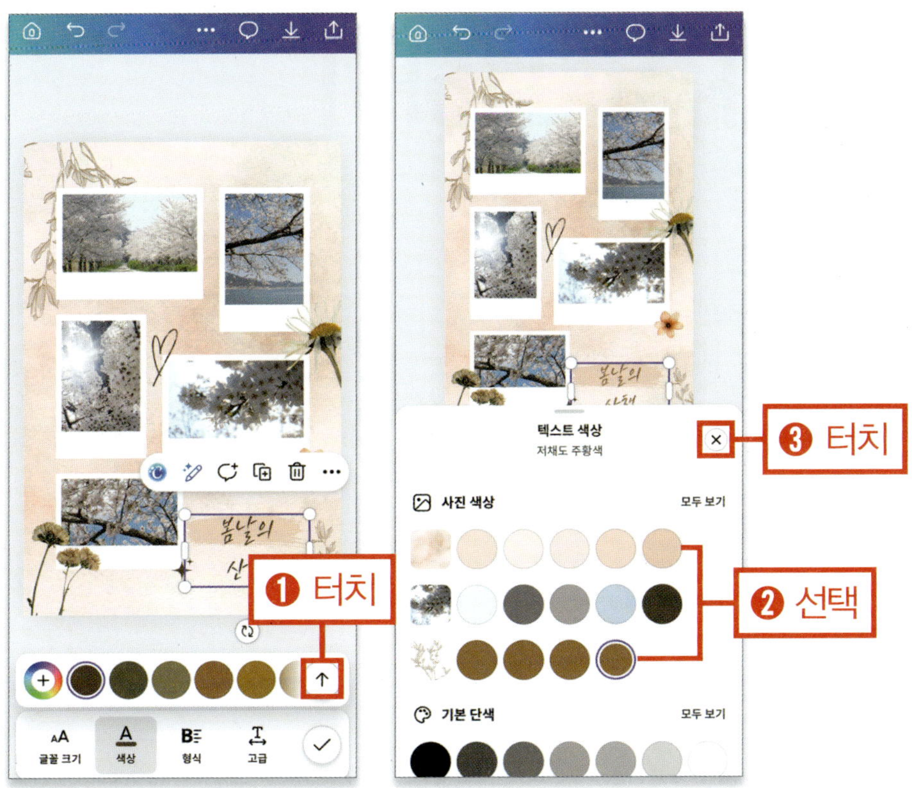

08 텍스트 상자를 선택한 상태에서 [크기 조절 핸들]을 드래그해 글자 크기를 조절하고 디자인을 완성합니다.

캔바 앱에서 디자인 다운로드하기

PC에서 만든 디자인은 다시 작업할 필요 없이, 같은 계정으로 로그인한 캔바 앱에서도 그대로 확인할 수 있습니다. 따라서 컴퓨터로 완성한 디자인을 스마트폰에서 바로 저장해 활용할 수 있어 장소나 상황에 따라 작업 결과를 유연하게 사용할 수 있습니다. 이 장에서는 캔바 앱을 이용해 디자인을 저장하는 과정을 배워봅니다.

▮ 완성 화면 미리 보기

▮ 여기서 배워요!

다운로드

캔바 앱에서 디자인 다운로드하기

01 스마트폰 홈 화면에서 [Canva]를 터치합니다. 캔바 홈 화면이 나타나면 화면 하단의 [디자인]을 터치합니다.

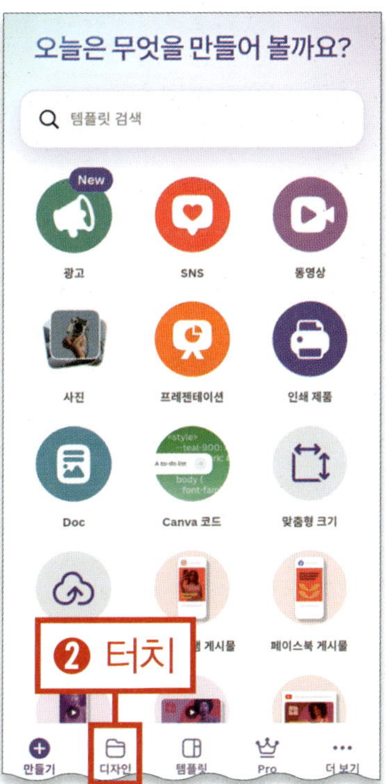

02 다운로드할 디자인을 터치한 뒤 오른쪽 상단의 [다운로드](⬆) 버튼을 터치합니다.

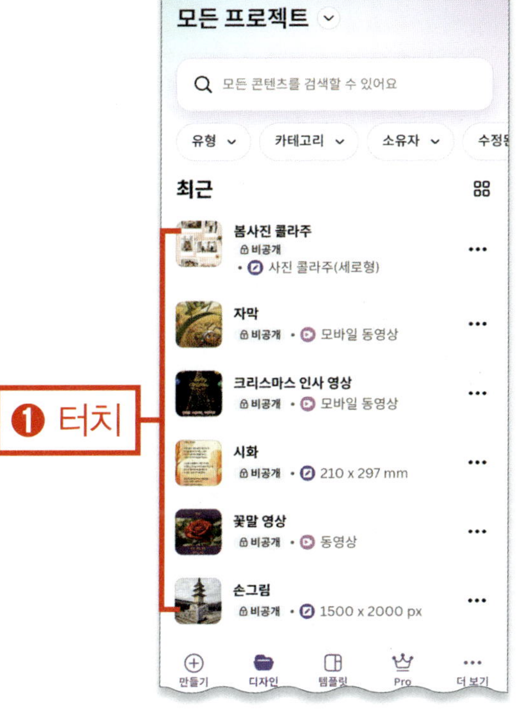

03 [다운로드]를 터치한 다음 [파일 형식]에서 [PNG]를 선택하고 [다운로드]를
터치해 이미지를 저장합니다.

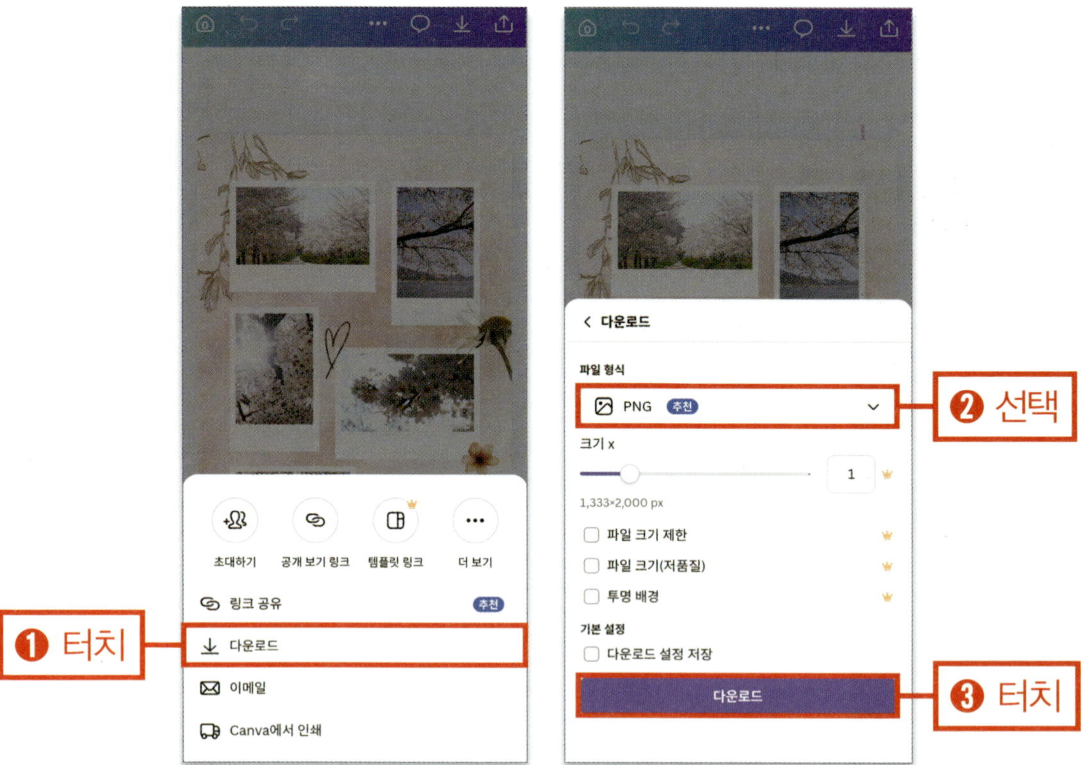

1판 1쇄 발행 2026년 3월 30일

저   자 | 안은진
발행인 | 김길수
발행처 | ㈜영진닷컴
주   소 | (08512) 서울특별시 금천구 디지털로9길 32
            갑을그레이트밸리 B동 10F
등   록 | 2007. 4. 27. 제16-4189호

ⓒ2026. ㈜영진닷컴

ISBN 978-89-314-8291-1